3

MÉTHODE DE FRANÇAIS

FESTIVAL

Sylvie
POISSON-QUINTON

Michèle
MAHÉO-LE COADIC

Anne
VERGNE-SIRIEYS

CLE
INTERNATIONAL

Direction éditoriale : **Michèle Grandmangin**
Édition : **Christine Ligonie**
Conception graphique, couverture et mise en pages : **Anne-Danielle Naname**
Recherche iconographique : **Nathalie Lasserre**
Illustrations : **Eugène Collilieux**
Cartographie : **Benoît Viau et Graffito** (Plan de Paris)

© CLE International / Sejer 2007 – ISBN 978-2-09-035326-6

Festival 3 s'adresse aux adultes et aux grands adolescents, lycéens ou étudiants par exemple. Il correspond au niveau B1 et B1+ du cadre européen.

Cette méthode est la suite de *Festival 2* dont elle a conservé certaines caractéristiques :

- **une présentation** très « visuelle » permettant à l'utilisateur de se repérer facilement dans les différentes rubriques ;

- **un découpage identique :**
  - document oral suivi de questions de compréhension ;
  - document écrit suivi d'un travail de compréhension écrite et d'activités de production écrite ;
  - explications grammaticales avec, en vis-à-vis, des exercices d'application ;
  - un document de civilisation, reprenant et élargissant le thème général de la leçon, accompagné d'activités de type interculturel, exigeant de l'apprenant une prise de position personnelle et la réalisation d'une tâche ;

- une place importante accordée à la **phonétique**, **au rythme et à l'intonation**, toujours axé sur le français parlé quotidiennement – parfois familier ;

- un **vocabulaire** volontairement limité à une trentaine de mots par leçon, les mots les plus « rentables », c'est-à-dire fréquemment réutilisables, ayant été choisis ;

- une attention particulière accordée aux **tournures idiomatiques** ;

- un **contenu grammatical** allant à l'essentiel, comprenant des révisions, des approfondissements et quelques points nouveaux plus difficiles, toujours avec des explications simples. Le **Précis grammatical**, en fin de volume, développe ces nouveaux points. Le **lexique** est toujours en cinq langues.

- **La démarche** est identique : l'apprenant est encouragé à prendre des initiatives par le biais de tâches précises, dans une perspective actionnelle, à faire part de ses expériences, à exprimer son opinion personnelle, à prendre parti, le but étant de l'amener à jouer pleinement son rôle d'acteur social.

Festival 3 se distingue de Festival 2 sur certains points.

- Chaque unité est centrée autour d'un macro-objectif fonctionnel :

  Unité 1 : Raconter et décrire   **Unité 4 :** Projeter, faire des hypothèses

  Unité 2 : Expliquer, conseiller et justifier   **Unité 5 :** Exprimer ses sentiments

  Unité 3 : Comparer et opposer   **Unité 6 :** Débattre et argumenter

- Les thèmes abordés sont à la fois plus polémiques :
  - où s'arrête l'Europe ? ;
  - comment sont vus les Français à l'étranger ? ;
  - les unions mixtes,
    ou plus immédiatement « utilitaires » dans la perspective d'un séjour en France, par exemple :
  - passer son permis de conduire ;
  - régler les problèmes de voisinage.

- La dernière unité aborde la question de la grammaire du texte.

MODE D'EMPLOI

Chaque leçon comporte deux doubles pages.

Page 1

Éléments d'un dialogue « déclencheur ». Questions de compréhension orale. Puis, rubrique Phonétique, rythme et intonation et Phonie-graphie et rubrique des expressions idiomatiques (Manière de dire) qui peut aussi être sur la page 2.

A : amorce du document oral

E : Compréhension écrite

B : vérification de la compréhension orale

D : Manière de dire

F : Expression écrite

G : Orthographe d'usage

C : Phonétique, rythme et intonation – Phonie-graphie

Page 2

Lisez et écrivez. Cette page est entièrement consacrée à l'écrit : activités de compréhension et de production. En bas de page, l'orthographe d'usage et parfois Manière de dire.

Cette page Grammaire et orthographe grammaticale présente le plus clairement possible, à droite, les trois ou quatre points de grammaire les plus importants de la leçon et à gauche, en vis-à-vis, les exercices correspondants. En bas de page, un point Orthographe grammaticale.

Civilisation. Un texte, souvent accompagné de documents iconographiques, propose une réflexion sur un aspect de la culture française (la mode, par exemple) ou sur un thème de société actuel. Ce texte sert de point de départ à un travail de type interculturel (mise en relief des ressemblances et des différences entre la culture source et la culture cible) et à une production orale et écrite.

A : Grammaire

C : Civilisation

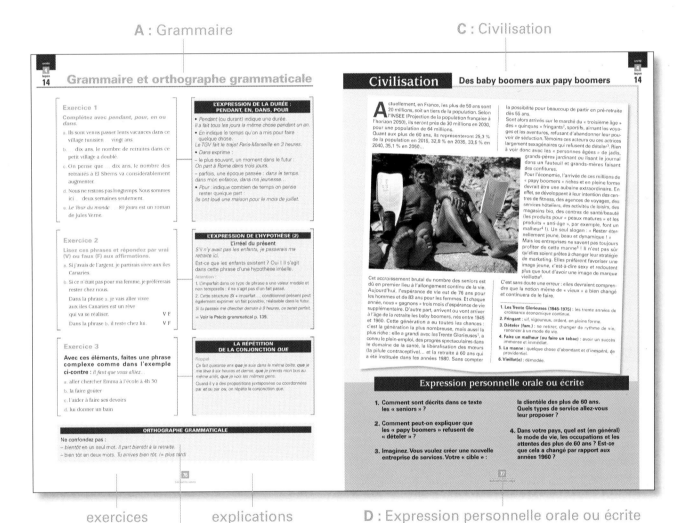

exercices   explications

D : Expression personnelle orale ou écrite

B : Orthographe grammaticale

Quelques remarques

- La première unité est une unité de révision des contenus de *Festival 2*. La dernière unité aborde la grammaire textuelle.
- À la fin de chaque unité se trouvent un bilan autocorrectif grammatical et des activités préparant aux épreuves des unités B1 et B1+ du Delf.
  À la fin du manuel, vous trouverez :
  – un Précis grammatical reprenant les points de grammaire vus au cours des unités ;
  – la transcription des dialogues et des exercices d'écoute ;
  – un Portfolio permettant à l'apprenant d'évaluer lui-même sa progression et de réfléchir à son mode d'apprentissage des langues ;
  – un lexique en cinq langues incluant, le cas échéant, les différentes constructions des verbes.

TABLEAU DES CONTENUS

Unité 1 : Raconter et décrire

LEÇONS	SAVOIR-FAIRE	GRAMMAIRE	ORTHOGRAPHE	PRONONCIATION
LEÇON 1 Faits divers	• Raconter un fait divers, une anecdote	• révision (1) – imparfait/passé composé – les relatifs *qui* et *que*	• l'apostrophe • les singuliers terminés par *o*	• les noms en *-ail/aille* et *-eil/eille*
Civilisation *La presse people*				
LEÇON 2 Ces métiers qui disparaissent...	• Évoquer le passé	• révision (2) – les complétives aux modes indicatif et subjonctif	• demi, demie • se, ce, ceux	• les sons [œ], [ø], [i] • opposition *ce qui / ceux qui*
Civilisation *Écrivain public, un métier qui renaît*				
LEÇON 3 Avenue Montaigne	• Parler de la mode et du rôle de Paris dans ce domaine	• révision (3) – les pronoms directs et indirects – leur place dans la phrase	• les noms terminés en *-cité* • accord sujet-verbe avec les expressions de quantité	• les sons [ʒ], [ʃ], [s]
Civilisation *Monsieur Christian Dior*				
LEÇON 4 La folie du jean	• Parler de la mode d'aujourd'hui	• révision (4) – les pronoms possessifs – les pronoms démonstratifs – les relatifs *dont* et *où*	• les verbes *créer, agréer...*	• les mots se terminant par le son [ε]
Civilisation *Colifichets et grigris* • **Bilan autocorrectif** • Vers le DELF B1				

Unité 2 : Expliquer, conseiller et justifier

LEÇONS	SAVOIR-FAIRE	GRAMMAIRE	ORTHOGRAPHE	PRONONCIATION
LEÇON 5 En mai, fais ce qu'il te plaît	• Exposer un problème, donner un conseil (1)	• les verbes impersonnels • impératif et pronoms • le passé simple	• le pluriel des mots terminés en *-ou* • J'allai / j'allais	• le son [r] • prononciation des mots terminés par *-ac*
Civilisation *Un bout de jardin*				
LEÇON 6 SOS voisins ! Je vous écoute !	• Exposer un problème, donner un conseil (2) • expression de la cause (1) • expression de la conséquence • expression du but	• afin de / afin que / à la fin de		• les sons [œ], [ø] et [o] • les lettres « euphoniques »
Civilisation *Le Code civil*				
LEÇON 7 J'ai peur de l'avoir raté !	• Exposer un problème, donner un conseil (3)	• l'interrogation indirecte • le subjonctif passé • l'infinitif sujet	• que j'aie / que j'aille • indicatif et subjonctif (j'ai/que j'aie)	• le rythme du français parlé • passage du français parlé au français écrit
Civilisation *Les Français et l'automobile*				
LEÇON 8 Antarctica	• Expliquer son métier, justifier son choix de vie	• l'expression de la cause (2) • la place de l'adjectif épithète	• différent / un différend • participe présent et adjectif verbal (1)	• la différence entre [o] et [ɔ]
Civilisation *Les Français de l'étranger* • **Bilan autocorrectif** • Vers le DELF B1				

Unité 3 : Comparer et opposer

LEÇONS	SAVOIR-FAIRE	GRAMMAIRE	ORTHOGRAPHE	PRONONCIATION
LEÇON 9 Allons, enfants de la patrie...	• Savoir comparer des symboles nationaux	• l'expression de la négation (1) • le futur prospectif • passé composé et passé simple	• les noms terminés par -ème • les noms propres devenus noms communs	• rythme : l'énumération
Civilisation *La Marseillaise*				
LEÇON 10 Une région, une maison	• Savoir comparer des régions, des modes d'habitat	• les relatifs composés • l'expression de la comparaison (1)	• l'accord de l'adjectif	• les sons [r] et [l] • le son [r] (orthographe)
Civilisation *La maison : une passion française*				
LEÇON 11 Ils sont comme ci, ils sont comme ça	• Savoir comparer deux jugements, deux opinions	• l'expression de la comparaison (2) • l'expression de la concession	• un Français / il est français • les homophones (1) • davantage / d'avantages	
Civilisation *Français ou immigrés ?*				
LEÇON 12 « Les bonnes manières »	• Savoir comparer deux comportements, deux « manières de faire »	• l'expression de l'interdiction • l'expression de la négation (2)	• tutoyer – vouvoyer • *a priori, a posteriori, a fortiori*	• l'accent d'insistance
Civilisation *La politesse* • **Bilan autocorrectif** • Vers le DELF B1				

Unité 4 : Projeter, faire des hypothèses

LEÇONS	SAVOIR-FAIRE	GRAMMAIRE	ORTHOGRAPHE	PRONONCIATION
LEÇON 13 Et si la Seine débordait à nouveau ?	• Exposer une situation et proposer des solutions pour l'avenir	• l'expression de l'hypothèse (1) • l'emploi du passif	• les homophones (2)	• les enchaînements
Civilisation *Un climat de plus en plus capricieux*				
LEÇON 14 Un petit coin de paradis	• Exposer un projet d'avenir	• l'expression de l'hypothèse (2) • l'expression de la durée	• les verbes en -ayer, -oyer, -uyer • *bientôt / bien tôt*	• les phrases en suspens • l'élision du e muet
Civilisation *Des baby boomers aux papy boomers*				
LEÇON 15 Des dinosaures au Palais de la Découverte	• Parler des progrès scientifiques et techniques	• l'expression de l'hypothèse (3) et de la condition (1) • l'expression de l'opposition et la concession	• le participe passé de *devoir*	• les mots comportant la graphie *th*
Civilisation *Le Palais de la Découverte, La Cité des sciences et de l'industrie*				
LEÇON 16 Les défis du xxiᵉ siècle	• Exprimer son opinion à propos de l'avenir de la planète	• l'expression de l'hypothèse (4) • l'expression de la condition (2)	• les mots terminés par le son [wa] • les verbes en -ier	• le préfixe -in (-in + consonne ; -in + voyelle)
Civilisation *Les Français et la science* • **Bilan autocorrectif** • Vers le DELF B1				

Unité 5 : Exprimer ses sentiments

LEÇONS	SAVOIR-FAIRE	GRAMMAIRE	ORTHOGRAPHE	PRONONCIATION
LEÇON 17 Les copains d'abord !	• Exprimer les raisons de son amitié pour quelqu'un	• c'est le seul qui / que + subjonctif • ce qui, ce que, ce dont… • les différents sens de *sinon*	• ça s'écrit *j* ou *g* ? • terminaison des verbes en *-ir*	• le son [ʒ] • le son [s] entre deux voyelles (orthographe)
Civilisation Qu'est-ce qu'un ami ?				
LEÇON 18 Toutes folles de lui : le monde des fans	• Exprimer sa passion pour une star, pour une célébrité	• l'expression de la négation (3) • le pronom *ça* • l'adjectif *certain*	• les adjectifs en *-issime* • adjectif verbal ou participe passé (1)	• rythme « syncopé » du français parlé • ambiguïté oral/écrit
Civilisation Un monde de fans				
LEÇON 19 La planète sports	• Expliquer sa passion pour le sport	• l'expression de la négation (4) • la concordance des temps à l'indicatif	• accord sujet / verbe	• insistance avec *même* • intonation expressive : l'admiration
Civilisation L'abbé Pierre				
LEÇON 20 Des histoires d'amour…	• Raconter une expérience • Exprimer la déception	• la construction du verbe *laisser* • les différents sens de *se faire* • l'expression de la négation (5)	• les suffixes verbaux *-asse* et *-ailler* • préposition + infinitif	• l'intonation expressive : l'insistance
Civilisation Les couples mixtes • **Bilan autocorrectif** • Vers le DELF B1+				

Unité 6 : Débattre et argumenter

LEÇONS	SAVOIR-FAIRE	GRAMMAIRE	ORTHOGRAPHE	PRONONCIATION
LEÇON 21 Des nouvelles tours à Paris ?	• Expliquer les raisons de son opposition à un projet	• les reprises dans un texte (l'anaphore)	• *soi* / *soit* • adjectif verbal ou participe présent (2)	• la mise en relief • l'intonation expressive : l'ironie
Civilisation Les présidents de la Vᵉ République				
LEÇON 22 Tu es où là ?	• Exposer le pour et le contre (1)	• la structure du texte argumentatif • *cher* : adjectif ou adverbe		• l'intonation expressive : l'ennui, l'intérêt • *voir* / *voire*
Civilisation Dites-le avec le pouce				
LEÇON 23 Que savez-vous sur l'Europe ?	• Exposer le pour et le contre (2)	• le vocabulaire de l'argumentation	• état / État • *si* + pronom	
Civilisation La construction européenne				
LEÇON 24 Qu'est-ce que le bonheur ?	• Débattre sur l'idée du bonheur	• les connecteurs logiques	• l'inversion du sujet dans le discours direct	
Civilisation Le bonheur selon l'ONU • **Bilan autocorrectif** • Vers le DELF B1+				

unité

1

Raconter et décrire

Faits divers

Écoutez et répondez

1 Stephen G., 46 ans, que les Britanniques ont baptisé « le marcheur nu » a été arrêté hier à Édimbourg. Ainsi s'est achevée, au moins provisoirement et aux deux tiers de son parcours, l'odyssée de cet ancien soldat qui tentait pour la seconde fois de traverser la Grande-Bretagne, soit près de 1 400 km, dans le plus simple appareil. […]

2 Tout le monde se souvient du thème développé par Étienne Chatiliez dans son film *La vie est un long fleuve tranquille* : deux bébés venus de deux familles que tout oppose sont échangés à la naissance dans une maternité et on ne découvre cette erreur que douze ans plus tard. Eh bien, c'est ce qui est arrivé à deux enfants thaïlandais… […]

Document 1

1. Vrai (V), faux (F), on ne sait pas (?).
- a. C'est la seconde fois que cet homme essaie de traverser la Grande-Bretagne tout nu. **V F ?**
- b. Stephen G. a dû payer une assez forte amende. **V F ?**
- c. Au moment de son arrestation, il avait parcouru 1 400 km. **V F ?**
- d. Il a repris la route dès qu'il a été libéré de prison. **V F ?**
- e. Son amie Mélanie n'a pas été mise en prison. **V F ?**

2. Vous êtes Stephen G. ou Mélanie R. Vous expliquez aux juges pourquoi vous vous êtes lancés dans cette expédition.

Document 2

1. Proposez un titre pour ce fait divers.

2. Réécoutez ce fait divers et cochez les mots que vous avez entendus.

une tragédie ☐		un enfant ☐	
une maternité ☐		un tribunal ☐	
une erreur ☐		un bébé ☐	
une famille ☐		un doute ☐	

3. À votre avis, comment ont réagi les deux familles après cette découverte ?

Phonie-graphie

Les mots en *-ail/aille -eil/eille*
- a. un détail, le travail, le vitrail, le bétail, un bail…
  → Les noms terminés en *-ail* sont masculins.
  une trouvaille, une bataille, la pagaille
  → Les noms terminés en *-aille* sont féminins.

Attention : *le travail* mais *je travaille / tu travailles / il ou elle travaille / ils ou elles travaillent.* On entend le même son : [travaj].

- b. le réveil, le soleil, le sommeil, un appareil, un conseil → Les noms terminés en *-eil* sont masculins.
  une abeille, l'oreille, une corbeille… → Les noms terminés en *-eille* sont féminins.

Attention : *le réveil* mais *je me réveille / tu te réveilles / il ou elle se réveille / ils ou elles se réveillent.* On entend le même son : [rev ɛj].

Entourez la réponse correcte.
1. Je vais vous donner un petit conseil / conseille.
2. Il t'appellera dès son réveil / réveille.
3. Je vous conseil / conseille de vous reposer.
4. Je n'ai pas du tout sommeil / sommeille.
5. Il ne dort pas vraiment, il sommeil / sommeille.
6. Demain matin, tu me réveil / réveilles ?

Manière de dire
- Une odyssée
- Dans le plus simple appareil (en tenue, en costume d'Adam : tout nu)

Raconter et décrire

Faits divers

Écoutez et répondez

1 Stephen G., 46 ans, que les Britanniques ont baptisé « le marcheur nu » a été arrêté hier à Édimbourg. Ainsi s'est achevée, au moins provisoirement et aux deux tiers de son parcours, l'odyssée de cet ancien soldat qui tentait pour la seconde fois de traverser la Grande-Bretagne, soit près de 1 400 km, dans le plus simple appareil. […]

2 Tout le monde se souvient du thème développé par Étienne Chatiliez dans son film *La vie est un long fleuve tranquille* : deux bébés venus de deux familles que tout oppose sont échangés à la naissance dans une maternité et on ne découvre cette erreur que douze ans plus tard. Eh bien, c'est ce qui est arrivé à deux enfants thaïlandais… […]

Document 1

1. Vrai (V), faux (F), on ne sait pas (?).

a. C'est la seconde fois que cet homme essaie de traverser la Grande-Bretagne tout nu.   **V F ?**

b. Stephen G. a dû payer une assez forte amende.   **V F ?**

c. Au moment de son arrestation, il avait parcouru 1 400 km.   **V F ?**

d. Il a repris la route dès qu'il a été libéré de prison.   **V F ?**

e. Son amie Mélanie n'a pas été mise en prison.   **V F ?**

2. Vous êtes Stephen G. ou Mélanie R. Vous expliquez aux juges pourquoi vous vous êtes lancés dans cette expédition.

Document 2

1. Proposez un titre pour ce fait divers.

2. Réécoutez ce fait divers et cochez les mots que vous avez entendus.

une tragédie	☐	un enfant	☐
une maternité	☐	un tribunal	☐
une erreur	☐	un bébé	☐
une famille	☐	un doute	☐

3. À votre avis, comment ont réagi les deux familles après cette découverte ?

Phonie-graphie

Les mots en -ail/aille -eil/eille

a. un détail, le travail, le vitrail, le bétail, un bail…
→ Les noms terminés en *-ail* sont masculins.
une trouvaille, une bataille, la pagaille
→ Les noms terminés en *-aille* sont féminins.

Attention : *le travail* mais *je travaille / tu travailles / il ou elle travaille / ils ou elles travaillent.* On entend le même son : [travaj].

b. le réveil, le soleil, le sommeil, un appareil, un conseil → Les noms terminés en *-eil* sont masculins.
une abeille, l'oreille, une corbeille… → Les noms terminés en *-eille* sont féminins.

Attention : *le réveil* mais *je me réveille / tu te réveilles / il ou elle se réveille / ils ou elles se réveillent.* On entend le même son : [rev ɛj].

Entourez la réponse correcte.

1. Je vais vous donner un petit conseil / conseille.
2. Il t'appellera dès son réveil / réveille.
3. Je vous conseil / conseille de vous reposer.
4. Je n'ai pas du tout sommeil / sommeille.
5. Il ne dort pas vraiment, il sommeil / sommeille.
6. Demain matin, tu me réveil / réveilles ?

Manière de dire

- Une odyssée
- Dans le plus simple appareil (en tenue, en costume d'Adam : tout nu)

Lisez et écrivez

Qu'est-ce qu'un fait divers ?

Les dictionnaires restent vagues. Ce serait, selon le dictionnaire *Le Robert*, « un événement du jour (ayant trait aux accidents, délits, crimes) faisant l'objet d'une rubrique[1] dans les médias ». Il semble cependant que le fait divers concerne bien d'autres choses que les crimes ou les accidents. C'est avant tout par son côté sensationnel, insolite, qu'il se caractérise.

Un peu d'histoire. Le fait divers existe depuis toujours, bien sûr. Il apparaît dès les débuts de l'imprimerie. Souvenons-nous des colporteurs qui, de village en village, allaient pour vendre des feuilles à un sou[2] relatant les hauts faits de personnages illustres, les méfaits de brigands célèbres, les catastrophes, les malheurs du temps… Il s'agissait souvent de complaintes[3] que tout le monde connaissait, comme la célèbre complainte de Mandrin.

C'est au milieu du XIXᵉ siècle avec le développement extraordinaire de la presse que le mot « fait divers » apparaît, avec le sens qu'il a encore aujourd'hui : « incidents du jour rapportés par les journaux ». Jusqu'au XXᵉ siècle, certains journaux lui sont entièrement consacrés mais peu à peu, les faits divers ne sont plus qu'une simple rubrique qui existe dans tous les journaux, même les plus sérieux comme *Le Monde*.

Le style du fait divers est très particulier : comme il met l'accent sur[4] l'« extraordinaire », il multiplie les interjections, les effets dramatiques, il insiste sur les détails – on donne des précisions sur l'âge, l'origine, le caractère des personnages afin de produire un effet de réel –, il joue sur le contraste, l'insolite ; il doit accrocher l'œil[5], surprendre, intriguer, choquer.

1. **Une rubrique** : catégorie d'articles dans un journal.
2. **Des feuilles à un sou** : de petits journaux pas chers.
3. **Une complainte** : chanson populaire souvent tragique.
4. **Mettre l'accent sur…** : insister sur…
5. **Accrocher l'œil** : attirer l'attention.

Compréhension écrite

1 **Parmi ces six titres, lesquels correspondent à un fait divers ?**

a. Pays-Bas : baisse spectaculaire des accidents de la route

b. Emploi : vote solennel à l'Assemblée mercredi

c. À 67 ans, elle donne naissance à un bébé de 3, 5 kg

d. La surdité, une maladie trop mal connue

e. Marseille : un pitbull en liberté attaque deux enfants

2 **Retrouvez l'ordre des paragraphes de ce fait divers.**

a. Celui-ci révéla qu'elle avait plus de 2,5 g d'alcool dans le sang.

b. Devant son agitation, on lui demanda de passer un alcootest.

c. Une conductrice de 76 ans, Mme Denise M., a été arrêtée par les gendarmes hier matin sur une petite route près de Cholet, dans les Deux-Sèvres, pour avoir refusé une priorité à droite.

d. Circonstance aggravante : outre son penchant pour l'alcool, la septuagénaire (une veuve sans enfant) conduisait sans permis depuis le décès de son mari, c'est-à-dire… depuis plus de trente ans.

e. Très agitée, elle expliqua qu'elle était pressée car sa petite-fille était sur le point d'accoucher.

Expression écrite

Reprenez ce fait divers en adoptant un point de vue particulier.

a. Vous êtes Yves L., l'un des gendarmes. Vous exposez les faits tels que vous les avez vécus.

b. Vous êtes Denise M. Vous présentez les faits selon votre point de vue.

• Se retrouver derrière les barreaux (en prison)
• Découvrir le pot aux roses (la vérité bien cachée)
• Raté !

Orthographe d'usage

Attention ! Certains adjectifs ou certains noms prennent un -s même au singulier : divers, gris, gros, las, … ; un corps – le temps – le succès…

Grammaire et orthographe grammaticale

Exercice 1

**Transformez ces phrases nominales
en phrases au passé composé
(attention, certaines phrases sont
à mettre au passé composé passif).**

a. 28 juin 2005 : départ de Stephen G.
de la pointe de Cornouailles

b. 9 septembre 2005 : arrestation en Écosse

c. 9 septembre 2005 : comparution devant
le tribunal d'Édimbourg

d. 9 à 23 septembre : prison

e. 23 septembre : libération – nouveau départ

f. 12 octobre : arrivée à la pointe N.E. de l'Écosse

L'EMPLOI DU PASSÉ COMPOSÉ

On récapitule !

Pour raconter un événement assez rapproché du
moment où on parle ou qui n'a pas un caractère
historique, on utilise le passé composé.
Les gendarmes ont arrêté Stephen G.

Attention (rappel !) : certains verbes se conjuguent au passé
composé avec l'auxiliaire « être » *(aller, arriver, venir, partir,
passer, entrer, sortir, monter, descendre, tomber,
devenir, naître, rester, mourir, retrouver* + tous les verbes
pronominaux).
*Chaque enfant est reparti avec la famille de l'autre.
Il s'est retrouvé derrière les barreaux.*

Exercice 2

**Dans le texte, insérez ces trois phrases
à l'imparfait.**

a. Elle essayait de lui redonner un peu
de courage.

b. Mais ça lui allait bien, finalement.

c. Il n'avait rien à faire, rien à lire…

Dans sa prison, Stephen s'est beaucoup
ennuyé.
Il a perdu l'appétit et a maigri de 4 kg.
Son amie est venue le voir tous
les jours.
Il a décidé de reprendre sa route dès
sa libération.

PASSÉ COMPOSÉ ET IMPARFAIT

On récapitule !

Le passé composé est utilisé pour exprimer des
faits, des actions, des événements, terminés dans
le passé ; l'imparfait sert d'arrière-plan : il donne
les circonstances, le cadre, le décor. Il est aussi
utilisé pour commenter ou expliquer.

*Quand Stephen **a quitté** la Cornouailles, ses amis
sont venus saluer son départ. Le temps **était**
superbe et il **se sentait** plein d'énergie. Il **a dit**
au revoir à chacun, il **a vérifié** une dernière fois
le contenu de son sac à dos et il **a pris** la route.
Ses amis **étaient** un peu émus, bien sûr.*

Exercice 3

**Remplacez la proposition relative
soulignée par un adjectif.**

*Exemple : quelqu'un qui se met facilement
en colère → quelqu'un de coléreux*

a. quelque chose que personne ne peut croire
→ quelque chose d'…

b. quelqu'un qui sort de l'ordinaire
→ quelqu'un de …

c. quelque chose qu'on ne peut pas
comprendre → quelque chose d'…

LES RELATIFS *QUI* ET *QUE*

On récapitule !

Le pronom relatif *qui* est sujet, il peut représenter
une personne ou une chose.
*Pierre, c'est celui qui est avec toi à la fac ?
Tu peux me passer le livre qui est sur l'étagère ?*

Le pronom relatif *que* (ou *qu'*) est objet, il peut lui
aussi représenter une personne ou une chose.
*C'est Elsa, une amie que tu ne connais pas.
Kyoto, voilà une ville qu'ils voudraient visiter.*

ORTHOGRAPHE GRAMMATICALE : L'APOSTROPHE

Le mot *que* (pronom relatif ou conjonction) s'élide devant une voyelle ou un *h* muet :
Je sais qu'il est là. Kyoto, voilà une ville qu'ils voudraient visiter.

mais *qui* ne s'élide jamais :
C'est celui qui est là, qui arrive…

Civilisation · La presse people

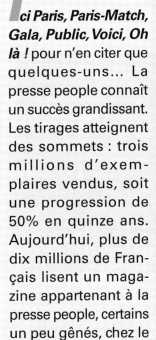

ci Paris, Paris-Match, Gala, Public, Voici, Oh là ! pour n'en citer que quelques-uns... La presse people connaît un succès grandissant. Les tirages atteignent des sommets : trois millions d'exemplaires vendus, soit une progression de 50% en quinze ans. Aujourd'hui, plus de dix millions de Français lisent un magazine appartenant à la presse people, certains un peu gênés, chez le dentiste ou au salon de coiffure, d'autres plus ouvertement.

Pourquoi cette passion ? Les personnes célèbres, leurs amours, leurs bonheurs ou leurs déboires, les mille détails de leur vie, tout cela excite l'imagination des lecteurs. De récents sondages montrent que plus de la moitié des Français reconnaissent s'intéresser à la vie privée des stars.

Et justement, ces acteurs, ces chanteurs, ces hommes politiques, que pensent-ils de cette presse people ? Certes, ils se plaignent des *paparazzi* qui les traquent partout et leur volent des photos mais bien peu d'entre eux se montrent intraitables. Pourtant, ils le pourraient car la loi les protège et ils sont assurés presque à coup sûr de gagner les procès qu'ils intentent pour « atteinte à la vie privée ».

Les journaux ont beau jeu de[1] répondre que, bien sûr, parler des gens célèbres fait vendre mais que cela leur procure une publicité gratuite. Sans compter que bien souvent, le journal les paie largement. En effet, bien des acteurs monnayent chèrement leurs photos ou leurs confidences.

« Ils nous font des procès mais ils seraient bien embêtés si on cessait de parler d'eux. Tout ça, c'est hypocrisie et compagnie », déclare le directeur de l'une de ces revues.

---

1. Avoir beau jeu de + inf. : ne pas avoir de difficultés pour...

Expression personnelle orale ou écrite

1. Quelle définition donneriez-vous de l'expression : « presse people » ?

2. À votre avis, pourquoi tant de gens s'intéressent au contenu de la presse people ?

3. En quoi les stars sont-elles souvent hypocrites ?

4. Dans votre pays, est-ce qu'il existe des journaux de ce type ? Si oui, expliquez en quelques phrases quels sont leurs centres d'intérêt.

Ces métiers qui disparaissent...

Écoutez et répondez

Savez-vous ce qu'est un rémouleur ? Un rétameur ?
Un cantonnier ?

Un vannier ? Un sabotier ? Un charbonnier ?

Non ? Pas de panique ! C'est tout à fait normal car ces métiers ont disparu depuis longtemps.

Les rémouleurs sont ceux qui aiguisaient sur une grosse pierre très dure les couteaux, les ciseaux, etc.

[…]

1. **Associez un objet à un métier.**

   a. un vannier

 1.

   b. un charbonnier

2.

   c. un rémouleur

3.

   d. un marchand de peaux de lapin

4.

   e. une marchande des quatre saisons

 5.

   f. un sabotier

6.

   g. un rétameur

7.

   h. un tonnelier

 8.

2. **Vous avez entendu un certain nombre de métiers aujourd'hui disparus. Parmi ceux-ci, deux n'ont pas été cités ? Lesquels ? Vous pouvez réécouter le document.**
   a. le rétameur b. la dentellière c. le rémouleur
   d. le sabotier e. le vannier f. le cordier ;
   g. la marchande des quatre saisons ;
   h. le montreur d'ours i. le cantonnier j. le vitrier

Phonétique, rythme et intonation

Écoutez et répétez.

1. Les sons [œ] et [ø]
   a. un rémouleur – deux rémouleurs
   b. un rétameur – Le rétameur est là.
   c. un porteur d'eau – Un peu d'eau, messieurs-dames ?
   d. Ce sont deux bons vendeurs.

2. Le son [ɥi]
   a. c'est lui ; b. la nuit ; c. un bruit ; d. un fruit ;
   e. une aiguille ; f. aujourd'hui ;
   g. des ustensiles de cuisine ;
   h. Écoutez ! Il y a du bruit dans la cuisine.

Phonie-graphie

ce qui, ce que ou ceux qui, ceux que

Écoutez et cochez la bonne réponse.
a. Je voudrais que *ce qui* ☐ *ceux qui* ☐ ont terminé me rendent leur travail.
b. Je n'ai pas compris *ce qui* ☐ *ceux qui* ☐ s'est passé.
c. Je ferai absolument tout *ce que* ☐ *ceux que* ☐ tu voudras.

Lisez et écrivez

Les cris de la rue

Nous sommes à la fin du XIXᵉ siècle, à Paris. Dans l'un des volumes de La Recherche du temps perdu, *Marcel Proust décrit l'un de ces vieux quartiers « aristocratiques et en même temps populaires » (c'est un quartier proche des Champs-Élysées).*

Le lendemain de cette soirée (…), je m'éveillai de bonne heure, et, encore à demi endormi, ma joie m'apprit qu'il y avait, interpolé[1] dans l'hiver, un jour de printemps. Dehors, des thèmes populaires finement écrits pour des instruments variés, depuis la corne du raccommodeur de porcelaine, ou la trompette du rempailleur de chaises, jusqu'à la flûte du chevrier (…), orchestraient légèrement l'air matinal, en une « ouverture pour un jour de fête ».

Marcel Proust énumère ensuite tous les petits commerces ambulants, chacun bien identifiable grâce à un refrain, une ritournelle, un instrument de musique.

Dans sa petite voiture conduite par une ânesse, qu'il arrêtait devant chaque maison pour entrer dans les cours, le marchand d'habits, portant un fouet, psalmodiait[2] : « Habits, marchand d'habits, ha… bits » (…) dès cette heure matinale, une marchande des quatre-saisons, poussant une voiturette [chantait]

À la tendresse, à la verduresse
Artichauts tendres et beaux
Ar – tichauts (…)

Mais (…) se mêlait déjà la cloche du repasseur, lequel criait : « Couteaux, ciseaux, rasoirs. » Avec lui ne pouvait lutter le repasseur de scies, car, dépourvu d'instrument, il se contentait d'appeler : « Avez-vous des scies à repasser, v'là le repasseur », tandis que, plus gai, le rétameur, après avoir énuméré les chaudrons, les casseroles, tout ce qu'il rétamait, entonnait le refrain :

Tam, tam, tam,
C'est moi qui rétame,
Même le macadam,
C'est moi qui mets des fonds partout,
Qui bouche tous les trous,

Trou, trou, trou.

Marcel Proust, « La Prisonnière », dans *À la Recherche du temps perdu* III, « Bibliothèque de la pléiade », éditions Gallimard.

1. Interpolé : intercalé, glissé.
2. Psalmodier : réciter comme à l'église.

Manière de dire
• Pas de panique (Ne vous inquiétez pas !)

Orthographe d'usage
Demi, demie
1. Adverbe : invariable (*demi* + trait d'union + nom ou adjectif).
Demain, aura lieu la demi-finale au stade de France.
Vous préférez le lait entier ou demi-écrémé ?
2. Adjectif : s'accorde avec le nom.
un jour et demi mais une heure et demie
3. Nom :
Vous voulez une baguette ? Non, une demie seulement.
Le train part à 8 h 20 ? Non, il part à la demie (à 8 h 30).
4. Locution adverbiale invariable : à demi.
être à demi content
faire les choses à demi (sans les terminer)

Compréhension écrite

1 Combien de petits métiers des rues sont énumérés par Marcel Proust dans cet extrait ? Citez-les.

2 Proust évoque quelle saison ? quel moment de la journée ?

Expression écrite

1 Ce texte décrit le Paris des années 1895-1900. Qu'est-ce qui indique qu'il s'agit d'une époque très éloignée de la nôtre ?

2 Cherchez des cartes postales et des descriptions de la capitale de votre pays dans ces années 1890-1910. Décrivez la vie quotidienne de cette époque dans une grande ville.

Grammaire et orthographe grammaticale

Exercice 1

Remplacez l'infinitif par le temps de l'indicatif qui convient.

a. Tu sais qu'il *(partir)* en Écosse il y a trois mois ?

b. Je pense que vous *(avoir raison)* de prendre cette décision, hier.

c. Elle avait toujours cru que son mari *(accepter)* de partir vivre à l'étranger mais elle se trompait.

d. J'espère vraiment que tu *(réussir)* parce que je sais que ce projet te *(tenir à cœur)* depuis longtemps.

LA PROPOSITION COMPLÉTIVE (1)

Elle complète la proposition principale et elle est presque toujours en deuxième position. Elle est le plus souvent introduite par *que*.

Les propositions principales et complétives sont tout à fait liées :
Je sais que tu es là.
Tu crois qu'elle viendra ?

Le mode de la complétive – indicatif ou subjonctif – dépend du verbe de la proposition principale.

Exercice 2

Indicatif ou subjonctif ?
Entourez la bonne réponse.

a. Je suis sûr qu'il *s'est/se soit* trompé.

b. J'ai peur qu'il ne *réussit/réussisse* pas l'examen.

c. Nous sommes navrés que vous *êtes/soyez* malade.

d. Elle voudrait bien que vous lui *écrivez/écriviez*.

e. Je pense que vous *avez/ayez* tout à fait raison

f. Est-il possible que vous *êtes/soyez* là à 8 heures ?

LES COMPLÉTIVES + SUBJONCTIF

Certains verbes sont suivis d'une complétive au subjonctif :

- verbes de volonté *(souhaiter, vouloir, désirer, ordonner, préférer, exiger, demander…)*,
- verbes exprimant un sentiment *(craindre, redouter, regretter, douter…)*,
- *être* + adjectif de sentiment *(je suis heureux, triste, furieux, navré, étonné… que)*,
- verbes impersonnels comme : *il se peut que, il est possible que, il est normal que, il est étrange que, il est préférable que…*

Exercice 3

Ce qui, ce que ? ou *ceux qui, ceux que* ?

a. Dites-moi … je peux faire pour vous.

b. …. arriveront en retard seront sanctionnés.

c. J'ai beaucoup de CD, tu peux prendre … tu veux.

d. Tu as vu … s'est passé ?

CE QUI, CE QUE / CEUX QUI, CEUX QUE

Tu peux faire ce que tu veux (ce est un pronom neutre → *toutes les choses que tu veux).*
J'aime bien les films récents mais je préfère ceux qui sont plus anciens (ceux → les films)

ce qui : sujet ; *ce que* : objet
ceux qui : sujet ; *ceux que* : objet

Exercice 4

Complétez avec *se, ce* ou *ceux*.

a. Je promets de répondre à tous … qui m'écriront.

b. Vous avez déjà rencontré … garçon ?

c. Dans … lycée, il y a deux catégories d'élèves : … qui travaillent et … qui se laissent vivre.

d. En … réveillant, Marcel Proust aimait entendre les bruits de la rue, surtout … des marchands ambulants, très nombreux dans … quartier.

ORTHOGRAPHE GRAMMATICALE

Attention : ne confondez pas *se, ce* et *ceux*

se → pronom réfléchi 3e personne du singulier ou du pluriel, utilisé dans les verbes pronominaux :
Elle se regarde dans la glace. Ils se dépêchent.
Il faut se lever. Ne pas se pencher à la fenêtre.

ce → adjectif démonstratif, toujours suivi d'un nom masculin singulier :
ce film – Tu as vu ce beau film de Fellini ?

ceux → pronom, il représente un nom masculin pluriel :
Tu connais tes voisins ? Je connais ceux du troisième étage mais pas les autres.

Civilisation
Écrivain public, un métier qui renaît

À l'époque où il était exceptionnel de savoir lire et écrire, l'écrivain public jouissait d'un grand prestige : on lui expliquait ce que l'on désirait – lettre d'amour, requête, plainte, demandes en tout genre – et il rédigeait.

Le plus souvent, l'écrivain public s'installait en plein air, bien en vue, sur la place du marché, devant le porche d'une église... et il attendait les clients. Au Moyen Âge, il s'agit plutôt de courrier intime (faire une déclaration d'amour, donner de ses nouvelles à sa famille) mais peu à peu, on lui demande de rédiger des textes plus officiels, plus administratifs – des suppliques destinées au roi ou aux grands, des requêtes adressées à la justice, etc. L'écrivain public, dans les deux cas, est un confident, il est au courant de bien des secrets. C'est aussi un conseiller qui sait mettre en forme les diverses demandes de ses clients.

Après la Révolution française, l'alphabétisation se répand et le rôle de l'écrivain public change.

Son travail devient de plus en plus technique et lié aux contraintes administratives. Aujourd'hui, dans les mairies, les foyers d'accueil ou les centres sociaux, il y a encore des écrivains publics au sens classique du terme qui aident les travailleurs migrants à rédiger des lettres ou à remplir des documents administratifs. Mais l'écrivain public « moderne », qui connaît très bien les techniques informatiques, rédige des CV, élabore des lettres de motivation ou des demandes administratives, met en forme des récits de vie, des témoignages, des romans, des thèses...

Ce métier vous intéresse ?

La Sorbonne nouvelle Paris III propose une licence d'écrivain public. Cette formation dure une année universitaire (25 semaines) Elle comprend quatre blocs :

Écriture : 100 heures (Communication informatique, expression professionnelle, techniques documentaires, linguistique et textes médiatiques).

Culture : 75 heures (notions de rhétorique et de pragmatique ; le champ autobiographique ; l'actualité culturelle, sociale, politique).

Social et juridique : 137 h 30 (droit de la personne, droit de la famille, droit social, droit fiscal ; droit pénal – les institutions sanitaires et sociales – psychosociologie : la communication, la technique d'entretien...).

Stage (3 jours par semaine) donnant lieu à un rapport de stage à soutenir devant un jury.

Vous voulez en savoir plus ?

Adressez-vous à l'association « Plume et buvard » université PARIS III , 13 rue de Santeuil 75005 Paris (courriel plume-buvard@laposte.net)

Expression personnelle orale ou écrite

1. **À votre avis, quelles sont les qualités nécessaires pour devenir écrivain public ?**

2. **Vous êtes intéressé par la formation que propose la Sorbonne nouvelle. Vous écrivez une lettre pour demander des précisions (à qui s'adresse cette formation ? est-ce gratuit ? quelle est la formation des enseignants ? où faire son stage ? quels sont les débouchés ?, etc.).**

3. **En France, environ 12 à 15% de la population rencontre des difficultés pour lire et écrire de manière efficace. Quelle est la situation de votre pays dans ce domaine ?**

Avenue Montaigne

Écoutez et répondez

LA GUIDE : Bon, alors, nous voici arrivés place de l'Alma. Nous allons maintenant remonter l'avenue Montaigne jusqu'au rond-point des Champs-Élysées.

Nous longeons le quartier qu'on appelle « le Triangle d'or ». Avant que nous ne partions, une petite question : pourquoi « le Triangle d'or » ? Quelqu'un a une idée ? Qui peut répondre ?

VOIX 1 : Euh… C'est le quartier des joailliers, des bijoutiers ?

LA GUIDE : Non, le quartier des joailliers, c'est plutôt la place Vendôme, près de l'Opéra. Une autre idée ?

1. **À votre avis, qui sont les personnes que vous avez entendues ?**

2. **Est-ce qu'elles connaissent bien Paris ? Justifiez votre réponse.**

3. **Citez cinq noms de boutiques de l'avenue Montaigne présentées par la guide.**

4. **Cochez la bonne réponse.**
   1. Le Plazza Athénée existe depuis
      a. 1911 ☐
      b. 1931 ☐
      c. 2000 ☐
   2. Le plus bel appartement s'appelle
      a. la suite royale ☐
      b. la grande suite ☐
      c. la suite présidentielle ☐
   3. Le chef cuisinier s'appelle
      a. Alain Dupont ☐
      b. Alain Ducasse ☐
      c. Alain Delon ☐
   4. Il a installé son restaurant
      a. en 1981 ☐
      b. en 1998 ☐
      c. en 2000 ☐

Phonétique, rythme et intonation

Écoutez et répétez.

1. Le son [ʒ]
a. C'est un vrai bijou.
b. Nous longeons la Seine.
c. On mange ensemble jeudi soir ?
d. C'est joli, cette jupe jaune avec ce gilet gris.
e. Tu viens en juin ou en juillet ?

2. Les sons [ʒ] et [ʃ]
a. C'est un endroit génial : jeune et chic à la fois.
b. Chacun doit jouer à son tour.
c. Dans ce quartier, on trouve des jupes, des chemises, des chaussures, des bijoux…

Phonie-graphie

Écoutez et écrivez en toutes lettres.
a. … b. … c. … d. … e. … f. … g. … h. … i. … j. …

Manière de dire
- **Plutôt, oui !** (bien sûr, évidemment)
- **Jeter l'éponge** (renoncer, abandonner)
- **Les grands de ce monde** (les gens importants)
- **Disputer qqch à qqn** (être en concurrence sur qqch)

Lisez et écrivez

Paris, capitale de la mode ?

Paris est-il toujours la capitale de la mode ? Milan, New York, Londres lui disputent la couronne, l'accusant d'être en perte de vitesse. Mais vu les derniers défilés automne-hiver, très inventifs et très applaudis, Paris n'a pas trop de souci à se faire. Quant aux écoles de stylisme et de modélisme françaises, elles attirent de plus en plus d'élèves étrangers. Et pourtant…

Bien que Paris soit pour beaucoup synonyme de luxe, la situation n'est pas vraiment rose. Le nombre des clientes a fortement diminué depuis une cinquantaine d'années et la haute couture est aujourd'hui totalement déficitaire.

Alors, qui sauvera la haute couture française ? Le prêt-à-porter ? Peu à peu, en effet, la plupart des couturiers sont passés de la haute couture au prêt-à-porter et c'est grâce à lui qu'elle survit. Mais le prêt-à-porter lui-même vit surtout grâce aux accessoires : sacs, foulards, chaussures, bijoux fantaisie, parfums… La haute couture reste pourtant une « locomotive ».

La seconde chance de la haute couture française, c'est sans doute qu'elle est… de moins en moins française ! Paris attire beaucoup de jeunes créateurs étrangers, comme John Galliano chez Dior ou Ivana Omasic chez Céline. Ils apportent du sang neuf, de l'audace.

Qui a droit au label « haute couture » ? Très peu de maisons ! Il n'en reste aujourd'hui que dix contre 106 en 1946. Qui sont-elles ? Chanel, Christian Dior, Givenchy, Jean-Louis Scherrer, Emmanuel Ungaro, Christian Lacroix, Jean-Paul Gaultier. Et, plus récentes, Dominique Sirop, Adeline André et Franck Sorbier. Les autres (Lanvin, Féraud, Nina Ricci…) ont jeté l'éponge, passant au prêt-à-porter, aux parfums ou aux accessoires.

Pour conclure, on notera que, de plus en plus, les marques prestigieuses sont rachetées par des multinationales et perdent ainsi leur identité. Par ailleurs, l'émergence de pays comme la Chine provoque un séisme dans l'industrie du textile et dans celle des accessoires. Cependant, la Chine, c'est aussi, pour l'industrie du luxe, une formidable opportunité et de très nombreux créateurs installent des boutiques à Shanghai, à Pékin ou ailleurs.

Compréhension écrite

1 **La personne qui a écrit ce texte est plutôt optimiste ou pessimiste quant à l'avenir de la haute couture française ?**

2 **Dans ce contexte, qu'est-ce qu'une « locomotive » ?**

Expression écrite

1 **Décrivez en quelques mots la photo.**

2 **Pourquoi le nombre des maisons de haute couture a diminué à votre avis ?**

Orthographe d'usage

Les noms terminés en *-cité* dérivent souvent d'adjectifs terminés en *-ic* ou en *-ique*.

Exemples :

laïc, laïque → la laïcité

spécifique → la spécificité

public, publique → la publicité

modique → la modicité

authentique → l'authenticité

Rappel Les noms terminés en *-té*, *-ité* ou *-cité* sont toujours féminins.

Grammaire et orthographe grammaticale

Exercice 1

Imaginez à qui ou à quoi peuvent renvoyer le ou les pronoms soulignés.

a. Puisque tu **l'**as abîmée, je ne te **la** prêterai plus jamais, ça, tu peux en être sûr !

b. Non, zut ! J'ai complètement oublié ! Mais, je **les lui** apporterai demain, c'est promis !

c. J'aurais bien voulu **lui en** parler mais il est parti tout de suite après le cours, je n'ai pas eu le temps.

d. Non, désolé, je ne peux pas te **la** prêter samedi, j'**en** ai besoin pour aider ma mère à déménager.

Exercice 2

Cochez la solution correcte.

1. S'il vous plaît, vous pouvez déplacer votre caddy :
   a. pour que vous puissiez passer. ☐
   b. pour que je puisse passer. ☐

2. Elle a inscrit son fils à une école de langues :
   a. pour apprendre l'anglais. ☐
   b. pour qu'il apprenne l'anglais. ☐

3. Je vous appelle :
   a. pour avoir des renseignements. ☐
   b. pour que j'aie des renseignements. ☐

Exercice 3

DEUX

Transformez ces ~~trois~~ phrases en utilisant *bien que* + subjonctif.

a. La maison F. Sorbier est petite et assez récente et pourtant, elle fait partie des dix maisons « haute couture ».

b. Malgré les difficultés, la haute couture française arrive à survivre.

LES PRONOMS COMPLÉMENTS COD ET COI

*Paris est-il toujours la capitale de la mode ? Milan, New York, Londres **lui** disputent la couronne, l'accusant d'être en perte de vitesse.*

Rappel

COD : *Milan concurrence Paris. → Elle la concurrence.*
Milan accuse Paris. → Elle l'accuse.

COI : *Milan dispute la couronne à Paris. → Elle lui dispute la couronne.*

Double pronom : *Elle lui dispute la couronne* depuis longtemps ? → *Elle la lui dispute depuis des années !*

UNE CONJONCTION DE BUT : *POUR QUE* + SUBJONCTIF

*On va rester sur ce trottoir **pour que vous puissiez** bien le voir.*

Pour avoir ce label, il faut être parrainé par les autres « labellisés ».

Rappel

→ *pour que* + subjonctif : deux sujets différents (ici, *on* et *vous*)

→ *pour* + infinitif : un seul sujet (c'est la même personne qui est parrainée et qui a le label).

→ Voir le Précis grammatical p. 138.

UNE CONJONCTION DE CONCESSION/ OPPOSITION : *BIEN QUE* + SUBJONCTIF

Bien que Paris soit pour beaucoup synonyme de luxe, la situation n'est pas vraiment rose.

Même si pour beaucoup, Paris est synonyme de luxe, la situation n'est pas vraiment rose.

Remarque

Les Français utilisent de plus en plus souvent l'indicatif avec *bien que*, surtout dans un contexte passé.

→ Voir le Précis grammatical p. 139.

ORTHOGRAPHE GRAMMATICALE

L'accord sujet-verbe avec les expressions de quantité

a. *La plupart* → Le verbe est au pluriel : *La plupart des couturiers sont passés de la haute couture au prêt-à-porter.*

b. *Bon nombre de* → Le verbe est au pluriel : *Bon nombre de grands de ce monde ont mangé ou dormi là.*

VOCABULAIRE

Attention ***sans doute*** signifie *peut-être*, *probablement*. Mais ***sans aucun doute***, signifie *certainement*.

Civilisation — Monsieur Christian Dior

C'est à Granville, en Normandie, que naît Christian Dior. Encore aujourd'hui, on peut visiter *Les Rhumbs*, sa maison natale, transformée en musée. C'est une superbe maison que Christian Dior a toujours aimée et qui l'a beaucoup inspiré.

Jeune homme très artiste, Christian ouvre une galerie d'art à Paris, fait des dessins de mode pour des journaux et finalement travaille comme modéliste chez les plus grands couturiers de l'époque. En 1946, au lendemain de la guerre, un grand industriel, Marcel Boussac, est conquis par le talent du jeune créateur et lui propose de financer sa propre maison de couture. Christian Dior a trente et un ans. Il s'installe au 30 avenue Montaigne. L'année suivante, il présente sa première collection et ce coup d'essai est un véritable coup de maître : le style « new look » fera le tour du monde.

Lui appelle cette ligne la ligne « Corolle » : taille fine et jupe évasée. On associe toujours le nom de Dior à cette ligne Corolle mais chaque année, le couturier séduira le public avec de nouveaux modèles. Avec Dior, la haute couture française retrouve tout son éclat, bien terni après la crise de 1929.

Au début des années 1950, Dior a un véritable empire qui s'étend aux quatre coins du monde. Mais il ne se contente pas d'habiller les femmes, il veut les parer, les parfumer, les maquiller...

Il crée dès 1947 le parfum *Miss Dior*, qui reste l'un de ses parfums les plus vendus, des produits de beauté, des bijoux, des accessoires...

En 1955, il embauche un jeune prodige, Yves Saint-Laurent, en qui il voit son digne successeur. En effet, à la mort de Dior, en 1957, c'est ce tout jeune homme, timide, effacé et génial, qui lui succédera avant de créer sa propre maison en 1962. Mais ceci est une autre histoire !

Expression personnelle orale ou écrite

1. **Cherchez sur Internet des informations sur le musée Christian Dior à Granville.**

2. **Regardez autour de vous : en ce moment, quelles sont les tendances de la mode pour les femmes (couleurs, matières, longueur des vêtements, etc.). Faites-en une description précise.**

3. **Pensez-vous que la haute couture a un avenir ? Développez votre argumentation en 5 à 6 lignes.**

La folie du jean

Écoutez et répondez

Voilà, c'est la fin de la présentation des collections de prêt-à-porter féminin de l'automne prochain. Comme je vous le disais déjà hier, les derniers défilés de mode ont confirmé une tendance qui s'accentue au fil des saisons : la mode « grunge ». Laissez-vous aller, déchirez, décousez mais avec art.

Un jean sera encore plus cher s'il a été artificiellement sali, usé, délavé, taché, tatoué même. Eh ! oui, la mode, la création ne reculent pas devant la contradiction : dans un monde où tous les signes de vieillissement sont refusés, on préfère ce qui est usagé à ce qui est neuf.

[...]

1. **Quelle est la tendance qui se confirme dans la mode ?**

2. **D'où vient cette tendance ?**

3. **Selon la journaliste, qu'est-ce qui est le plus recherché : un jean tout propre ou un jean sali et déchiré ?**

4. **Où est la contradiction entre cette mode et la société ?**

🎧 Phonétique, rythme et intonation

Écoutez et répétez.

Les voyelles nasales [ɑ̃], [ɛ̃], [õ]
a. Cette tendance se confirme.
b. Elle s'accentue au fil des saisons.
c. C'est la fin des collections.
d. Vuitton s'inspire du hip hop.

🎧 Phonie-graphie

Écoutez et écrivez.

1. Les différentes orthographes du son [ɛ̃]
C'est la fin. L'automne prochain. C'est un symbole. Chacun en a un. Une marque importante.

Attention : devant un m, un b ou un p,
-in devient -im

2. Les différentes orthographes du son [ɑ̃]
une tendance, moulant, un vêtement, la campagne
Mais attention à la terminaison des verbes :
ils prétendent [ilpre / t ɑ̃ n d].
Le pluriel des verbes -ent ne s'entend pas.
Répétez.
Les poules du couvent couvent.

Manière de dire
- **Faire fortune (s'enrichir)**
- **Prendre le train en marche (faire quelque chose avec retard, après les autres)**

Lisez et écrivez

Histoire du jean

En 1492, les voiles du bateau de Christophe Colomb sont faites d'une toile de coton très solide : la toile de Nîmes. Celle-ci sert aussi à faire des pantalons de marins, en particulier ceux des marins de Gênes. Dans les années 1850, le commerce va mal en Europe. Un marchand de tissu bavarois nommé Oscar Lévi-Strauss émigre aux États-Unis où il espère faire fortune. Il propose sa toile de Nîmes aux chercheurs d'or de Californie parce que ceux-ci ont besoin de vêtements résistants et les siens le sont vraiment. Très vite, ses pantalons ont du succès. La marque Levi's est créée. En 1873, le premier 501 voit le jour. La dénomination « blue-jean » est plus compliquée. Deux appellations se mélangent : le *denim*, par déformation de la toile « de Nîmes » et le « blue-jean » par déformation de « bleu de Gênes ».

D'abord vêtement de travail dont on apprécie la solidité, le jean devient, dans les années 1950, un symbole d'opposition au conformisme social. Dans les années 1960, porté par Marlon Brando ou James Dean, il est synonyme de contre-culture et de sexualité. La manière dont ils le portent choque et certains magasins américains refusent de le vendre.

Peu à peu, le jean va perdre sa signification socio-culturelle et entrer dans la garde-robe de chacun. La haute couture, elle, a pris le train du jean en marche. C'est en 1970 qu'Yves Saint-Laurent Rive Gauche l'intègre à ses collections. Karl Lagerfeld a choqué au début quand il a présenté des jeans ; maintenant, même ses clientes les plus fortunées en portent mais les leurs sont « chanélisés ». À Cologne, en Allemagne, où se tient deux fois par an une foire du jean, le marché de l'occasion se porte très bien et certains vêtements sont devenus des pièces de collection. Par exemple, la veste courte créée en 1955 peut se vendre 1 000 euros. Certains clients dont Johnny Halliday sont très célèbres.

Aujourd'hui, le jean est un vêtement indispensable dans une garde-robe, à la ville comme à la campagne. Il représente un certain style de vie décontracté qui ne convient pas au sérieux de nombreuses entreprises et administrations. La France n'a pas encore adopté la mode américaine du *casual dress code*, c'est-à-dire le droit de venir en jean au travail le vendredi, la veille du week-end. Mais elle le fera sans doute un jour.

Compréhension écrite

1 **Peut-on porter un jean tous les jours, dans toutes les occasions ? Pourquoi ?**

2 **Pourquoi Marlon Brando ou James Dean ont-ils choqué en portant le jean ?**

3 **Est-ce que la haute couture a lancé la mode du jean ?**

4 **À votre avis, que veut dire « chanéliser » un vêtement ?**

- Gagner ses lettres de noblesse (accéder à une reconnaissance professionnelle et sociale)
- Au même titre que (comme)
- Un casse-tête (quelque chose de compliqué à résoudre, un choix difficile)

Expression écrite

Rédigez un court essai sur la place qu'occupe le jean dans votre garde-robe et dans celle de vos amis.

Orthographe d'usage

Vous entendrez peut-être un Français dire « mon jeans » en prononçant le « s » final.

Au début, Les Français ont écrit et dit « jeans » par contraction de « *a pair of jeans* », aujourd'hui la prononciation et l'écriture « jean » pour le singulier est la plus répandue.

Grammaire et orthographe grammaticale

Exercice 1

De quoi parle-t-on ?

a. Impossible d'ouvrir la porte avec la mienne. Essaie avec la tienne.

b. On va prendre la nôtre puisque la vôtre est en panne.

c. Les leurs sont grands, le mien va encore à la maternelle.

LES PRONOMS POSSESSIFS

Ils remplacent un nom, prennent son genre et son nombre et peuvent être sujet ou COD ou COI.
Tu as un joli chapeau. Le mien est démodé.
J'ai acheté cette jupe sur internet. Et la tienne, tu l'as trouvée où ?

Exercice 2

Complétez.

a. Elle a pris quelle robe ? ... ... est en soie.

b. Nous aimons toutes les régions françaises, mais particulièrement ... ... sud-ouest.

c. Tu veux quel fruit ? ...ci ou ... ... ?

LES PRONOMS DÉMONSTRATIFS (1)

Ils remplacent un nom déjà évoqué. Ils peuvent être sujets ou compléments.

Ils sont utilisés :
• suivis de *-ci* ou *-là* ; *de* + nom ou infinitif ;
• Ils peuvent aussi être suivis d'un pronom relatif.
Parmi tous les pulls, j'ai choisi celui qui est blanc avec une rayure orange.

Exercice 3

Faites une seule phrase en utilisant le pronom *dont*.

a. En juillet, j'ai loué une maison. Le jardin de cette maison donne sur la mer.

b. Elle s'est offert un ensemble Chanel. Le prix de cet ensemble est astronomique !

c. Ils ont finalement trouvé un appartement. Ils en sont très contents.

d. Elle a acheté un manteau. Sa couleur lui va bien !

LES PRONOMS RELATIFS

Dont remplace un nom, animé ou inanimé.

Il peut être :
• COI d'un verbe construit avec la préposition *de* :
La boutique dont il s'occupe est très célèbre.
• complément de nom (idée de possession) :
La maison dont il est le fondateur est célèbre.

Dont = *duquel* mais on l'utilise de préférence à *duquel* sauf dans les locutions prépositives :
à la fin de, au bout de, à côté de :
C'est la ville près de laquelle il habite.

Dont peut signifier *parmi lesquels* :
Des gens célèbres dont Johnny Halliday viennent ici.

Où remplace un nom inanimé.

Il peut être :
• complément de lieu (dans + lequel)
Voici les bureaux où Karl Lagerfeld travaille.
• complément de temps :
Le jour où les femmes ont porté des pantalons a été une mini-révolution.

LE : PRONOM PERSONNEL NEUTRE

Il remplace un nom, un adjectif, un verbe ou une proposition : *Comme je vous le disais hier.*

ORTHOGRAPHE GRAMMATICALE

Attention à l'accord du participe des verbes *agréer* et *créer*

Au masculin singulier : *agréé, créé* – au masculin pluriel : *agréés, créés*

Au féminin singulier : *agréée, créée* – au féminin pluriel : *agréées, créées*

Civilisation Colifichets et grigris

La haute couture a toujours associé à ses créations des accessoires (indispensables !) : sacs, ceintures, bijoux, foulards, chaussures, lunettes, chapeaux, assortis à la tenue. Ils suivent la mode au même titre que les vêtements et sont parfois un vrai casse-tête : « Quel sac prendre avec cette veste ? », « Quelles chaussures porter avec cette jupe ? », etc. Un des nombreux conseils des magazines féminins aux jeunes filles pas très riches c'est de porter au moins L'OBJET symbole de la mode du jour. C'est la seule manière de ne pas être dépassée. Ces accessoires sont souvent accompagnés d'objets fantaisie comme des plumes sur le chapeau, des boucles aux chaussures, des parures pour les cheveux (le fameux bandana d'Agassi !), etc.

Ainsi, dans les années 1960, il suffisait de porter un scoubidou (tresse de fils de plastique colorés) au poignet, dans les cheveux ou à sa montre pour faire partie des jeunes à la mode.

Dans les années 1980, il fallait avoir un pin's sur la veste, le pull, le bonnet. Banal ou militant, il caractérisait son porteur. En 2000, les bracelets en caoutchouc font leur apparition. Cette année, la mode est aux grigris de toutes sortes, mini porte-bonheur rigolos et de toutes les couleurs. Ils ont pour but de personnaliser le sac, la ceinture, le portable de celle ou celui qui les porte. On recherche la couleur et l'originalité. Du plus cher (en métal ciselé et pierres de couleur de chez Christian Lacroix) au moins cher (en coton ou caoutchouc chez Monoprix), ils reflètent votre personnalité et même vos personnalités : décontractée et sportive le jour, mystérieuse et raffinée le soir.

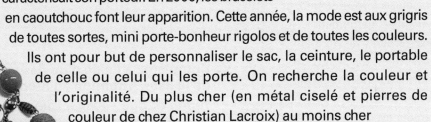

Expression personnelle orale ou écrite

1. Essayez de vous rappeler quels ont été les colifichets à la mode dans votre pays, suivant les années.

2. Comment comprenez-vous ce goût de l'objet décoratif ?

3. Y a-t-il un objet à la mode chez vous en ce moment ? Lequel ? Et sur vous ?

1. Complétez avec l'un des pronoms relatifs suivants : *qui, que (qu'), où, dont* … / 8 points

Les possédés de Loudun

L'histoire … (1) il va être question aujourd'hui dans notre émission « 2000 ans d'histoire » s'est déroulée au XVIIᵉ siècle, à Loudun, une petite ville … (2) se trouve dans le Poitou. Une religieuse du couvent des Ursulines, sœur Jeanne des Anges, accuse le curé de la ville, Urbain Grandier, de l'avoir ensorcelée.

Grandier, bel homme, intelligent, grand séducteur, avait refusé de devenir le confesseur de son accusatrice … (3) ne le lui pardonnait pas. Tour à tour, les religieuses du couvent déclarent qu'elles aussi ont été ensorcelées. C'est une affaire grave, …(4) s'emparent les autorités religieuses et politiques.

Interrogé en février 1634, Grandier nie les crimes …(5) on l'accuse mais sous la torture, il finit par avouer. Cependant, en juillet, au moment … (6) son procès a lieu, il se rétracte, disant que les aveux …(7) il a faits lui ont été extorqués. Trop tard ! Une marque …(8) il a au pouce est la preuve, selon ses accusateurs, de son appartenance au diable. Urbain Grandier est condamné à être brûlé vif. Quant à sœur Jeanne des Anges, elle ne sera plus jamais « visitée » par les démons.

2. Choisissez entre *qui, ce qui, ceux qui, que, ce que, ceux que* … / 12 points

a. Dans l'amphi, l'ambiance était électrique : les étudiants … étaient en grève depuis deux semaines essayaient de convaincre … y étaient opposés. On décida de procéder à un vote pour décider de la poursuite ou non de l'action. On proposa un vote à main levée, …, selon les opposants à la grève, n'était pas démocratique.

b. Dites-moi … vous désirez et je verrai … je peux faire. Mais je vous préviens tout de suite que le directeur, … est le seul à pouvoir décider, est

absent jusqu'à mardi. C'est … j'ai dit et répété à vos collègues, à tous … sont venus me voir ce matin. Avant mardi, aucune décision ne peut être prise.

c. Je fais appel à toutes les bonnes volontés, à tous … désirent agir avec nous et … peuvent consacrer quelques heures par semaine aux enfants … nous aidons quotidiennement. Même si vous avez seulement deux heures à nous offrir, n'hésitez pas. Tout … nous vous demandons, c'est de vous engager sur une durée de trois mois minimum.

3. Aujourd'hui, nous sommes le 1ᵉʳ janvier. C'est le moment de formuler des vœux. … / 8 points

a. Pour cette nouvelle année, je souhaite que …

b. J'aimerais que …

c. Je voudrais que …

d. Mon plus grand désir, ce serait que …

4. Complétez à l'aide d'un des verbes de la liste. Attention au mode ! … / 12 points

regretter que – exiger que – rappeler que – affirmer que – admettre que – demander que

a. « Bon, d'accord, c'est vrai, j'ai eu tort ! »
→ Finalement, Marc …

b. « Je suis innocent. Vous entendez ? Innocent ! »
→ L'accusé …

c. « Paul ne peut pas venir ? Dommage ! »
→ Tout le monde …

d. « Tout le monde doit être là à 8 heures précises » → Le directeur …

e. « Je vous ai déjà envoyé un courrier le 16 octobre dernier » → Il …

f. « Nous refusons de participer à la réunion si les étudiants ne sont pas invités eux aussi »
→ Les leaders syndicaux …

Comparez vos réponses avec celles du corrigé et comptez vos points.

Score : … / 40

Vers le DELF

Compréhension orale

Compréhension orale globale

🎧 **Lisez d'abord les questions qui suivent, écoutez le document et répondez.**

1. **Répondez par vrai (V), faux (F) ou le document ne dit rien à ce sujet (?).**

   a. Pour l'instant, seul l'État de Floride
      va mettre en place cette mesure.   V F ?

   b. Les parents d'élèves sont opposés
      à cette réforme.   V F ?

   c. Seule, une partie du salaire des professeurs
      est concernée par la réforme.   V F ?

   d. Cette nouvelle réforme s'appelle
      le FCAT.   V F ?

2. **En deux lignes, résumez les arguments de ceux qui sont favorables à cette réforme.**

3. **Pourquoi la plupart des syndicats d'enseignants ne sont pas d'accord ?**

Compréhension orale détaillée

🎧 **Lisez attentivement les questions qui suivent, écoutez une seconde fois le document et répondez.**

1. **Jusqu'à maintenant, les salaires des enseignants étaient calculés en fonction de … et de … .**

2. **Comment comprenez-vous l'expression :**

   « Les syndicats d'enseignants ne l'entendent pas de cette oreille » ?

3. **Complétez la phrase suivante. Vous devez retrouver les 3 adjectifs que vous avez entendus.**

   Mélanger la pédagogie et l'argent, c'est aux yeux de la plupart des professeurs …, … et …

Expression orale

1. **À partir de ces photos, retracez l'évolution de la mode entre 1900 et 2000.**

2. **Vous êtes le maire d'une station balnéaire. Vous venez de prendre un arrêté interdisant le port du maillot de bains en ville. Interviewé à la radio locale, vous expliquez les raisons de votre décision.**

Vers le DELF

B1

Compréhension écrite

Lisez ce texte puis répondez aux questions qui suivent.

Le marathon de Paris, 30 ans de bonheur

Le marathon de Paris fête cette année son trentième anniversaire et certains s'étonnent de voir un tel engouement[1] pour une discipline finalement assez peu médiatisée. 5 500 courses sont organisées dans notre pays chaque année par des bénévoles, des passionnés ou des amoureux de la nature.

Le monde de la course à pied est un lieu où les classes sociales, les âges, les races, les sexes, les religions se côtoient, où les meilleurs coureurs du monde participent à la même compétition que les coureurs occasionnels. Quel autre sport peut se prétendre plus démocratique et universel ?

La dimension économique et touristique de ces manifestations est souvent méconnue. Et pourtant ! Il faut savoir que certaines courses rassemblent plusieurs milliers de participants qui sont autant de consommateurs. À La Rochelle, 7 500 coureurs envahissent la cité à la fin du mois de novembre ; à Nice, le semi-marathon rassemble 8 000 coureurs en avril. Bien d'autres courses connaissent un succès extraordinaire et permettent de faire vivre le commerce hors saison. Pour la quasi-totalité des coureurs, la course permet aussi de faire du tourisme.

L'aspect festif est un des traits les plus caractéristiques de la réussite des courses. Pour le marathon du Médoc, les châteaux jouent le jeu en ouvrant leurs parcs et leurs jardins et en offrant des dégustations de grands crus. D'autres courses sont organisées dans les vignobles. Toutes axent leur communication sur le terroir. On pourrait parler aussi de la bourriche d'huîtres remise à chaque coureur à l'issue du marathon de La Rochelle ou des boîtes de chocolats offertes à Oloron. D'autres courses communiquent surtout sur le patrimoine : le marathon du Mont-Saint-Michel, celui du Futuroscope, le semi-marathon du patrimoine à Lyon.

La course peut également avoir une dimension caritative. Par exemple, les courses Odysséa organisées au profit de la lutte contre le cancer du sein constituent un modèle de réussite.

Course et tourisme ; course et développement local, course et esprit de solidarité, course et santé…, les marathons ont encore de beaux jours devant eux.

Renaud Carrier, université de Pau,
Le Monde, 8 avril 2006.

1. Un engouement : une passion.

Compréhension écrite globale

1. Dégagez le plan de ce texte.

2. En quoi est-ce que la course à pied est l'exemple même du sport démocratique, selon l'auteur ?

3. Économiquement, pourquoi les marathons sont une bonne affaire pour les villes qui les organisent ?

Compréhension écrite détaillée

1. Quelle différence faites-vous entre « inconnu » et « méconnu » ?

2. En vous aidant du dictionnaire, proposez un mot de la même famille que :
   a. se côtoyer   b. festif   c. caritatif   d. sain

3. Qu'est-ce qu'un « grand cru », à votre avis ?

Expression écrite

On dit souvent que le sport favorise la compréhension entre les peuples et l'esprit de solidarité, qu'il dépasse les clivages de nationalité, d'ethnie, de religion…

En une vingtaine de lignes, exprimez votre sentiment personnel sur ce thème.

Expliquer, conseiller et justifier

unité **2**

leçon **5**

En mai, fais ce qu'il te plaît !

L'ANIMATEUR : Bonjour, vous avez été très nombreux à nous demander des conseils pour fleurir votre balcon. Alors, je laisse la parole à notre spécialiste. On vous écoute, Nicolas.

NICOLAS : Bonjour, c'est vrai que le printemps approche et l'envie de jardiner vous démange. Je vous comprends. Alors, en quatre questions, voici mes conseils et mes astuces pour économiser du temps, de l'argent et réussir un joli jardin en pots.

D'abord, à quel moment planter ?

Eh bien, il est possible de planter en avril si votre balcon est bien exposé et abrité du vent. Sinon, vous devez patienter jusqu'à la mi-mai. Vous connaissez le proverbe*…

[…]

* En avril ne te découvre pas d'un fil, en mai fais ce qu'il te plaît.

1. **À quel moment a eu lieu cette émission : heure ? jour ? mois ?**

2. **Quelle est sa fréquence ?**

3. **Comment comprenez-vous l'expression « avoir la main verte » ?**

4. **Que veut dire Nicolas par « Les goûts et les couleurs, ça ne se discute pas » ?**

Phonétique, rythme et intonation
Écoutez et répétez.

1. Le son [r] à l'initiale
Réussissez vos plantations en respectant quelques règles.
Ce n'est pas possible côté rue. Il faut remplir les pots avec un peu d'engrais. Je vous rappelle le nom de l'émission.

2. Le son [r] en finale
Vous pouvez fleurir vos balcons. Vous pouvez choisir des fleurs de toutes les couleurs. Faites-vous plaisir.

Phonie-graphie
Écoutez.
a. du zinc – le chiffre cinq
b. un hamac – un estomac – du cognac – du tabac

Que remarquez-vous ?

Manière de dire
• L'envie vous démange (vous avez très envie de…)
• Courir les brocantes, les expos, les magasins, etc. (aller souvent et avec plaisir dans tous ces endroits)

L'homme qui plantait des arbres

Le berger, qui ne fumait pas, alla chercher un petit sac et déversa sur la table un tas de glands. Il se mit à les examiner l'un après l'autre avec beaucoup d'attention, séparant les bons des mauvais. Je fumais ma pipe. Je me proposai pour l'aider. Il me dit que c'était son affaire. En effet : voyant le soin qu'il mettait à ce travail, je n'insistai pas. Ce fut toute notre conversation. Quand il eut du côté des bons un tas de glands assez gros, il les compta par parquets de dix. Ce faisant, il éliminait encore les petits fruits ou ceux qui étaient légèrement fendillés, car il les examinait de fort près. Quand il eut ainsi devant lui cent glands parfaits, il s'arrêta et nous allâmes nous coucher.

La société de cet homme donnait la paix. Je lui demandai le lendemain la permission de me reposer tout le jour chez lui. Il le trouva tout naturel. Ou plus exactement, il me donna l'impression que rien ne pouvait le déranger. Ce repos ne m'était pas absolument obligatoire, mais j'étais intrigué et je voulais en savoir plus. Il fit sortir son troupeau et le mena à la pâture. Avant de partir, il trempa dans un seau le petit sac où il avait mis les glands soigneusement choisis et comptés.

Je remarquai qu'en guise de bâton il emportait une tringle de fer grosse comme le pouce et longue d'environ un mètre cinquante. Je fis celui qui se promène en se reposant et je suivis une route parallèle à la sienne. La pâture de ses bêtes était dans un fond de combe. Il laissa le petit troupeau à la garde du chien et il monta vers l'endroit où je me tenais. J'eus peur qu'il vînt pour me reprocher mon indiscrétion mais pas du tout : c'était sa route et il m'invita à l'accompagner si je n'avais rien de mieux à faire. Il allait à deux cents mètres de là, sur la hauteur.

Arrivé à l'endroit où il désirait aller, il se mit à planter sa tringle de fer dans la terre. Il faisait ainsi un trou dans lequel il mettait un gland, puis il rebouchait le trou. Il plantait des chênes. Je lui demandai si la terre lui appartenait. Il me répondit que non. Savait-il à qui elle était ? Il ne savait pas. Il supposait que c'était une terre communale, ou peut être était-elle la propriété de gens qui ne s'en souciaient pas ? Lui ne se souciait pas de connaître les propriétaires. Il planta ainsi ses cent glands avec un soin extrême.

Après le repas de midi, il recommença à trier sa semence. Je mis, je crois, assez d'insistance dans mes questions puisqu'il y répondit. Depuis trois ans, il plantait des arbres dans cette solitude. Il en avait planté cent mille. Sur les cent mille, vingt mille étaient sortis. Sur ces vingt mille, il comptait encore en perdre la moitié, du fait des rongeurs ou de tout ce qu'il y a d'impossible à prévoir dans les desseins de la Providence. Restaient dix mille chênes qui allaient pousser dans cet endroit où il n'y avait rien auparavant.

Jean Giono, *L'homme qui plantait des arbres,* Œuvres romanesques complètes, tome V, © éditions Gallimard, 1953.

Compréhension écrite

1 **Qu'est-ce qui intrigue le narrateur ?**

2 **Quels mots qualifient le mieux cette histoire ?**
la lenteur – l'égoïsme – la sagesse – la solitude – le désespoir – le pessimisme – la tristesse – la patience – l'humanité

3 **Que veut dire l'auteur par « La société de cet homme donnait la paix » ?**

4 **Le berger sait-il à qui appartient la terre ? Pourquoi ne s'en préoccupe-t-il pas ?**

• C'est mon affaire (cela ne concerne que moi)
• Faire celui qui ... (faire semblant de)
• Les desseins de la Providence (le hasard)

Expression écrite

Pensez-vous que ce que fait le berger est important ? Justifiez votre réponse.

Orthographe d'usage

Attention aux mots qui se terminent par -*ou*

En général, ils prennent un -*s* au pluriel : un fou, des fous ; un sou, des sous ; un trou, des trous

Mais les mots : bijou, caillou, chou, genou, hibou, joujou et pou prennent un -*x* : des bijoux

Grammaire et orthographe grammaticale

Exercice 1

Transformez ces phrases en phrases impersonnelles.

a. Des oiseaux arrivent de tous les côtés.

b. Des faits étranges se sont passés ici.

c. Des rumeurs circulent sur cette maison.

d. Après le froid, quelques arbustes seulement sont restés en fleurs.

Exercice 2

Complétez ces phrases (attention au mode du verbe).

a. En mars, il est préférable de ...

b. Pour réussir votre balcon, il faut que ...

c. Planter en mai, c'est vrai que ...

d. Pour avoir un joli balcon, il est nécessaire de ...

Exercice 3

Complétez.

Lili et Tom ne sont jamais d'accord. Ce n'est pas facile pour Anita, la jeune fille au pair.

Anita : J'emmène les enfants au parc ?

Lili : Oui ... ça leur fera du bien.

Tom : Non ..., il fait bien trop froid !

Anita : Demain, je peux rendre les livres à la bibliothèque ?

Tom : Oui, sans problème, ... je les ai lus.

Lili : Non ! ... J'ai aussi envie de les lire.

Exercice 4

Relevez les verbes au passé simple dans le texte de J. Giono (p. 31). Classez-les suivant leur terminaison.

LES PHRASES IMPERSONNELLES

- Certains verbes sont toujours impersonnels :
  Il y a, il faut, il s'agit, il pleut...
- On peut construire une phrase impersonnelle avec :

  – *Il est* + un adjectif + *que* + un verbe au subjonctif (le plus souvent) ou à l'indicatif :
  Il est bien agréable que tu aies la main verte.
  Il est vrai que ce matériel est cher.

  C'est l'adjectif, plus ou moins « subjectif » qui détermine le mode du verbe.

  – *Il est* + un adjectif + *de* + un infinitif :
  Il est rare de voir des jardins fleuris en janvier.

  À l'oral, *il est* est souvent remplacé par *c'est.*
- Certains verbes peuvent devenir impersonnels :
  De belles gelées se produisent fin avril
  → *Il se produit de belles gelées fin avril.*

  Le pronom sujet est toujours « il » ; le verbe est au singulier, se conjugue à tous les temps.

L'IMPÉRATIF + PRONOMS (1)

- à la forme affirmative, les pronoms se placent toujours après le verbe :
  Les fleurs ? Plantez-les en mai, c'est plus sûr.
- à la forme négative, ils se placent avant le verbe :
  Les fleurs ? Ne les plantez pas avant avril.

➡ Voir le Précis grammatical p. 135.

LE PASSÉ SIMPLE

C'est un temps utilisé à l'écrit, dans la presse ou en littérature. Il exprime un fait ou une action terminés dans le passé et sans lien avec le présent (contrairement au passé composé).

Temps du récit, il est surtout conjugué à la 3e personne et marque la progression de l'histoire.

➡ Voir le Précis grammatical p. 130 et les Tableaux de conjugaison.

ORTHOGRAPHE GRAMMATICALE

Ne confondez pas : – j'allai → passé simple ; – j'allais → imparfait.

Civilisation   Un petit bout de jardin

*Presque tous les Français rêvent d'habiter une maison avec un bout de jardin
ou de vivre près d'un parc, d'un square, d'un arbre.*

**Écoutez puis lisez cette chanson
de Jacques Dutronc.**

I

C'était un petit jardin
Qui sentait bon le métropolitain,
Qui sentait bon le bassin parisien.
C'était un petit jardin
Avec une table et une chaise de jardin,
Avec deux arbres un pommier et un sapin
Au fond d'une cour à la Chaussée d'Antin
Mais un jour, près du jardin,
Passa un homme qui, au revers
    de son veston,
Portait une fleur de béton.
Dans le jardin une voix chanta :

refrain
« *De grâce, de grâce*[1],
Monsieur le Promoteur,
De grâce, de grâce
Préservez cette grâce[2]
De grâce, de grâce,
Monsieur le Promoteur,
Ne coupez pas mes fleurs.

II

C'était un petit jardin
Qui sentait bon le métropolitain,
Qui sentait bon le bassin parisien.
C'était un petit jardin
Avec un rouge-gorge dans son sapin,
Avec un homme qui faisait son jardin,
Au fond d'une cour à la Chaussée d'Antin.
Mais un jour, près du jardin,
Passa un homme qui, au revers
    de son veston,
Portait une fleur de béton.
Dans le jardin une voix chanta :
refrain

III

C'était un petit jardin
Qui sentait bon le bassin parisien.
À la place du joli petit jardin,
Il y a l'entrée d'un souterrain
Où sont rangées comme des parpaings[3]
Les automobiles du centre urbain.
C'était un petit jardin
Au fond d'une cour à la Chaussée d'Antin.
C'était un petit jardin
Au fond d'une cour à la Chaussée d'Antin.

refrain

_____
1. **De grâce !** : pitié !
2. **La grâce** : le charme, la beauté.
3. **Un parpaing** : bloc de ciment, de béton ou de plâtre
    qui sert à la construction des murs.

Expression personnelle orale ou écrite

1. Quelle est l'évolution racontée par la chanson ? Est-ce la même chose dans votre
pays ?

2. À votre avis, pourquoi les Français sont-ils
encore si attachés à la nature ?

SOS voisins !
Je vous écoute !

Écoutez et répondez

A. Renseignez-vous à la préfecture pour savoir s'il existe des arrêtés fixant les jours et les heures où l'on peut bricoler ou tondre sa pelouse et rappelez à l'ordre vos voisins indélicats. Faute de règlement, vous pouvez toujours saisir la justice pour « trouble anormal de voisinage ».

B. Vous pouvez faire payer les dégâts à ses maîtres puisqu'ils sont responsables de leur animal domestique* d'autant plus que vous l'avez pris sur le fait devant eux. Ils peuvent d'ailleurs faire prendre en charge les frais par leur compagnie d'assurance.

* article 1385 du Code civil

C. Pas de chance : votre marge de manœuvre est très faible. En effet, les juges considèrent que les odeurs temporaires ne constituent pas « un trouble anormal de voisinage ». Essayez de régler cela à l'amiable.

D. Mettez donc une chaîne de sorte que, comme ça, l'accès à votre emplacement sera impossible. Cette solution est la plus rapide et la plus efficace.

1. **Faites correspondre la plainte et la solution proposée.**

2. **Comment comprenez-vous « à l'amiable » ?**

3. **Quelles solutions « à l'amiable » proposeriez-vous pour les cas b et c ?**

Phonie-graphie

Les lettres euphoniques
Certaines lettres n'ont aucune valeur grammaticale. Elles sont utilisées pour faciliter la prononciation de deux mots l'un à la suite de l'autre. C'est le cas du « l », souvent devant « on », du « t », ou du « s » :
Le samedi, c'est un jour où l'on peut bricoler.
« J'en ai assez », nous a-t-il dit.
Vas-y.

Phonétique, rythme et intonation

Écoutez et répétez.

La différence entre [œ] et [ø]
une heure, une odeur, une manœuvre, ailleurs, ils veulent, ils peuvent
on peut, un peu, du feu, je veux

Manière de dire
- Avoir des mots (se disputer)
- Rire au nez (se moquer)
- Un toutou (familier, gentil) (un chien)
- En flagrant délit (sur le fait)
- Faire la grasse matinée (dormir tard le matin)
- Faire exprès (volontairement)

C'est vache !

Lundi 14 mars 2005, un tribunal français a ordonné à Mme Milka Budimir, couturière dans la Drôme (sud-est de la France), de céder la propriété du site internet milka.fr à la multinationale américaine Kraft Foods propriétaire de la marque de chocolat Milka. C'est en décembre 2001 que le fils de Mme Budimir offre à sa mère, pour Noël, un site sur le net pour faire la publicité de ses deux boutiques de couture : « Milka couture, retouches, confection de rideaux ». Mais Kraft Foods lui demande rapidement d'abandonner la propriété milka.fr au profit d'un autre nom qu'ils estiment plus clair et qu'ils sont prêts à payer : milkacouture.fr. Mme Budimir refuse car c'est elle qui a déposé le nom du site en premier. Kraft Foods porte plainte.

Aujourd'hui, le tribunal a tranché : Mme Budimir n'a pas eu gain de cause. Les juges ont interdit à la couturière l'emploi de son site et l'ont condamnée à céder le site www.milka.fr à Kraft Foods dans un délai d'un mois à compter du jugement sous peine d'une amende de 150 euros par jour.

Voici pourquoi :

Les tablettes de chocolat Milka existent depuis 1901 et sont connues grâce à leur emblème : une vache mauve. C'est une marque renommée

protégée par le Code de la propriété intellectuelle. En conséquence, le tribunal a estimé qu'en utilisant le nom « Milka », Mme Budimir a fait un emploi injustifié d'une marque dont Kraft Foods est propriétaire. De plus, l'utilisation du nom « Milka » est bien antérieure à la naissance de Mme Budimir.

La société américaine s'est plainte de l'utilisation de son nom et a également reproché à la couturière d'avoir repris la couleur « mauve lilas ■ qui est celle du chocolat Milka ».

Dans cette affaire, encore une fois, la justice a privilégié le droit des marques sur le droit des personnes !

- Faire exprès (volontairement)
- C'est vache (familier) (c'est dur, c'est méchant)
- Saisir la justice (porter plainte)
- Une marge de manœuvre (une liberté d'action)
- Avoir gain de cause (gagner dans une négociation, un procès)

Compréhension écrite

1 **Qui a gagné, Mme Budimir ou Kraft Foods ?**

2 **Y a-t-il eu une tentative de règlement à l'amiable ? Laquelle ?**

3 **À qui l'auteur de l'article est-il favorable ?**

Expression écrite

Vous êtes l'avocat(e) de Mme Budimir. Développez vos arguments.

Grammaire et orthographe grammaticale

Exercice 1

Faites une seule phrase pour exprimer l'idée de cause en utilisant une conjonction ou une préposition.

a. Mon balcon est bien fleuri. Vous m'avez donné de bons conseils.

b. Mon rosier est mort. Il a fait froid ce printemps.

c. Il a refusé de lui prêter sa moto. Il est mineur.

d. Elle a porté plainte. Elle prétend qu'on fait trop de bruit.

e. Je ne suis pas responsable. Je n'étais pas là ce jour-là.

f. Il se met en colère. Il n'est pas méchant mais il ne supporte pas le désordre.

g. On ne peut pas laisser son chien en liberté. C'est interdit par la loi.

h. Je ne sais pas bien cuisiner. En plus je n'en ai pas le temps.

Exercice 2

Trouvez les conséquences de ces événements.

a. Son chien est toujours en liberté …

b. Mes voisins ont eu des mots un peu vifs …

c. Ils font un barbecue sous mon balcon …

d. Il fait très beau en mai …

e. Les voitures sont mal garées …

Exercice 3

Conjonction ou préposition ?

a. Il faut connaître la loi *(afin de/ afin que)* pouvoir se défendre.

b. Ils ont déménagé *(pour/pour que)* ne plus être dérangés par le bruit.

c. Elle a changé de site sur internet *(pour/pour que)* il n'y ait plus de confusion.

d. Il veut nous voir *(pour/pour que)* nous lui présentions des excuses.

L'EXPRESSION DE LA CAUSE (1)

- après des conjonctions de subordination :
  – *parce que* – *d'autant que* – *sous prétexte que* + indicatif
  – *ce n'est pas que* + subjonctif
- après la conjonction de coordination : *car*.
- après des prépositions : *à cause de* (cause négative), *grâce à* (cause positive), *en effet* (explication), *d'ailleurs* (cause supplémentaire), *pour* (en raison de).
  Attention à bien utiliser la préposition qui convient le mieux au contexte.
- avec des verbes comme *causer* :
  Cette affaire lui a causé bien des ennuis.

➡ Voir le Précis grammatical p. 137.

L'EXPRESSION DE LA CONSÉQUENCE (1)

La conséquence est un résultat effectif.
- après des conjonctions de subordination + indicatif comme *si bien que*, *de sorte que*.
- après des conjonctions de coordination : *alors*, *donc*.
- après des prépositions ou des adverbes : *en conséquence*, *par conséquent*.

➡ Voir le Précis grammatical p. 138.

L'EXPRESSION DU BUT (1)

Le but est une conséquence espérée mais non certaine.
- après des conjonctions de subordination + subjonctif comme *pour que*, *afin que*.
  Prévenez-le assez tôt pour qu'il puisse se préparer.
- avec des prépositions + infinitif : *pour*, *afin de*, *en vue de*…
  Fermez vos fenêtres afin de ne pas sentir ces odeurs.

➡ Voir le Précis grammatical p. 138.

ORTHOGRAPHE GRAMMATICALE

Ne confondez pas : – *afin de* + infinitif ; – *afin que* + subjonctif ; – *à la fin de* + nom.

Civilisation   Le Code civil

Dès le Moyen Âge et jusqu'à la Révolution, la France est régie par des « Coutumes », différentes d'une région à l'autre, d'une ville à l'autre. Voltaire disait qu'à son époque, lorsqu'on voyageait, on changeait aussi souvent de cheval que de lois. Entre 1789 et 1799, les révolutionnaires vont jeter les bases de la législation française sous la forme de codes mais c'est Napoléon Bonaparte qui, dès 1800, va en être l'artisan. Le plus connu de ces codes est le Code civil. Il faudra une centaine de séances, avant que la rédaction des 2281 articles soit définitive. Ce code « est un corps de lois destinées à diriger et à fixer les relations de sociabilité, de famille et d'intérêt qu'ont entre eux des hommes qui appartiennent à la même cité » disait Étienne Portalis, un de ses rédacteurs.

Le Code civil est finalement promulgué* en 1804 et en 1807 il prend le nom de Code Napoléon. On comprend que l'empereur, prisonnier à Sainte-Hélène en 1815 ait pu dire : « Ma vraie gloire ce n'est pas d'avoir gagné quarante batailles ; Waterloo effacera le souvenir de tant de victoires. Ce que rien n'effacera, ce qui vivra éternellement c'est mon Code civil. »

Rédigé de façon très claire par d'excellents juristes, il est adopté par de nombreux pays européens. Au cœur du code se trouve le principe de l'autorité : celle du père sur ses enfants, celle du mari sur son épouse, celle du patron sur ses ouvriers mais aussi le principe de l'égalité des citoyens devant la loi (fini le temps des privilèges), l'égalité entre les enfants (fini le droit d'aînesse), la séparation de l'Église et de l'État, le mariage civil, le droit de propriété. Ce code a été l'un des éléments clés de l'unification juridique française.

Deux cents ans après sa rédaction, le « Code civil des Français » est toujours en usage en France. Aujourd'hui, bon nombre de ses articles ont été modifiés et l'appellation « code Napoléon » désigne ce qui, dans le code actuel vient du XIXe siècle.

D'autres codes régissent la vie des Français : le Code pénal par exemple, élaboré en 1810, le Code du travail commencé en 1791 et le Code de la route (1921).

En France, c'est le premier ministre ou un des ministres qui présente un projet de loi (les députés peuvent faire une proposition de loi). Ce projet est ensuite discuté d'abord par les députés à l'Assemblée nationale puis par les sénateurs, au Sénat. Les deux chambres doivent se mettre d'accord pour que le projet de loi soit voté. Quand la loi est votée, c'est le président de la République qui la promulgue.

---

* **Promulguer** : rendre officiels et applicables un projet ou une proposition de loi.

Expression personnelle orale ou écrite

1. Pourquoi le Code civil est-il adopté par de nombreux pays ?

2. Après une petite recherche, expliquez à un Français comment sont votées les lois dans votre pays.

3. Si vous étiez député ou responsable politique, quelle proposition de loi aimeriez-vous faire ? Défendez-la devant la classe.

J'ai peur de l'avoir raté !

Écoutez et répondez

1 ALIX : Bon, ça y est ! Maintenant que j'ai eu le code, je voudrais savoir quand je pourrai passer la conduite. Et vous pouvez me dire comment ça se passe exactement ?

LE MONITEUR : Oh là là, vous n'allez pas commencer ! Paniquer, ce n'est pas votre genre ! […]

2 *Trois semaines plus tard*

LILIANE : Alors, ça s'est passé comment ? Qu'est-ce qu'il t'a demandé ? […]

1. **Vrai (V), faux (F), On ne sait pas (?)**
   a. Alix passe son permis pour la première fois. **V F ?**
   b. Le moniteur pense qu'elle n'a aucune chance d'avoir son permis. **V F ?**
   c. Le jour du permis, l'inspecteur lui a tendu un piège. **V F ?**
   d. Liliane est la sœur d'Alix. **V F ?**
   e. Alix pense qu'elle a raté son permis. **V F ?**
   f. La plupart des candidats sont collés la première fois. **V F ?**

2. **Comment sait-on si on est admis ou non au permis de conduire ?**

3. **Qu'est-ce qui montre que, le jour du permis, Alix n'était pas très sûre d'elle ?**

Phonétique, rythme et intonation

Écoutez et répétez.

1. **Rythme et intonation**
   a. Comment ça se passe ? (4 syllabes)
   b. Comment ça va se passer ? (6 syllabes)
   c. Comment ça s'est passé ? (6 syllabes)
   d. Dis-moi comment ça s'est passé. (8 syllabes)

2. **L'intonation de la colère**
   a. Oh là là ! ça va !
   b. Bon, ça va ! ça suffit !
   c. Bon, on le sait ! ça va !

Phonie-graphie

Écoutez et écrivez ce que vous avez entendu.
a. .... ?
b. .... ?
c. .... !

Le permis à un euro !

A. Il s'agit d'une mesure gouvernementale destinée à aider les jeunes à financer leur formation à l'examen du permis de conduire.

B. Non, seulement le permis B, c'est-à-dire les voitures de tourisme.

C. C'est une banque qui vous prête l'argent. Et l'État paie les intérêts.

D. Par mois. 30 euros par mois, un euro par jour. Pour le jeune qui emprunte, c'est un prêt à 0 %.

E. Dès le mois qui suit la signature du contrat. Jusqu'au remboursement intégral. Si vous voulez, vous pouvez rembourser ce que vous devez plus tôt mais il n'y a aucune raison de le faire.

F. D'abord aller voir une auto-école, évidemment. Faire faire un devis et prendre connaissance de la « Charte du jeune conducteur ».

G. Après, vous allez à la banque, attention, une banque partenaire du projet, pas n'importe quelle banque, avec vos papiers, une attestation de domicile, une fiche de paie si vous en avez une, une caution des parents ou d'un ami…

H. Non. C'est réservé aux jeunes de moins de 26 ans. C'est dommage, savoir conduire est important à n'importe quel âge. Et on n'en a pas toujours les moyens.

I. Non, l'auto-école que vous choisissez, il faut qu'elle ait adhéré au projet, c'est-à-dire qu'elle fasse partie de la liste officielle (www. permisauneuroparjour.fr).

J. Oui, vous avez un peu raison. C'est un slogan. Il faut quand même compter 1 000 ou 1 200 euros.

Compréhension écrite

Associez une question à une réponse.

1. Ça concerne tous les types de permis ? Ça marche pour les motos aussi ?

2. Qu'est-ce qu'on doit faire en premier ?

3. Finalement, ce permis à un euro, ça coûte le prix normal, non ?

4. Qui finance ?

5. Qu'est-ce que c'est, ce « permis de conduire à un euro » ?

6. Et on commence à payer quand ?

7. Et après l'auto-école, qu'est-ce que je fais ?

8. On rembourse comment ? Par mois ou à la fin ?

9. Je peux aller dans n'importe quelle auto-école ?

10. Ça marche pour tous les âges, ce permis à un euro ?

Expression écrite

1 **Pourquoi cette mesure est-elle réservée aux moins de 26 ans, à votre avis ?**

2 **Pensez-vous que, si on rate le permis, on peut obtenir un second prêt à 0% ?**

Manière de dire

- **Paniquer** (s'inquiéter, avoir peur)
- **Un truc** (quelque chose)
- **Du premier coup** (dès la première fois)
- **Casser la figure à qqn** : frapper qqn
- **Être collé** ≠ être reçu
- **Avoir les moyens** : avoir l'argent nécessaire

Orthographe d'usage

Attention à l'orthographe de mots un peu difficiles

un emprunt [ɑ̃prɛ] – un prêt [prɛ] – les intérêts – rembourser – un devis, un permis

n'importe *quel* crédit, n'importe *quelle* banque n'importe *quels* crédits, n'importe *quelles* banques

Exercice 1

Retrouvez la phrase au discours direct.

a. L'inspecteur lui a demandé quel âge elle avait.

b. Il lui a demandé de faire un démarrage en côte.

c. Il voulait savoir si elle avait peur.

d. Il lui a demandé comment on vérifiait le niveau de l'huile dans une voiture.

e. Il lui a demandé de rouler un peu plus vite.

L'INTERROGATION INDIRECTE

Pourquoi regardez-vous tout le temps dans votre rétroviseur, mademoiselle ? → *Il m'a demandé pourquoi je regardais tout le temps dans mon rétroviseur.*

L'ordre des mots redevient « normal » dans l'interrogation indirecte.

Ne confondez pas *demander si* (question) et *demander de* + infinitif ou *que* + subjonctif (ordre).

Rappel

Discours direct à l'impératif :
Tournez à droite, garez-vous, s'il vous plaît.

Discours indirect de + infinitif :
→ *Il lui a demandé de tourner à droite, de se garer.*

➡ Voir le Précis grammatical p. 133.

Exercice 2

Répondez comme dans l'exemple.

Cette auto-école a adhéré au projet ?
→ *Non, je ne crois pas qu'elle y ait adhéré.*

a. Tu crois qu'il a compris ?
→ Non, j'ai peur qu'il … .

b. Elle a eu son permis de conduire ?
→ Non, hélas, je ne crois pas qu'elle …

c. Elle s'est découragée, à ton avis ?
→ Oui, j'ai bien peur qu'elle …

LE SUBJONCTIF PASSÉ

Selon le verbe, on utilise l'auxiliaire *être* ou *avoir* au subjonctif présent + le participe passé.
Elle doit avoir adhéré au projet ? …
Il faut qu'elle y ait adhéré.
Elle est sortie ? …
Non, je ne pense pas qu'elle soit sortie.

➡ Voir les Tableaux de conjugaison.

ORTHOGRAPHE GRAMMATICALE

Attention à l'orthographe du subjonctif du verbe *avoir* → *que j'aie, que tu aies, qu'il ait, qu'ils aient*
On entend le même son [ɛ] mais il y a quatre orthographes différentes !
Ne confondez pas avec le subjonctif du verbe *aller* → *que j'aille, que tu ailles, qu'il aille, qu'ils aillent* [aj]

L'INFINITIF SUJET

L'infinitif peut avoir différentes fonctions. Par exemple :
• sujet : *Fumer est strictement interdit.*
• complément d'objet direct : *Il adore nager sous l'eau.*
• complément d'objet indirect : *Il refuse d'obéir.*
• complément circonstanciel (*de cause, de but, de manière*, etc.) : *J'ai dit ça pour rire.*

➡ Voir le Précis grammatical p. 131.

Rappel

N'importe qui, n'importe quoi, n'importe quand, n'importe où, n'importe comment, n'importe quel jour, n'importe lequel, laquelle…
Arrête de raconter n'importe quoi !

Civilisation   Les Français et l'automobile

Les Français adorent les voitures mais c'est une passion coûteuse... et souvent dangereuse. La France est en effet l'un des pays d'Europe où le nombre d'accidents est le plus élevé. Les principales raisons de ces milliers d'accidents ? L'excès de vitesse, le non-respect du Code de la route, le défaut de ceinture de sécurité, l'alcool, qui est à l'origine d'un accident sur trois. Cependant, les chiffres sont en baisse depuis quelques années. En 2004, en effet, on est enfin passé sous la barre de 5 000

Comment perdre ses points ? Rien de plus facile !

a. Je roule sur la ligne continue au milieu de la route ? Toc ! Moins un !

b. On veut me doubler et j'accélère pour l'empêcher. Aïe ! Moins deux points !

c. J'ai oublié de mettre ma ceinture ? Zut ! Moins trois points ! Ça fait mal !

d. J'étais distrait, je n'ai pas vu le STOP. Horreur ! Moins quatre points.

e. J'avais vraiment trop bu, l'alcootest l'atteste. OK ! Moins six.

morts sur les routes (contre 8 400 en 1998). Les Français sont-ils devenus plus responsables ? Peut-être un peu mais c'est surtout la peur du gendarme qui les dissuade d'appuyer sur le champignon[1]. La législation s'est renforcée, on a installé des radars pour contrôler la vitesse sur les routes ou autoroutes, la police est plus visible, l'usage d'alcool ou de drogue est plus sévèrement réprimé... Depuis 1992, il existe le permis à points qui a fait preuve de son efficacité. Un conducteur possède un « capital » de douze points (six points seu-

lement pour les « nouveaux conducteurs », pendant les trois premières années).
Que faire si vous les perdez ? Le plus souvent, votre permis n'est pas annulé mais « suspendu » pour six mois ou un an. Mais vous devrez peut-être repasser votre examen de code ou,

si vous êtes un jeune conducteur, repasser tout, code et conduite. Le nombre des personnes qui conduisent sans permis est très élevé, bien que, par définition, on ne puisse pas donner un chiffre précis. Leur nombre ne cesse d'augmenter : il y a eu 33 000 personnes prises en flagrant délit de conduite sans permis en 2005, trois fois plus qu'en 2004.

---

1. Appuyer sur le champignon : accélérer.

Expression personnelle orale ou écrite

1. Cherchez des informations sur l'évolution du nombre d'accidents de la route dans votre pays depuis cinq ans.

2. Pour les piétons ou pour les gens qui circulent à vélo, qu'est-ce qui est le plus dangereux en ville ?

3. Imaginez une publicité, un slogan, pour inciter les conducteurs à rouler moins vite.

Antarctica

LE PROFESSEUR : Bonjour, je vous présente Marion. Elle revient d'une île sous le pôle sud qu'on appelle aussi l'Antarctique. Regardez le globe, c'est là. Elle nous a apporté un petit documentaire. On va le regarder et ensuite vous pourrez lui poser toutes les questions que vous voulez.

LE PROFESSEUR : Allez Mateo, vas-y, ne sois pas timide, pose ta question.

MATEO : Pourquoi tu es partie là-bas ?

MARION : D'abord parce que je suis curieuse. À force d'en entendre parler dans mon laboratoire, j'ai voulu voir comment c'était.

1. **Quel est le métier de Marion ?**

2. **En quoi les conditions de vie sont-elles difficiles ?**

3. **À votre avis quels examens ou entretiens faut-il passer avant de partir ?**

4. **Sur une carte, cherchez quelle peut être l'île où se trouvait Marion.**

Phonétique, rythme et intonation

La différence entre [ɔ] et [o]

Écoutez et répétez.

le pôle, le rôle

Paul, des bottes

Manière de dire

- **Remettre dans la nature** (remettre en liberté)
- **Faire l'objet de** (être la cause, le motif d'un sentiment, d'une action)
- **L'appétit** (dans ce contexte : l'envie, la convoitise)

Lisez et écrivez

Traité sur l'Antarctique

Depuis sa découverte, le continent antarctique a toujours été convoité[1] par les différents pays qui y ont posé le pied : d'abord pour ses richesses marines (chasse aux phoques et aux baleines, pêche), ses richesses minières supposées, son intérêt scientifique (étude de la vie en milieu extrême) et bientôt ses débouchés touristiques.

Le 1er décembre 1959, un traité est conclu à Washington de sorte que toute revendication territoriale soit impossible et que ce continent soit consacré à la recherche scientifique internationale pacifique.

Les gouvernements de l'Argentine, de l'Australie, de la Belgique, du Chili, de la République française, du Japon, de la Nouvelle-Zélande, de la Norvège, de l'Union sud-africaine, de l'Union des Républiques socialistes soviétiques, du Royaume-Uni de Grande-Bretagne et d'Irlande du Nord, et des États-Unis d'Amérique en sont les premiers signataires :

Reconnaissant qu'il est de l'intérêt de l'humanité tout entière que l'Antarctique soit à jamais[2] réservée aux seules activités pacifiques et ne devienne ni le théâtre ni l'enjeu de différends internationaux ;

Appréciant l'ampleur des progrès réalisés par la science grâce à la coopération internationale en matière de recherche scientifique dans l'Antarctique ;

Persuadés qu'il est conforme aux intérêts de la science et au progrès de l'humanité d'établir une construction solide permettant de poursuivre et de développer cette coopération en la fondant sur la liberté de la recherche scientifique dans l'Antarctique telle qu'elle a été pratiquée pendant l'Année Géophysique Internationale ;

Persuadés qu'un traité réservant l'Antarctique aux

seules activités pacifiques et maintenant dans cette région l'harmonie internationale, servira les intentions et les principes de la Charte des Nations Unies ;

Sont convenus ce qui suit :

Suivent 14 articles que vous pouvez lire sur internet.

Le 4 octobre 1991, le traité a été reconduit par les quarante-quatre pays participants pour une durée supplémentaire de 50 ans et complété par un protocole relatif à la protection de l'environnement. Il y a de tels enjeux qu'il a fallu une longue bataille diplomatique contre les appétits des grandes compagnies mondiales attirées par les réserves colossales de charbon, de pétrole, de minerais divers ainsi que par l'essor du tourisme, pour y arriver. Ainsi, le continent blanc restera inviolé et les seules activités autorisées resteront la recherche scientifique et une activité touristique réduite et surveillée de très près. C'est pourquoi l'Antarctique a été solennellement déclaré : Réserve naturelle consacrée à la Paix et à la Science.

1. Convoiter : désirer pour s'approprier.
2. À jamais : pour toujours.

Compréhension écrite

1 **Quel est l'objectif du traité de 1959 ?**

2 **En quoi est-il modifié en 1991 ?**

3 **Pourquoi un tel traité sur l'Antarctique est-il nécessaire ?**

Expression écrite

Pensez-vous que les pays participants ont eu raison de prolonger le traité ? Pourquoi ?

Orthographe d'usage

Ne confondez pas : l'adjectif « différent(e) » (≠ semblable) et le nom « un différend » (un désaccord).

Complétez par le mot qui convient.

Pour éviter tout ... à propos de l'Antarctique, la communauté internationale a établi un traité en quatorze points qui réglementent ... aspects de l'exploitation de cette région.

Grammaire et orthographe grammaticale

Exercice 1

Reliez les causes et les conséquences en une seule phrase.

Les causes

a. L'Antarctique est plein de richesses qui attirent

b. En partant loin de chez soi,

c. Comme tu es bénévole,

d. À force d'en rêver,

Les conséquences

1. tu ne gagneras pas d'argent.

2. c'est pourquoi il faut le protéger.

3. j'ai fini par y aller.

4. on comprend mieux son propre pays.

Exercice 2

Dites la même chose d'une autre manière.

a. Avec le développement du tourisme, certaines îles perdent leur authenticité.

b. C'est en allant un an comme bénévole en Asie que j'ai découvert ma vocation.

c. Protégée par ses bottes et son ciré, elle n'est pas mouillée.

d. Je te l'ai tellement répétée que tu as fini par comprendre la règle du jeu.

Exercice 3

But (B) ou conséquence (C) ?

a. Il a pris un cachet de sorte qu'il n'a plus mal à la tête.

b. Nous avons acheté un cadeau pour chacun de sorte qu'il n'y ait pas de jaloux.

c. Je lui ai passé mes notes de cours de manière qu'il puisse réviser pour l'examen.

d. Elle parlait à voix basse de manière que personne n'a compris ce qu'elle disait.

L'EXPRESSION DE LA CAUSE (2)

- avec un gérondif (*en* + participe présent) :
  En tombant de l'échelle, il s'est cassé le bras.
- avec un participe passé ou présent : le participe et le verbe principal ont le même sujet et sont séparés par une virgule.
  Serrés contre moi, ils me donnent froid.
  Reconnaissant son intérêt, ils signent le traité.
- d'autres conjonctions de subordination :
  comme contient l'idée d'une évidence.
  Comme on ne les agresse pas, ils ne sont pas méchants.
- d'autres prépositions : *à force de* + infinitif
- les deux points = *en effet* :
  L'Antarctique est très convoité : ses richesses naturelles sont immenses.

➡ Voir le Précis grammatical p. 137.

L'EXPRESSION DE LA CONSÉQUENCE (2)

- sans intensité :
  – *de façon à* + infinitif
  Couvre-toi de façon à ne pas avoir froid.
  – *de façon que* + indicatif
  Il écrit souvent de façon que nous sommes toujours en contact.
- avec intensité :
  – *tellement* + adjectif/adverbe + *que*
  – *si* + adjectif/adverbe + *que*
  Les enfants sont si curieux qu'ils posent beaucoup de questions.
  – *tel(le)(s)* + nom + *que*
  Il y a de tels enjeux qu'un traité est indispensable.

➡ Voir le Précis grammatical p. 137.

L'EXPRESSION DU BUT (2)

- Les conjonctions *de façon que, de sorte que* ou *de manière que* + subjonctif exprime le but :
  Ils soignent l'oiseau de sorte qu'il puisse voler à nouveau.
- *de crainte de* + infinitif
  Nous avançons très doucement de crainte d'effrayer les oiseaux.

➡ Voir le Précis grammatical p. 138.

ORTHOGRAPHE GRAMMATICALE

Le participe présent reste invariable.

Participant à cette réunion, nous avons signé le nouveau traité. # *Les participants ont tous signé le traité.*

Civilisation Les Français de l'étranger

Presque deux millions de Français vivent à l'étranger d'après les calculs du ministère des Affaires étrangères, dont la moitié (50,47%) en Europe occidentale. Les autres ont choisi l'Amérique du Nord (12,81%), l'Afrique francophone (10,03%), le Proche-Orient (7,31%) et enfin l'Amérique latine (6,42%).
Que font-ils loin de leur pays d'origine ?
Ils travaillent essentiellement dans le secteur tertiaire et dans l'industrie. Les militaires sont aujourd'hui de moins en moins nombreux. Les motivations sont diverses : trouver du travail, améliorer des conditions de vie mais aussi être utile, découvrir un nouveau pays, s'ouvrir à de nouvelles expériences.

Certains tentent l'aventure seuls comme Daniel qui s'est envolé pour San Francisco, a trouvé un job, l'a perdu et en a retrouvé un autre en Caroline du Sud ou comme Christian qui vit en Australie et qui reconnaît qu'il a galéré[1] pendant un an en attendant l'accord des services d'immigration pour pouvoir exercer la médecine. D'autres partent dans le cadre de contrats de coopération entre la France et le pays d'accueil, dans le cadre de contrats au sein d'une ONG[2] ou sur la base du volontariat[3]. Si pour les premiers, il s'agit souvent d'une véritable émigration, pour les autres c'est seulement une expatriation plus ou moins longue.
Mais tous reconnaissent que si l'expérience est très enrichissante, elle est aussi difficile. Le mal du pays est fréquent, les déceptions (surtout dans l'humanitaire et la coopération) souvent au rendez-vous. En fait, dans la recherche d'un ailleurs, dans la découverte des autres, c'est souvent la rencontre avec soi-même qui est au bout du chemin.

1. **Galérer** : avoir de grosses difficultés.
2. **ONG** : organisation non gouvernementale.
3. Ne pas confondre avec le bénévolat qui est un engagement totalement gratuit.

Expression personnelle orale ou écrite

1. **Est-ce que vous comprenez qu'on puisse choisir de vivre dans un autre pays que le sien ? Développez les différents arguments.**

2. **Aimeriez-vous vivre dans un autre pays que le vôtre ? Si oui, lequel ? Pourquoi ? Si non, pourquoi ?**

3. **On peut partir aujourd'hui comme « volontaire » ou « bénévole » partout dans le monde. Pour quelle cause seriez-vous prêt(e) à vous engager ?**

Bilan autocorrectif
grammaire et structures

1. **Transformez ce témoignage du conducteur en un dialogue** (6 questions/réponses) **entre le conducteur et le policier qui l'interroge.**
… / 12 points (2 points par bonne réponse)

Il était 21 heures quand je suis arrivé au carrefour de l'église, les cloches sonnaient. Il faisait presque noir et il pleuvait. Je roulais à peu près à 50 à l'heure car je ne voyais pas très bien. Juste avant de traverser la rue principale, j'ai tourné la tête à droite puis à gauche. Je n'ai rien vu ni rien entendu. J'ai freiné légèrement pour tourner et à ce moment-là, j'ai senti un choc énorme, la voiture s'est arrêtée. J'ai ouvert ma portière, je suis descendu et là, j'ai constaté que la statue du monument aux morts était tombée sur mon capot. Elle était couchée en travers de ma voiture ! Impossible de la bouger !

J'ai essayé de reculer pour dégager ma voiture mais c'était trop lourd ! Je ne voulais pas abandonner mon véhicule pour aller chercher du secours de peur qu'une autre voiture me rentre dedans. Je n'avais pas mon portable. Au bout de 10 minutes, une moto est arrivée avec deux jeunes. Ils se sont arrêtés et nous avons pu appeler la police et une dépanneuse.

2. **Complétez en utilisant le subjonctif présent ou le subjonctif passé.** … / 7 points

Je serais ravie que Mme Budimir *(avoir)* … gain de cause ; elle pourrait enfin utiliser le site dont elle rêve depuis longtemps mais je crains qu'elle *(perdre)* … parce que son adversaire est très puissant. Je regrette beaucoup qu'elle *(ne pas suivre)* … les conseils de son avocate qui lui suggérait d'accepter un arrangement à l'amiable. Il aurait fallu que celle-ci *(être)* … beaucoup plus persuasive. J'ai bien peur que mon amie *(s'embarquer)* … dans une histoire qui va lui coûter cher. Je ne crois pas qu'elle *(mesurer)* … toutes les conséquences de sa décision au moment où elle l'a prise. Et d'abord, il va falloir qu'elle *(prendre)* … un autre avocat.

3. **Relevez dans ce texte toutes les formes d'expression de la cause (5), de la conséquence (3) et du but (2).** … /10 points

Comme je vis au centre de Paris, je n'ai pas besoin de voiture. Grâce aux transports en commun, je peux me déplacer très librement. Je prends le métro pour aller au travail mais si je veux me balader un peu, je prends le bus. Le réseau est si dense que je peux aller dans tous les arrondissements très facilement. Je mets toujours ma carte orange dans une pochette dans mon sac de peur de la perdre, c'est mon passe-partout à Paris. Mais je marche aussi beaucoup. Guidée par les différents monuments et par la Seine, je ne me perds jamais. À force de lire les informations qui se trouvent sur tous les bâtiments, j'ai appris un peu de l'histoire de France si bien que maintenant, je peux faire la guide pour mes amis. Me connaissant, ils savent que c'est toujours un plaisir pour moi de leur faire découvrir Paris. Alors, ils en profitent souvent.

4. **Mettez ce texte au passé simple.** … / 5 points

Le Code civil a été rédigé sous Napoléon. Il a fait la fierté de l'Empereur qui a participé activement à son élaboration. Les juristes l'ont écrit dans une langue simple et claire pour qu'il soit accessible à tous. De nombreux pays européens l'ont adopté dès le XIXe siècle.

5. **Quelles sont les phrases impersonnelles ?** … / 6 points

a. Le temps qu'il fait ne nous permet pas de pique-niquer.

b. Le temps qu'il met à s'habiller va nous retarder !

c. Ce boulevard ? Il n'existait pas pendant la Révolution.

d. Il n'existait pas d'éclairage public à cette époque.

e. Il est rare de l'entendre pleurer.

f. Tu as de la chance, il est rare, ce timbre !

Comparez vos réponses avec celles du corrigé et comptez vos points.

Score : … / 40

Vers le DELF

B1

Compréhension orale globale

🎧 Lisez d'abord les questions qui suivent, écoutez le document et répondez.

1. Répondez par vrai (V), faux (F) ou le document ne dit rien à ce sujet (?)

   a. Pierre Guillemin a fait fortune avec les pierres précieuses.   V F ?

   b. Les plus belles pierres sont toutes en Afrique du Sud.   V F ?

   c. On trouve facilement les pierres précieuses dans le sol.   V F ?

   d. Le marché est contrôlé par les autorités locales   V F ?

2. Imaginez ce qui a pu déclencher cette passion chez Pierre Guillemin.

3. Pourquoi les gens sont-ils fascinés par les pierres ?

Compréhension orale détaillée

🎧 Lisez attentivement les questions qui suivent, écoutez une seconde fois le document et répondez.

1. On attribue aux pierres des pouvoirs ... , ... ou ...

2. À votre avis, quelle est la couleur des rubis « sang de pigeon » ?

3. Au sens propre, « un pigeon » est un oiseau ; quel est son sens figuré quand on dit de quelqu'un qu'il est « un pigeon » ?

Expression orale

Commentez cette carte.

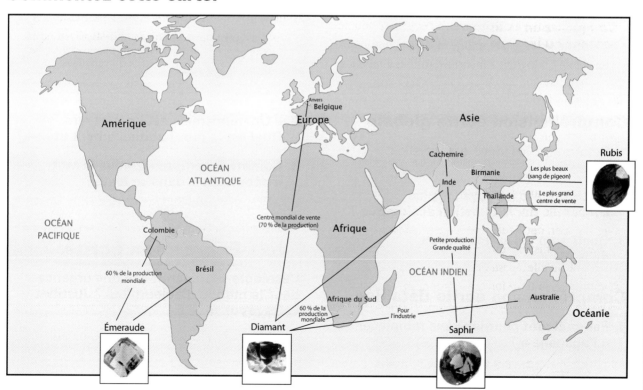

Vers le DELF

B1

Compréhension écrite

Lisez ce texte puis répondez aux questions qui suivent.

La sensibilité écologique a connu au cours des dernières années une spectaculaire extension. Alors qu'il y a vingt ans à peine, elle paraissait être l'apanage de ceux que l'on appelait les « enfants gâtés » de la croissance, tout le monde ou presque se déclare aujourd'hui écologiste. Ou, au moins, prêt à prendre au sérieux la question de la protection de la nature, devenue « patrimoine commun » de l'humanité. Le phénomène est mondial, mais particulièrement net chez les Occidentaux, convaincus d'être menacés par les catastrophes écologiques, persuadés des dangers qui pèsent sur la planète et préoccupés par le monde qu'ils laisseront aux générations futures. Le consensus écologique concerne désormais de larges fractions de la population. Tous ceux qui font de la politique se disent « verts », les scientifiques veulent protéger la Terre, les industriels vendre du propre, les consommateurs commencer à modifier leurs comportements et les gens défendre leur cadre de vie.

Cet unanimisme est ambigu et, à l'évidence, tout le monde ne se fait pas la même idée de la nature. La sensibilité écologique s'incarne dans des clientèles, des programmes et des pratiques extrêmement variés et forme une véritable nébuleuse. Elle peut servir de cadre à ceux qui aspirent à une transformation totale de leur vie, comme à ceux qui n'y cherchent que des activités ponctuelles. Elle peut être l'occasion de nouveaux modes de consommation, d'une volonté de maintenir la diversité des milieux naturels et des cultures, etc. La recherche urgente de nouveaux rapports entre la personne et la planète peut ainsi prendre mille détours et cette variété constitue l'un des fondements de la vitalité actuelle de l'écologie.

Mais cette vitalité n'est pas sans contradictions. Ainsi, dans le domaine international, l'impératif écologique s'est traduit par l'organisation de multiples conférences et par des programmes scientifiques mondiaux. Des décisions indispensables ont été prises, mais elles apparaissent moins urgentes que d'autres enjeux économiques et démocratiques. Elles représentent par exemple aux yeux de certains pays pauvres un luxe réservé aux nations les plus riches.

D'après l'introduction de *L'Équivoque écologique*,
P. Alphandéry, P. Bitoun et Y. Dupont
La Découverte/Essais, 1991.

Compréhension écrite globale

1. Reformulez les idées essentielles du texte.

2. Quels ont été les pays les plus concernés par la question écologique ?

3. Quels sont les autres enjeux de la planète ?

Compréhension écrite détaillée

1. Par quel mot pourriez-vous remplacer « l'apanage » ?

2. « Unanimisme » est un mot rare. Quel est le mot habituellement utilisé ?

3. Comment comprenez-vous le mot « nébuleuse » dans ce texte ?

Expression écrite

L'écologie vous paraît-elle une urgence dans le monde d'aujourd'hui ? Justifiez votre réponse.

unité

3

Comparer et opposer

unité

3

leçon

9

Allons, enfants de la patrie...

Écoutez et répondez

Nous allons aujourd'hui évoquer une femme très célèbre en France, Marianne. Comme vous le savez sans doute, Marianne est le symbole de la République française. Elle est partout, sur les places de nos villages, sur nos timbres-poste, dans les mairies... Vous l'avez tous vue.

D'où vient-elle, notre Marianne nationale ? Elle vient de la Révolution française.

[...]

1. **À votre avis, cet exposé s'adresse plutôt à des Français ou plutôt à des étrangers ? Justifiez votre réponse.**

2. **Où peut-on voir des bustes de Marianne ? Cochez les bonnes réponses.**

   a. dans une école ☐   b. dans une église ☐

   c. dans un tribunal ☐   d. sur un timbre ☐

   e. sur un euro ☐   f. dans un cimetière ☐

   g. dans une mairie ☐   h. dans une poste ☐

3. **À quelle époque apparaît la première figure de Marianne ?**

   a. 1789   b. 1792

   c. 1793   d.1870

4. **Quels sont les deux aspects, les deux visages de Marianne ?**

5. **D'où vient ce prénom, Marianne ?**

Phonétique, rythme et intonation

L'énumération

Écoutez et répétez.

Attention au rythme !

1. a. Elle est partout.
   b. Elle est partout, dans les écoles et sur les places.
2. a. Une autre Marianne apparaît.
   b. Une autre Marianne apparaît, révoltée, guerrière, combative.

Phonie-graphie

Écoutez ces dates et écrivez-les.

   a. ... b. ... c. ... d. ... e. ... f. ...

Orthographe d'usage

Certains noms propres sont devenus des noms communs ou des adjectifs :
le docteur Guillotin → *la guillotine* ;
le préfet de Paris, M. Poubelle → *une poubelle* ;
le soldat Chauvin → *être chauvin*...

Manière de dire

• Je cite (ou citation) (pour introduire une citation)
• Fin de citation (pour la terminer)
• Une mauvaise langue (quelqu'un qui dit du mal des gens)

DEUX EMBLÈMES FRANÇAIS

Le coq gaulois

Aujourd'hui, quand on pense au coq gaulois, on évoque souvent le sport. Et c'est vrai que parfois, dans les stades, les supporters français portent des chemises avec cet emblème, lancent de vigoureux cocoricos et lâchent même parfois sur le terrain quelques volatiles* épouvantés.

Le coq gaulois, c'est une vieille histoire : dès l'Antiquité, on peut voir des coqs sur les monnaies gauloises. En latin, *gallus* signifie à la fois coq et gaulois. Tout a donc commencé par un jeu de mot pas très malin. C'est à la Renaissance que l'animal devint un emblème national.

Cela durera pendant des siècles.

Et puis Napoléon vint. Quand on lui proposa d'officialiser ce choix, il refusa. Pour lui, personne ne pourrait jamais rien craindre d'un coq, animal qui n'inspirait aucun respect. Il lui préféra l'aigle impérial.

Mais plus tard, le coq retrouva la faveur du public. Pourquoi ? Il représente bien les Français dont il rappelle l'origine paysanne. Certaines mauvaises langues disent que le coq est vaniteux, arrogant… un peu comme les Français.

* Un volatile : un animal qui vole.

Le drapeau tricolore

L'article 2 de la Constitution précise que le drapeau national a trois couleurs, trois bandes égales, une bande bleue, une blanche et une rouge, flottant au vent. Le blanc était la couleur de la royauté. Le bleu et le rouge sont les couleurs de Paris.

Un peu d'histoire. Nous sommes en juillet 1789, quelques jours avant la prise de la Bastille. À Paris, le peuple s'agite et crée une milice pour se défendre contre les armées du roi. Elle porte une cocarde bleue et rouge, aux couleurs de la ville. Le 17 juillet, le roi Louis XVI quitte Versailles et se rend à Paris pour passer en revue la garde nationale.

Pour montrer qu'il est du côté du peuple, il accepte de porter lui aussi la cocarde bleue et rouge. La Fayette, qui l'accompagne, a une idée de génie : sur cette cocarde bleue et rouge, il ajoute le blanc, la couleur royale.

Ce geste consacre l'alliance de la monarchie et du peuple mais cela ne suffira pas à sauver le roi qui sera guillotiné en janvier 1793. Un an plus tard, le drapeau bleu-blanc-rouge devient le drapeau national.

Compréhension écrite

1 Pourquoi une milice a-t-elle été créée à Paris en juillet 1789 ?

2 À votre avis, pourquoi le blanc est-il <u>entre</u> le bleu et le rouge ?

Expression écrite

1 Faites une recherche sur l'origine de votre drapeau national et expliquez-la en quelques lignes.

2 Dans votre pays, y a-t-il un animal emblématique. Lequel ? Que représente-t-il ?

3 À votre avis, le coq symbolise-t-il bien les Français ? Développez en 4 à 5 lignes.

Grammaire et orthographe grammaticale

Exercice 1

Parmi ces phrases, l'une est incorrecte. Laquelle ?

a. Personne ne m'a jamais rien dit au sujet de cette histoire.

b. Tu ne veux plus rien manger ni boire ?

c. Plus rien, à mon avis, ne peut m'arriver de pire !

d. Ce garçon-là, personne ne le connaît pas, ici !

L'EXPRESSION DE LA NÉGATION (1)

Pour Napoléon, personne ne pourrait jamais rien craindre d'un coq.

1. Il peut y avoir plusieurs négations dans une même phrase à une condition : la négation *pas* est interdite !

2. *Jamais* et *plus* peuvent permuter (*plus jamais* → *jamais plus*).
Il ne m'a plus jamais rien dit.
Il ne m'a jamais plus rien dit.

3. *Rien* et *personne* sont toujours en dernière position sauf quand ils sont sujets.
Il n'y a plus personne.

➡ Voir le Précis grammatical p. 134.

Exercice 2

Expliquez avec vos propres mots la valeur (temporelle ou modale) des verbes soulignés.

a. Tiens ! Paul n'est pas là ! Ce n'est pas grave. Il <u>aura</u> sans doute <u>oublié</u> la réunion.

b. Louis XVI fut guillotiné le 21 janvier 1793. Sa femme le <u>sera</u> quelques mois plus tard.

c. Le 18 juin 1940, le général De Gaulle <u>parle</u> à la radio de Londres. Il <u>s'adresse</u> solennellement aux Français.

LE FUTUR « PROSPECTIF »

Cela ne suffira pas à sauver le roi qui sera guillotiné en janvier 1793.

Dans un récit, on trouve souvent ce futur qui exprime un fait, un événement, une action qui se produit à une date ultérieure. On pourrait dire qu'on anticipe l'événement.

LE PRÉSENT DE NARRATION

Un peu d'histoire. Nous sommes en juillet 1789.

Très souvent, pour rendre un récit plus vivant, on utilise le présent à la place du passé simple.

➡ Voir le Précis grammatical p. 130.

Exercice 3

Passé composé ou passé simple ?

a. Hier, j'étais en train de me demander comment résoudre ce problème quand, par chance, mon voisin *arriva / est arrivé*.

b. Ma copine Véronique *vint / est venue* me voir le week-end dernier.

c. Soudain, un cri *retentit / a retenti* dans la foule : « Notre bon roi Henri est mort ! »

d. Dimanche, nous *avons dîné / dînâmes* tôt.

PASSÉ COMPOSÉ ET PASSÉ SIMPLE

Parfois, il y a dans les textes un mélange passé composé/passé simple. Avec le passé composé, on garde un lien avec le présent de la personne qui parle. Avec le passé simple, l'événement ou l'action sont totalement coupés du présent.

Tout a donc commencé par un jeu de mot pas très malin mais, à la Renaissance, l'animal devint un emblème national. Il en alla ainsi pendant des siècles.

➡ Voir le Précis grammatical p. 130.

ORTHOGRAPHE GRAMMATICALE

Attention : les noms terminés en *-ème* sont très souvent masculins :

un problème, un théorème, un système, un emblème…

Civilisation   *La Marseillaise*

Allons, enfants de la Patrie,
Le jour de gloire est arrivé
Contre nous de la tyrannie
L'étendard sanglant est levé (bis)
Entendez-vous dans nos campagnes
Mugir ces féroces soldats ?
Ils viennent jusque dans vos bras
Égorger vos fils, vos compagnes.

Aux armes citoyens !
Formez vos bataillons !
Marchons, marchons
Qu'un sang impur
Abreuve nos sillons…

Ce texte, qui nous paraît maintenant bien guerrier, voire sanguinaire, a été composé à Strasbourg dans la nuit du 25 au 26 avril 1792 par Rouget de Lisle, officier de l'armée du Rhin.
Avril 1792, le moment est dramatique. La France a déclaré la guerre au roi de Bohême et de Hongrie. Les soldats n'ont aucune formation militaire, ils sont mal équipés et indisciplinés[1], ils n'ont guère que leur foi révolutionnaire. Rouget de Lisle veut composer un chant qui excitera leur ardeur. Ce chant, composé dans le feu de la passion, il le nomme « Chant de guerre pour l'armée du Rhin ». Le succès est immédiat et le texte se diffuse très vite en Alsace et ailleurs.
Juillet 1792 : de toutes les villes de France, les Fédérés qui viennent « défendre la Révolution » montent vers Paris. Les Fédérés de Marseille, tout au long de la route jusqu'à Paris, popularisent[2] le « Chant de guerre pour l'armée du Rhin », qu'on appellera désormais *La Marseillaise*. *La Marseillaise* devient le symbole de la chute de la royauté et, en septembre 1792, elle est officialisée « Chant de la République combattante ».

Sous la IIIe République (1871-1940), on connaît par cœur l'hymne national. Pendant la guerre de 1914-1918, il ranime le courage des soldats au front[3]. Le 25 août 1944, De Gaulle entrant dans Paris entonne[4] *La Marseillaise*…
Et aujourd'hui ? Grâce au sport (surtout le football), presque tout le monde connaît le refrain de l'hymne national, dont le texte choque quand même un peu nos sensibilités modernes. Certains ont proposé de modifier les paroles, dans un sens plus pacifique. D'autres ont tenté d'en modifier le rythme. En 1979, Serge Gainsbourg a proposé une *Marseillaise* reggae *(Aux armes et cætera…)* qui n'a pas été appréciée par tout le monde.

1. **Indisciplinés** : qui n'aiment pas obéir.
2. **Populariser** : faire connaître de tout le monde.
3. **Le front** : le champ de bataille.
4. **Entonner un chant** : se mettre à chanter.

Expression personnelle orale ou écrite

1. **Cherchez sur Internet les paroles de *La Marseillaise*. Relevez toutes les expressions guerrières des deux premières strophes.**

2. **Pensez-vous qu'il soit possible de modifier les paroles ou la musique d'un hymne national ? Justifiez votre opinion.**

Une région, une maison

a

b

c

d

e

f

L'ANIMATEUR : Chers auditeurs, bonjour. Je vous rappelle qu'aujourd'hui, nous allons vous donner la parole pour que vous nous parliez de votre région. Mais avant, dans le cadre de l'émission, notre jeu habituel sur les régions de France. Aujourd'hui, il va être question de maisons ! […]

1. **Relevez les noms des adjectifs de couleur que vous entendez.**

2. **Pour chaque photo, indiquez qui décrit cette maison, puis placez cette dernière sur la carte de France.**
   a. …   b. …   c. …
   d. …   e. …   f. …

3. **À votre avis, pourquoi à chaque région correspond un type de maison ?**

4. **Parmi ces maisons, laquelle préférez-vous et pourquoi ?**

5. **Décrivez une maison typique d'une région de votre pays.**

Phonétique, rythme et intonation

Écoutez et répétez.
Le son [r] et le son [l]
un toit presque plat, la couleur lavande.
La mer et les pierres ont la même couleur.
Il y a des fleurs sur la terrasse.
Gabrielle et Marc.

Phonie-graphie

Le son [r] peut s'écrire :
– r : une région, une porte, le romarin.
– rr : la terrasse, la pierre, monsieur Terraz.
– rh : le rhododendron, un rhume, du rhum.

Attention ! À la fin de « monsieur », le r ne se prononce pas.

La terminaison -ier se prononce [ie] : un olivier (le r final ne s'entend pas) dans les mots de plusieurs syllabes.

Attention à « second ». On entend « segond(e) » même si on écrit « second(e) ».

Nostalgiques et avant-gardistes

Les maisons comme bien d'autres choses divisent les Français. Il y a ceux qui ne jurent que par l'ancien : vieilles pierres et matériaux nobles tel le bois et ceux qui n'aiment que la nouveauté et préfèrent les matériaux modernes, le verre ou le métal. Les premiers veulent défendre un patrimoine, un savoir-faire artisanal, une histoire, les seconds revendiquent le droit à l'innovation. Entre tradition et modernité, nombre d'architectes proposent désormais des maisons dans lesquelles le charme de l'ancien se marie avec le confort moderne. Mais aujourd'hui, tout le monde recherche des pièces plus grandes que celles d'autrefois, mieux éclairées. Notre magazine *Idées Maison* l'a bien compris et se fait l'écho de tous vos désirs. Il vous propose tous les mois des reportages sur des régions à la découverte de nos richesses architecturales : pour vous, notre petite équipe joue aux futurs propriétaires, court les agences et bat la campagne pour dénicher ces maisons de caractère, témoins de la vie d'autrefois. Il vous propose aussi des articles sur les nouvelles tendances en matière de création industrielle. Toujours plus astucieux, plus originaux, les conseils de nos spécialistes vous aideront à aménager et personnaliser votre maison. Ils vous informeront

maisons écologiques qui répondent à un seul et même objectif : la construction d'un habitat sain, limitant les déchets polluants et la consommation d'énergie. Page 44, vous découvrirez que c'est possible. Dans un ouvrage passionnant auquel nous faisons référence, une vingtaine d'architectes de quatorze pays montrent, plans et photos à l'appui, ces réalisations du futur.

Enfin, *Idées Maison* consacre toujours une page à un architecte novateur. Dans ce numéro, il s'agit de Charlotte Perriand (1903-1999) qui fut pendant dix ans la collaboratrice de Le Corbusier. C'est elle qui a introduit l'acier dans la décoration et a défendu l'idée d'un mobilier aussi discret que fonctionnel, inventant les premières cuisines intégrées ou privilégiant les grandes baies vitrées.

Et comme d'habitude, l'agenda, l'actualité, etc.

Merci de votre fidélité.   J-M B

Compréhension écrite

1 Quelle est la nature de ce texte ? Publicité, article de présentation ou essai critique ?

2 Vous diriez que *Idées Maisons* est un magazine avant-gardiste, traditionnel ou un mélange des deux ? Retrouvez dans le texte les expressions qui le prouvent.

3 Ce magazine est hebdomadaire, mensuel ou bimensuel ?

4 Que recherchent ceux qui aiment les vieilles maisons ?

Manière de dire
• Tenez vous bien !
• Le soleil tape dur (le soleil est très fort)
• Geler (avoir très froid)
• Ne jurer que par qqch (n'aimer que cette chose)
• Se faire l'écho de qqch (redire, reprendre des paroles ou des idées)
• Courir les agences (contacter beaucoup d'agences)
• Battre la campagne (aller et venir dans un endroit, prospecter)
• À l'appui de (comme preuves)
• Se mettre au vert (aller vivre à la campagne)

Expression écrite

1 Ancien ou moderne ? Défendez en quelques lignes votre choix d'habitation idéale.

2 Sur internet, recherchez des informations sur Le Corbusier et rédigez une courte biographie.

Grammaire et orthographe grammaticale

Exercice 1

Faites une seule phrase en utilisant le relatif composé.

a. C'est la maison de sa grand-mère. Ils y vivent encore aujourd'hui.

b. Regarde ce jardin. Il y a une fontaine au milieu.

c. Ce sont de simples détails. Il n'y attache pas d'importance.

d. Voici notre architecte. Grâce à lui, la construction de la maison a été possible.

LE RELATIF COMPOSÉ « LEQUEL »

- Il prend le genre et le nombre du nom (animé ou non) qu'il remplace.
- Il se contracte après *à* et *de* : *auquel/auxquels/ auxquelles – duquel/desquels/desquelles*.
- Il s'emploie essentiellement après une préposition.
  La façade sur laquelle était inscrite une date était de pierre.
  L'architecte auquel je me suis adressé est très sérieux.
- Il peut être remplacé par *qui* après un nom de personne.
  L'architecte à qui…

Exercice 2

Notez les moyens de comparaison utilisés.

Manuel habite en Espagne, dans une région moins connue que l'Andalousie. Comme tous ses amis, il gagne un peu d'argent pendant la cueillette des oranges. Le soir, quand le soleil est plus bas, ils se retrouvent sur la place du village, ils discutent, se disputent tels des adversaires politiques. Ils restent là tant que le soleil n'est pas couché.

Exercice 3

Comparez une maison à la campagne et un appartement en ville. Aidez-vous de ces éléments.

a. l'entretien

b. la tranquillité

c. la place

d. la sécurité

L'EXPRESSION DE LA COMPARAISON (1)

- avec *comme, tel*
  Comme elle, il aime les maisons modernes.
  Des matériaux nobles tel le bois.
- avec *plus / aussi / moins* + adjectif ou adverbe + *que* pour comparer deux qualités
  Ce matériau est moins solide que la pierre.
  La maison est aussi charmante que le jardin.
- avec *plus de /autant de / moins de* + un nom pour comparer des quantités
  Il y a moins d'habitants dans ce village.
- avec un verbe + *plus / autant / moins* + *que* pour comparer deux actions ou états
  Il aime autant la ville que la campagne.
  Il pleut moins ici que dans l'ouest.

➡ Voir le Précis grammatical p. 140.

ORTHOGRAPHE GRAMMATICALE

L'adjectif *tel* s'accorde en genre et en nombre avec le nom qui le suit.
J'aime les pierres tel le granit.

Attention à ces expressions de quantité :
Bien des, nombre de, 56,7% d'entre eux + verbe au pluriel
Bien des Français habitent dans une maison.
Nombre de personnes rêvent d'un petit jardin.

Civilisation   La maison : une passion française

Les Français ont un goût immodéré pour la pierre. Leur rêve c'est une maison cachée dans la verdure. 56,7% d'entre eux sont propriétaires et ceux qui ne le sont pas encore n'hésitent pas à s'endetter pour le devenir. Ainsi, l'idée du gouvernement de permettre aux familles modestes d'acquérir une maison à 100 000 euros suscite-t-elle un grand intérêt. Aux maires maintenant de lancer les programmes de construction et de vendre ces habitations.

territoire. Une expérience est tentée à Mulhouse, dans l'Est de la France. Il s'agit de construire 61 maisons individuelles aux espaces et aux volumes variables ; elles sont destinées à une clientèle populaire qui devrait y trouver à la fois la convivialité et l'autonomie. Les nouveaux matériaux s'adaptent parfaitement aux nouveaux besoins des familles, Les pièces sont modulables, les ouvertures immenses et les terrasses se partagent entre plusieurs logements. Est-ce la fin du « chez soi » à la française ?

Vivre dans une maison, c'est pour une majorité des Français la garantie d'une bonne qualité de vie et d'une indépendance plus grande. 30% de ceux qui vivent en ville envisagent ainsi de se mettre au vert.

Mais ce goût pour devenir propriétaire n'est pas sans conséquence. En effet, à la périphérie des villages et des petites villes, se développent des zones pavillonnaires sans charme. L'intérêt collectif est en jeu et pousse tous les responsables (pouvoirs publics et constructeurs privés) à innover pour harmoniser un habitat indépendant avec une meilleure occupation du

L'architecture de la maison n'est pas seule à évoluer. L'aménagement intérieur change aussi. Dans les années 1970, l'unique télévision donnait au « living-room » (le salon-salle à manger français) toute son importance. Aujourd'hui, c'est la cuisine qui est redevenue la pièce conviviale, mais c'est une cuisine ouverte, intégrée au salon, parfois au centre d'une pièce plus vaste. C'est un espace dans lequel les Français investissent souvent beaucoup d'argent : ustensiles de luxe, électroménager dernier cri, décoration soignée.

Expression personnelle orale ou écrite

1. **Être propriétaire, est-ce aussi important dans votre pays ? Développez en quelques lignes.**

2. **Comment comprenez-vous l'expression du « chez soi » à la française ?**

3. **Vous héritez d'un terrain constructible de 1 000 m² à la campagne. Quelle sorte de maison faites-vous construire et comment l'aménagez-vous ? Dessinez-en le plan.**

Ils sont comme ci, ils sont comme ça

Écoutez et répondez

L'ANIMATEUR : Bonjour. Pour la dernière séance de notre séminaire « Qu'est-ce qu'être français ? », j'ai invité les nouveaux étudiants à se joindre à nous. Ils ont beaucoup de questions mais avant de leur donner la parole, je voudrais que vous qui êtes là depuis un an, vous leur fassiez part de vos impressions sur les Français. Qui commence ? Toi Mary ? […]

1. **D'où viennent les différents étudiants ? Le premier, le deuxième…**

2. **Qui a travaillé ? Qui était seulement étudiant(e) ?**

3. **Donnez un synonyme de « curieux » dans le texte.**

4. **Est-ce qu'il y a des contradictions dans les différents témoignages ? Retrouvez-les.**

5. **Faites deux groupes. L'un retrouve les aspects positifs, l'autre les aspects négatifs des Français.**
   Vous pouvez écouter le dialogue plusieurs fois si nécessaire.

Phonie-graphie
Ne confondez pas : *davantage* (plus) et *d'avantages* (une supériorité, un intérêt ou un profit).
Il veut davantage de travail. / *Il veut plus d'avantages dans son travail.*

Manière de dire
- Ce qui m'a frappé (ce qui m'a étonné)
- Poireauter (fam.) (attendre)
- Un resquilleur (qqn qui veut passer avant les autres ou bien ne pas payer)
- À tout bout de champ (tout le temps)
- Être content de son sort (être content de sa situation)
- Un fêtard (qqn qui fait souvent et beaucoup la fête)
- Une boîte (une discothèque)
- Une manif, une manifestation (un grand rassemblement de gens dans les rues pour protester contre qqch)
- Ne pas en revenir (être très étonné)

À l'époque où je parcourus ainsi la Crète à pied ou à mulet, dans ces provinces du sud et de l'ouest, peu d'étrangers s'aventuraient dans ces régions arides, totalement dépourvues de la moindre infrastructure touristique, comme on dit aujourd'hui. La seule infrastructure qui existait alors, en matière de logement et de nourriture, c'était, au hasard des rencontres et des villes, l'hospitalité de la Crète elle-même. Mais bien qu'elle fût toujours spontanée, il fallait aussi d'une certaine façon la provoquer, ou en tout cas la justifier. Car être reçu dans une maison est une chose, devenir pour un soir un hôte véritable et un ami en est une autre.

(…) Devenir un hôte recherché après n'avoir été qu'un hôte recueilli ne dépend plus que de vous-même. Ce changement repose sur mille attitudes de détail, mille signes. (…) Ces signes ? Eh bien, votre tête pour commencer, l'impression immédiate que vous donnez avec votre regard, votre visage (car l'habillement, l'allure ne viennent que bien après : ceux-là on peut les fabriquer comme on veut, se donner l'apparence qu'on veut mais on ne change pas le sens, la profondeur ou la malignité de son regard), impression qui repose bien entendu sur quelque substrat inconscient et qui fait qu'on vous ressent d'emblée comme bénéfique ou indifférent, amical ou hostile, proche ou lointain. Et puis votre attitude, votre comportement à l'égard du nouveau milieu et de ses habitudes (ce qui n'est pas toujours sans problèmes concrets, drôles ou pénibles selon le cas), attitude qui doit faire de vous un hôte à la fois invisible et présent : invisible parce que vous devez oublier vos propres habitudes, vous fondre autant que possible dans le nouveau milieu ; présent parce qu'au fond, ce qu'on attend de vous n'est pas que vous deveniez brusquement crétois pour un seul soir, mais d'être et de rester un visiteur français chez les Crétois, avec tout ce que vous pouvez apporter à votre tour d'insolite ou simplement de méconnu.

Ces remarques paraîtront peut-être banales et su-perflues et pourtant, ces voyages dans la Crète du sud où, pendant des jours et des jours, je n'ai vécu qu'ainsi, de villages en villages, de familles en familles, d'hôtes en hôtes, ces voyages n'ont pas seulement métamorphosé les habitudes de mon corps mais surtout ma façon d'être avec les autres. Ils ont créé en moi ce goût, ce besoin même de rencontres avec les inconnus, cette confiance immédiate à l'égard des autres (qui en dépit de tous les pronostics n'a jamais été démentie par les faits depuis tant et tant d'années que je voyage ainsi, à croire que parmi les signes invisibles et nécessaires à ces rencontres, figure d'abord la confiance). Rien de tout cela ne s'apprend évidemment à la Sorbonne ni en aucune école mais seulement sur le terrain, au sens propre du terme (…).

Jacques Lacarrière, *L'Été grec*,
Plon, coll. « Terre humaine », 1976

Compréhension écrite

1 À l'époque où l'auteur voyage, y a-t-il beaucoup d'hôtels et de restaurants en Crète ?

2 Comment fait-il pour se loger et se nourrir ?

3 Quel est le mot (dans le texte) qui caracté-rise le mieux la qualité des relations entre l'auteur et les personnes qu'il rencontre lors de ses voyages ?

Expression écrite

1 Expliquez la différence entre « un hôte recueilli » et un « hôte recherché ».

2 D'après vous, ce type de voyage est-il possible encore aujourd'hui ? Justifiez votre réponse.

Orthographe d'usage
On met une minuscule aux adjectifs de nationalité et une majuscule quand ce sont des noms.
L'hospitalité crétoise.
Les Crétois sont très hospitaliers.

Grammaire et orthographe grammaticale

Exercice 1

L'adjectif (le) meilleur ou l'adverbe (le) mieux ?

a. Moi, je trouve que le café est … que le thé.

b. C'est … restaurant de la ville.

c. J'aime … habiter en ville.

d. Prenez un peu de repos, ça ira … après.

e. … étudiante du cours, c'est Sohane.

Exercice 2

Transformez les phrases de façon à utiliser *comme si*.

a. Elle parle très bien français ; on dirait qu'elle est née à Paris.

b. Il veut vivre à la campagne ; on dirait qu'il a peur de la ville.

c. Ils l'ont accueilli chaleureusement ; on dirait qu'ils l'ont toujours connu.

d. Les Français râlent beaucoup ; on dirait qu'ils ne sont jamais contents.

Exercice 3

Faites une seule phrase en utilisant à chaque fois une expression d'opposition ou de concession différente.

a. Elle vit en France. / Elle ne parle pas français.

b. Il travaille beaucoup. / Ses résultats sont médiocres.

c. En ville, on peut s'amuser. / Je préfère vivre dans un village.

d. On la connaît peu. / On l'a invitée à notre fête.

e. Tous ses amis le consolent, le réconfortent. / Il continue à se lamenter.

f. Je sais que tu as beaucoup de travail. / Viens à mon anniversaire !

L'EXPRESSION DE LA COMPARAISON (2)

- les comparatifs et les superlatifs irréguliers :
  bon → meilleur, le meilleur
  mauvais → pire, le pire
  bien → mieux, le mieux
  petit (abstrait) *→ moindre, le moindre*
  Cet homme est capable du meilleur et du pire.
  Je te raccompagne, c'est la moindre des choses.
- *davantage* (plus)
  Il pleut davantage en avril qu'en juin.
- *comme* + préposition ou conjonction de temps
  comme toujours, comme quand + indicatif
  (comparaison + temps)
  Il y a encore une grève comme toujours !
  Comme quand je suis arrivé.
- *comme si* + imparfait ou plus-que-parfait
  (comparaison + hypothèse)
  Il est sorti en criant comme s'il avait vu un monstre !

➡ Voir le Précis grammatical p. 140.

L'EXPRESSION DE L'OPPOSITION ET DE LA CONCESSION (1)

- *Mais* est très utilisé pour opposer :
  Il aime le vin mais il déteste la bière.
- *Quand même* (malgré)
  C'est trop moderne pour moi, mais c'est beau quand même.
- *Avoir beau* + infinitif
  Il a beau se justifier, ils sont méfiants.
  (idée de concession, de faire des efforts en vain)
- *Bien que* + subjonctif
- *C'est vrai que… mais*
  C'est vrai que la France est un petit pays mais son histoire est passionnante.

➡ Voir le Précis grammatical p. 139.

ORTHOGRAPHE GRAMMATICALE
Ne confondez pas : quand / quant / qu'en / Caen

–Tu travailles jusqu'à … ? – Jusqu'au 14 Juillet. Et après, tu vas à … chez ton ami ? – Oui, et toi ? – … à moi, je vais à Lille, chez ma sœur. On se retrouvera à Paris en août alors ? – Oui, pourquoi pas ? … penses-tu ?

Civilisation   Français et immigrés

Les communautés rurales du Moyen Âge se méfient de l'étranger, l'homme de passage, mais il est seul et facilement contrôlable. Plus tard, l'ouverture de la Cour qui se cherche des serviteurs dans toute l'Europe et de la ville qui veut encore plus de marchandises et d'exotisme, n'est pas toujours bien comprise du peuple. Mais aucune communauté n'est vraiment objet de rejet.

L'ère des Lumières est cosmopolite. Et la question de Montesquieu « Comment peut-on être persan ? » est une réflexion sur la différence. La Révolution est sur ce point contradictoire : d'abord elle attire les étrangers enthousiasmés par les droits de l'homme et les fait parfois citoyens puis, sous la Terreur, elle les emprisonne et même les guillotine comme espions, ennemis de la République.

La première moitié du XIXe siècle prolonge le XVIIIe. La France accueille un petit nombre d'étrangers, exilés politiques (Polonais surtout) et travailleurs qualifiés. Le grand tournant se produit à partir des années 1860-1880. Alors, les étrangers deviennent les immigrés. Ils arrivent par grandes vagues – Belges, Italiens, Espagnols, Polonais, Yougoslaves et bientôt Maghrébins – sollicités par un marché du travail auquel ne suffisent plus « les bras » français et rejetés avec violence quand on n'a plus besoin d'eux, ce qui provoque les crises xénophobes des années 1890, 1930 et 1980. L'immigration des années 1980 a de nouvelles caractéristiques. Elle est désormais plus africaine et maghrébine qu'européenne. C'est une immigration familiale où la part des inactifs, femmes et enfants, s'est accrue dans des proportions importantes face à une population française vieillissante. Les nouveaux immigrés sont aussi avides de formation pour leurs enfants que d'avantages salariaux immédiats parce qu'ils font des projets d'avenir, parce qu'ils choisissent de rester, ce qui est une chance pour un pays d'accueil.

D'après Michelle Perrot, « Comment peut-on être français ? », *Libération*, décembre 1988.

Voici, suivant la dernière mise à jour de l'INSEE (recensement 1999), les chiffres de l'immigration en France

pays ou continent de naissance	ensemble	Français par acquisition	étrangers
ensemble	4 308 527	1 554 939	2 753 588
Europe dont :	1 934 758	772 364	1 162 394
• Espagne	316 544	172 505	144 039
• Italie	380 798	210 529	170 269
• Portugal	570 243	115 755	454 488
Afrique dont :	1 692 110	510 738	1 181 372
• Algérie	575 740	156 856	418 884
• Maroc	521 059	133 405	387 654
• Tunisie	201 700	80 987	120 713
Asie dont :	550 166	220 671	329 495
• Cambodge	50 526	30 589	19 937
• Viêt-nam	72 318	53 884	18 434
• Turquie	175 987	26 759	149 228

Expression personnelle orale ou écrite

1. Commentez cette phrase du texte :
   « Alors, les étrangers deviennent les immigrés. »

2. Commentez le tableau sur la répartition des étrangers en France.

3. Quelles sont les nationalités des gens qui immigrent dans votre pays. Pourquoi viennent-ils ?

« Les bonnes manières »

Écoutez et répondez

Bonsoir. La semaine dernière, nous avons abordé la question des invitations : à quelle heure arriver, que peut-on offrir, etc. Dans notre émission d'aujourd'hui, je vous propose de parler des manières de table. Qu'est-ce qu'il faut faire et qu'est-ce qu'il faut éviter de faire à table ?

Le repas, vous le savez, est un moment important pendant lequel les bonnes manières de chacun, vos bonnes manières, vont être testées. À table, on mange, bien sûr, mais pas seulement :

on se parle, on s'écoute, on s'observe… À vous de vous présenter sous votre meilleur jour. Attention, en France, même si c'est un peu moins vrai aujourd'hui, les règles de savoir-vivre à table sont strictes et on les enseigne très tôt aux enfants.

Voici quelques règles essentielles. Vous remarquerez que, le plus souvent, ce sont des interdits : ne pas faire ceci, éviter de faire cela…

[…]

1. **Expliquez le sens du titre de la leçon.**

2. **De quel type de document s'agit-il ?**
   Cochez la bonne réponse et justifiez votre réponse.
   a. une émission de radio ☐
   b une conférence ☐
   c. un cours ☐
   d. une émission de télévision ☐

3. **Dans quel dessin la personne obéit aux règles du savoir-vivre à la française ?**

a.   b.   c.   d.   e.

4. **Vrai ou faux ? Cochez la bonne réponse.**
   a. Je ne dois pas utiliser mon couteau
      pour couper la salade.   V F
   b. L'invité le plus important s'assied
      le premier à table.   V F
   c. Il faut rompre son pain avec les doigts
      et non le couper avec son couteau.   V F
   d. On peut se curer les dents après le repas
      mais toujours avec son couteau.   V F

5. **Vous avez entendu à plusieurs reprises « bien sûr ». Que cherche à exprimer la dame ?**

Phonétique, rythme et intonation

L'accent d'insistance

Écoutez et répétez.
a. Il est absolument interdit
   d'utiliser son couteau pour
   le poisson.
b. Mais non ! Il s'agit simplement
   de bonne éducation.
c. Ah non ! C'est absolument
   défendu !

Lisez et écrivez

On se tutoie ?

*« Je dis tu à tous
ceux que j'aime /
Même si je ne les ai vus
qu'une seule fois /
Je dis tu à tous
ceux qui s'aiment /
Même si je ne les connais
pas ».*

Ainsi parlait Jacques Prévert dans son célèbre poème, *Barbara*. La réalité est plus compliquée et savoir s'il faut tutoyer ou vouvoyer son interlocuteur est un véritable casse-tête pour tous les Français. Chacun a son idée sur la question ! Il n'y a pas de règles fixes mais…

– On se tutoie à l'intérieur de la famille proche et, en général, dans la famille au sens plus large (grands-parents, oncles et tantes…).

– L'âge est un facteur déterminant. On tutoie les enfants. Les jeunes tutoient leurs amis, bien sûr, mais aussi à peu près tous ceux de leur âge, même inconnus. C'est un peu différent pour les adultes : le facteur « âge » est moins déterminant que ne l'est le type de relation ou le statut social. Selon la catégorie à laquelle on appartient, on tutoiera plus ou moins facilement. Les employés, par exemple, vouvoient leurs collègues plus souvent, en signe de respect, que ne le font les enseignants, qui voient plutôt dans le « vous » une mise à distance.

– On dit « vous » aux gens qu'on ne connaît pas, qu'on rencontre pour la première fois.

– Actuellement, suivant en cela l'exemple des Italiens ou des Espagnols, on a tendance à utiliser le « tu » beaucoup plus qu'on ne le faisait avant.

Comme le dit Catherine Kerbrat-Orechioni : *« Dans bien des cas, l'application des règles d'emploi du tu et du vous est une affaire d'appréciation individuelle. Or, cette appréciation peut n'être pas la même chez L1 (le premier locuteur) et L2 (le second locuteur) qui devront alors négocier ensemble l'usage du pronom personnel. »*

Comment négocier cela ? Comment passer du vouvoiement au tutoiement ? Attendez qu'on vous le propose : « On pourrait se tutoyer ? On se dit tu ? » Ce sera toujours à la personne la plus âgée de le faire.

Compréhension écrite

1 Dire tu à quelqu'un, c'est le … ; lui dire vous, c'est le …

2 Pourquoi les employés utilisent-ils le vous plus souvent que les enseignants ?

3 Comment comprenez-vous les phrases de Prévert : *« Je dis tu à tous ceux que j'aime / Même si je ne les ai vus qu'une seule fois / Je dis tu à tous ceux qui s'aiment / Même si je ne les connais pas »* ?

Expression écrite

1 À votre avis, comment peut-on expliquer que le tutoiement soit de plus en plus fréquent en France ?

2 Vous, personnellement, quand vous parlez à des francophones, qui tutoyez-vous ?

Orthographe d'usage

Le verbe *tutoyer* a une forme étrange.
Dire « tu », ce pourrait être « tuer » !
Ici, c'est tu + toi → tutoyer.

En ce cas, « dire vous », ce devrait être vous + vous → *vouvousser. Or, ce verbe n'existe pas. Mais on peut dire *vouvoyer* ou *voussoyer* ! Le premier est plus fréquemment utilisé.

Manière de dire
• Se présenter sous son meilleur jour (sous son aspect le plus favorable)

Grammaire et orthographe grammaticale

Exercice 1

Transformez ces phrases comme dans l'exemple.

Ne fumez pas → Ne pas fumer

a. Ne vous approchez pas de cette machine : danger de mort ! → ...

b. Attention, ne laissez rien dans le train. → ...

c. Ne vous servez plus de cet ordinateur : il est cassé. → ...

d. Ne parlez pas au conducteur. → ...

e. Ne sortez pas la poubelle avant 21 heures. → ...

f. Ne faites jamais de remarque désagréable en public à vos enfants. → ...

L'EXPRESSION DE L'INTERDICTION

Ne parlez jamais la bouche pleine.
Ne jamais parler la bouche pleine.

Il y a deux manières d'exprimer l'interdiction :
• avec un impératif négatif.
• avec un infinitif négatif.

Le deuxième terme de la négation (*jamais* dans cet exemple) change alors de place.

Avec les pronoms compléments :
Ne mettez pas votre serviette autour du cou.
→ *Ne la mettez pas autour du cou.*
Ne pas mettre sa serviette autour du cou.
→ *Ne pas la mettre autour du cou**.

*Remarque :
à l'infinitif présent négatif, *ne* et *pas* (ou *rien, jamais, plus*) sont toujours ensemble.

➡ Voir le Précis grammatical p. 135.

Exercice 2

Dans ces phrases, le *ne* est-il négatif ou explétif ?

a. Personne, à mon avis, **n**'est venu chez moi.

b. Il est plus tard que je **ne** le pensais.

c. Je **ne** pense pas qu'il soit facile de trouver un emploi.

d. Aucun film **n**'était comparable à celui qui a obtenu le 1er prix.

L'EXPRESSION DE LA NÉGATION (2)
LE *NE* « EXPLÉTIF »

Après un comparatif, il est plus élégant, surtout à l'écrit, d'utiliser le *ne* explétif qui n'est pas une vraie négation (on peut le supprimer sans changer le sens de la phrase)...

Pour tutoyer, le facteur « âge » est moins déterminant que ne l'est le type de relation.

➡ Voir le Précis grammatical p. 135.

Exercice 3

Transformez avec un infinitif.

a. À qui peut-on s'adresser pour obtenir des renseignements ?

b. Pourriez-vous m'expliquer quelle route il faut que je prenne ?

L'INTERROGATION AVEC UN INFINITIF

Pour alléger la phrase, on peut utiliser un infinitif à la place d'une proposition.

Qu'est-ce qu'il faut faire ? → Que faire ?
Où pourrait-on aller ? → Où aller ?

➡ Voir le Précis grammatical p. 132.

ORTHOGRAPHE GRAMMATICALE

a fortiori, a priori, a posteriori... Attention !

1. Ce sont des locutions latines ; il n'y a donc pas d'accent sur le « a ».

2. On peut dire « un *a priori* » (un préjugé) mais pas *un *a posteriori* ni *un *a fortiori*.

Civilisation — La politesse

Bonjour !

Les Français, comme tous les peuples, partagent certaines conventions qui règlent les comportements de chacun et les relations entre tous. On entend parfois dire que ces codes sont arbitraires, que les Français sont trop polis, qu'en réalité, ils sont surtout hypocrites… Ce n'est pas tout à fait exact. Les codes sont arbitraires, c'est vrai, mais la politesse, les « bonnes manières » sont précieuses : elles rendent les rapports entre les gens plus harmonieux. « Bonnes manières » ne signifie pas contrainte. La bonne éducation, c'est d'abord le naturel.

Même s'il ne s'agit que d'une méconnaissance involontaire des codes du savoir-vivre à la française, ne pas vous y conformer risquerait de vous faire passer pour mal élevé. Certains comportements qui seraient tolérés, voire recommandés, dans tel ou tel pays ne le seront pas ici. Comme dit le proverbe « Vérité en deçà des Pyrénées, erreur au-delà ».

Par exemple, vous ne pouvez ni cracher en public ni bâiller comme un crocodile sans mettre votre main devant la bouche. Il est interdit de faire du bruit en mangeant alors que dans bien des pays d'Asie, vous manifesteriez ainsi votre satisfaction. On peut se moucher à table, en se détournant discrètement, ce qui horrifie* certains étrangers. En public, ne parlez pas trop fort, ni avec vos amis ni avec votre portable.

Certains sujets de conversation sont « tabous » : demander son âge à une femme, poser des questions sur le salaire ou sur les opinions politiques ou religieuses (même à vos amis !). Dans un magasin, saluez toujours avant de demander quoi que ce soit. Un magasin n'est pas un endroit neutre : vous entrez dans la « sphère privée » de l'autre. De même, il est poli de saluer le chauffeur du bus ou du taxi. Ici aussi, vous pénétrez dans son monde. On vous invite ? N'arrivez pas trop tôt. Si vous êtes conviés pour 20 heures, arrivez un tout petit peu plus tard. Le lendemain, n'oubliez pas d'envoyer un petit mot ou de passer un coup de fil pour remercier.

_____
* Horrifier : ici, scandaliser.

Expression personnelle orale ou écrite

1. Si vous comparez les « bonnes manières » françaises et celles qui sont en usage dans votre pays, quelles sont les principales différences ? Qu'est-ce qui serait très choquant chez vous et normal en France ?

2. Pouvez-vous donner un exemple de malentendu culturel, une situation où, parce qu'on ne connaissait pas les règles en usage dans un pays, on a commis une erreur, une faute ?

3. Certains pensent que la politesse est une certaine forme de l'hypocrisie. D'autres que c'est comme de l'huile qui permet à la « machine sociale » de mieux fonctionner. Quelle est votre opinion personnelle à ce sujet ?

1. Dans ces phrases, entourez la forme correcte. ... /8 points

a. Je *n'ai rien plus raconté / plus rien raconté* à mes copains.

b. Personne n'a *jamais su rien / jamais rien su* de cette aventure.

c. Je ne l'ai *pas plus jamais rencontré / plus jamais rencontré*.

d. Elle ne veut *rien jamais faire / jamais rien faire*.

2. Le cumul de négations. Répondez par vrai (V) ou faux (F). ... /6 points

a. Avec la négation *pas*, impossible d'avoir une autre négation (*rien, jamais, plus…*). V F

b. Quand il y a plusieurs négations dans une phrase, *rien* et *personne* sont toujours en dernière position. V F

c. *Personne* et *rien* ne peuvent jamais être en position de sujet. V F

3. Complétez avec : *lequel / lesquels / laquelle / lesquelles –auquel / auxquels / à laquelle / auxquelles – duquel / desquels / de laquelle / desquelles*.
... /6 points

a. Tu te souviens du nom des gens à côté ... nous étions au camping l'été dernier ?

b. Je ne connais pas les personnes avec ... tu habites.

c. Ils sont bien, les cours ... tu assistes ?

d. Les deux expos ... je suis allée étaient nulles.

e. La cause pour ... il s'est battu toute sa vie est celle de la non-violence.

f. L'émission ... tu fais allusion n'existe plus.

4. Faites une seule phrase en utilisant : *bien que – même si – avoir beau – quand même*. ... /4 points

a. Elle a vécu trente ans aux États-Unis / Elle a toujours un accent français très fort *(bien que)*

b. Je voudrais bien t'aider / Je ne sais pas faire grand chose *(même si)*

c. J'ai cherché mon sac partout / Je ne l'ai pas trouvé *(avoir beau)*

d. Mais j'irai au Canada cet été / Mes parents ne veulent pas *(quand même)*

5. Comparez Paris et la capitale de votre pays en rédigeant quatre phrases dans lesquelles vous utiliserez : *davantage, autant que, moins de, comme*. ... /8 points

6. Mettez ce texte au passé. ... /6 points

Pour montrer qu'il est du côté du peuple, le roi accepte de porter lui aussi la cocarde bleue et rouge.

La Fayette, qui l'accompagne, a une idée de génie : sur cette cocarde bleue et rouge, il ajoute le blanc, la couleur royale. Mais cela ne suffit pas à sauver le roi.

7. Vocabulaire : rouge ? gris ? vert ? jaune ? bleu ? noir ? Complétez. ... /4 points

a. Elle avait de magnifiques yeux ... lavande qui rappelaient la Provence.

b. Pour le mariage de sa cousine, elle avait une robe ...-roi et des chaussures assorties. C'était ravissant !

c. Dans cette région, les volets sont... amande ou ...marine.

Comparez vos réponses avec celles du corrigé et comptez vos points.

Score : ... / 40

Compréhension orale

Compréhension orale globale

🎧 **Lisez d'abord les questions qui suivent, écoutez le document et répondez.**

1. **Répondez par vrai (V), faux (F) ou le document ne dit rien à ce sujet (?)**

   b. Cette famille habite à Chiberta, près de Biarritz. **V F ?**

   b. Ils sont tous passionnés de golf. **V F ?**

   c. Dans la maison, il y avait une grande terrasse qui donnait sur la mer. **V F ?**

   d. La dame ne regrette pas la Côte d'Azur. **V F ?**

   e. Ils connaissaient bien François Mitterrand. **V F ?**

   f. Ils ont noué de nouvelles relations. **V F ?**

2. **Expliquez rapidement les occupations de chacun des membres de cette famille pendant les vacances.**

3. **Pourquoi cette dame a-t-elle beaucoup apprécié ce séjour sur la côte basque ? Quel est l'adjectif qui revient plusieurs fois ?**

4. **À votre avis, quel est le caractère de cette dame ?**

Compréhension orale détaillée

🎧 **Lisez les questions, réécoutez le document et répondez.**

1. **La dame compare Chiberta à** a. **Biarritz** b. **l'île de Ré** c. **Cagnes-sur-Mer**

2. **François Mitterrand avait une maison** a. **à Chiberta** b. **à Biarritz** c. **à Latché**

3. **La maison était** a. **assez bon marché** b. **chère** c. **très chère**

4. **Ce qu'elle n'aime pas sur la Côte d'Azur, c'est… Cochez les bonnes réponses.**

   a. les moustiques   b. la foule

   c. les embouteillages   d. la pollution

   e. … la chaleur   f. le bruit

Expression orale

1. **Vous avez passé vos dernières vacances dans l'une de ces deux maisons. Vous avez adoré ces vacances. Expliquez pourquoi et racontez comment vous passiez vos journées.**

2. **Pour vous, quelles sont les vacances idéales. Développez votre point de vue.**

Compréhension écrite

Lisez ce texte puis répondez aux questions qui suivent.

Chez « Ma tante »

Le Crédit municipal de Paris (CMP), qui s'est long-temps appelé « mont de piété », existe depuis 1637. On y accorde des prêts sur gages : les dépositaires mettent en gage un objet, de préférence de valeur (un bijou, une fourrure, un tableau…) qui est immédiate-ment estimé par un commissaire-priseur. En échange de ce dépôt, ils obtiennent un prêt correspondant à 50 ou 60 % de la valeur estimée de leur bien. Il y a bien sûr un intérêt à payer : environ 10 % par an. Au bout d'un an, on peut renouveler le contrat pour une année. La quasi-totalité (plus de 90 %) des prêts est remboursée et les objets sont donc récupérés par leur propriétaire. Et ceux qui ne le sont pas ? Ils sont vendus aux enchères, au plus offrant et l'argent va à la CMP. Quand la situation économique est mauvaise, le nombre des clients du CMP augmente, bien sûr. Chaque année, plus de 120 000 clients s'y rendent pour engager un ou plusieurs objets. Des bijoux, bien sûr. Mais aussi des bibelots, des meubles, des téléviseurs, des automobiles… Jadis, et jusqu'aux tout débuts du xxe siècle, on y trouvait des milliers de matelas et de lits, principale fortune des pauvres gens. En période de chômage, les ouvriers et les artisans y déposaient même leurs outils de travail. Mais attention, le CMP ne spécule pas sur le malheur des gens. Et c'est même pour lutter contre l'usure et les usuriers que les premiers monts-de-piété <u>furent créés</u> par des religieux en Italie au xve siècle. Pour beaucoup, le CMP, c'est la bouée de sauvetage, un peu d'oxygène, la dernière chance. On ne demande pas de garantie. Il suffit de justifier de son identité et de son domicile. Et, point capital, l'accueil est extrêmement courtois, très humain et surtout très discret.

Mais pourquoi ce nom de « ma tante » ? La légende prétend que ce surnom vient du prince de Joinville, fils du dernier roi de France Louis-Philippe ; c'était un jeune homme fort dépensier qui aimait jouer. Il mit un jour sa montre en gage au mont-de-piété pour payer une dette de jeu et, pour ne pas avoir à le dire à ses parents, prétendit qu'il l'avait oubliée chez une tante : « Je l'ai laissée chez ma tante », aurait-il déclaré. Voilà comment est née « ma tante ».

Compréhension écrite globale

1. **Au départ, pourquoi les monts-de-piété ont-ils été créés ?**

2. **En quoi le « profil » des dépositaires des monts-de-piété a-t-il changé depuis le xixe siècle ?**

Compréhension écrite détaillée

1. **D'après le contexte, comment comprenez-vous le mot « usurier » ?**

2. **Comment expliquez-vous le passé simple du verbe souligné ?**

3. **« Je l'ai laissée chez ma tante », <u>aurait-il déclaré</u>. Justifiez le mode du verbe souligné.**

Expression écrite

1. **Dans votre pays, lorsqu'on a un besoin d'argent pressant, à qui peut-on emprunter et à quelles conditions ?**

2. **Reformulez ce texte en 90 mots maximum.**

unité

4

Projeter,
faire des hypothèses

Et si la Seine débordait à nouveau ?

Écoutez et répondez

LE PROFESSEUR : Bon, aujourd'hui, nous allons parler des conditions climatiques. Alors, qui peut me…

UN LYCÉEN : Monsieur, monsieur ! on a dit hier à la télé qu'avec toute l'eau qui est tombée depuis une semaine, c'était possible qu'il y ait des inondations. Vous y croyez, vous ? Vous pensez que notre lycée pourrait vraiment être inondé ?

LE PROFESSEUR : Oui, ce n'est pas impossible. Ça peut arriver. Vous savez, la Seine sort souvent de son lit. C'est assez régulier. Prenez 1910, par exemple : on a eu une inondation comme on n'en avait jamais vu à Paris.

[…]

8,62 m ➤ 1910 _____

7,32 m ➤ 1924 _____
7,12 m ➤ 1955 _____

6,18 m ➤ 1982 _____

5,20 m ➤ 1999-2000 _____

4,30 m _____

3,30 m _____
3,20 m _____

1. **Qui parle dans ce document ?
   Justifiez votre réponse.**

2. **Où se trouve le lycée ?**

3. **Qu'est-ce qui inquiète les lycéens ?
   Pourquoi ?**

4. **Complétez ce texte.**

   À 3,20 m, quand le socle du Zouave disparaît, on déclenche l'état d'alerte.
   À 3,30 m … À 4,30 m, quand l'eau lui arrive à la cheville, … L'eau a atteint 6,18 m en … Et 8,62 m en … . C'était le record !

Phonétique, rythme et intonation

Les enchaînements

Écoutez et répétez.
   a. On a eu une inondation terrible.
   b. C'était vraiment incroyable !
   c. Vous savez comment on fait ?
   d. Il y a eu des tempêtes terribles.
   e. C'est vraiment impossible ?
   f. On va aux Halles ?

Phonie-graphie

Les mesures

Écoutez et écrivez en toutes lettres.
   a. … b. … c. … d. … e. … f. …

Manière de dire
• **Vous y croyez ?** (vous croyez que c'est vrai ?)
• **Du jour au lendemain** (très vite)

Dans Paris inondé, la résistance métro-RER

Il est 4 heures du matin. L'état-major de la RATP, en réunion de crise depuis la veille, prend connaissance du dernier bulletin d'information des crues[1]. Les trombes d'eau tombées pendant des semaines produisent l'effet redouté : la montée des eaux se poursuit inexorablement. Les voies sur berge sont totalement fermées et la navigation est interdite. Hier matin, la cote[2] des 6 mètres a été dépassée. Les portes étanches ont été verrouillées à Saint-Michel. La SNCF a interrompu le service sur la ligne C du RER ; seul le tronçon ouest reste ouvert au trafic.

Le dernier bulletin ne laisse guère de place au doute : les 7,10 mètres devraient être atteints dans les 24 heures. L'ordre d'intervention est donné aux agents de l'entreprise publique et de diverses entreprises privées. En moins de dix heures, 160 des 400 points identifiés de longue date sont mis hors d'eau. On renforce les puissantes pompes qui refoulent les eaux d'infiltration, la surveillance des circuits électriques et de télécommunications se fait plus étroite. Les moyens engagés doivent permettre de résister jusqu'à la cote exceptionnelle de 8,62 mètres, voire au-delà. Mais il reste une inconnue : les effets de la montée de la nappe souterraine. Pour l'heure, métro et RER demeurent encore disponibles au trafic. Mais jusqu'à quand ?

Ce scénario-catastrophe n'est pas totalement une fiction. Il suit les grandes lignes de l'action minutieusement préparée depuis cinq ans par la mission « Crue » de la RATP. À l'origine, un incident sérieux : l'inondation de plusieurs rames de métro en dépôt[3] fit prendre conscience de la vulnérabilité[4] du réseau à l'envahissement par les eaux. Avec une crue comme celle de 1910, la moitié des 225 km de voies souterraines serait noyée, ainsi que nombre de couloirs et d'escalators. Remettre en état les installations durerait plusieurs années et coûterait, hors perte des recettes[5], environ 3 milliards d'euros. Les répercussions[6] seraient incalculables. Comparée à ce gouffre, la mise en œuvre du plan anti-crue est estimée à 3 millions d'euros « seulement » auxquels s'ajoutent 250 000 euros par an pour tenir l'état de veille[7].

Pour les responsables de la RATP, l'objectif est de protéger autant que possible le réseau de ces dégradations extrêmement coûteuses mais l'impératif premier du plan de protection contre le risque des inondations est, bien entendu, la sauvegarde des populations.

Marc Blachère, *l'Humanité* du 14 décembre 2002.

---

1. **Une crue** : une montée brutale de l'eau.
2. **La cote** : la hauteur de la crue. Les cotes sont maintenant celles de l'échelle de référence du pont d'Austerlitz. Le niveau normal du fleuve : cote 0,82 m.
3. **La vulnérabilité** : la fragilité.
4. **En dépôt** : dans le garage des rames de métro.
5. **Les recettes** : ce que la RATF et la SNCF gagnent (tickets de métro et de RER, billets de train ...).
6. **Les répercussions** : les conséquences.
7. **L'état de veille** : la surveillance constante.

Compréhension écrite

1 **Le premier paragraphe évoque-t-il un fait réel ou un fait imaginaire ? Justifiez votre réponse.**

2 **Relevez toutes les mesures qui seraient prises en cas de crue exceptionnelle de la Seine.**

Expression écrite

En l'absence de ces mesures, quelles seraient les conséquences d'une crue comparable à celle de 1910 ? Répondez en dix lignes environ.

Orthographe d'usage
Attention aux homophones, mots se prononçant de la même façon mais s'écrivant différemment.

or (terme d'argumentation) – *hors* (sans compter, excepté)

cru(e) ≠ *cuit(e)* (adj.) – *cru* (participe passé du verbe *croire*) / *une crue* (nom)

la voie – *la voix*

le cou – *un coup* (de poing, de pied) – *le coût* (verbe *coûter*)

la mer – *la mère* – *le maire* (qui dirige la mairie)

Grammaire et orthographe grammaticale

Exercice 1

Parmi ces phrases, lesquelles expriment une idée d'hypothèse ou de condition ?

a. Sans son aide, je n'aurais jamais rien obtenu.

b. En faisant mes courses, j'ai perdu ma carte bleue.

c. Si les Français aiment les jeux de hasard, c'est encore plus vrai pour les Espagnols.

d. Écoute, au cas où tu ne le saurais pas, je te le dis...

e. C'est bien, continue comme ça, c'est parfait !

f. En achetant « Douceur d'été », vous retrouverez le teint de vos vingt ans.

L'EXPRESSION DE L'HYPOTHÈSE ET DE LA CONDITION (1)

L'hypothèse s'exprime souvent par une proposition commençant par *si...*

Et nous, dans le 12ᵉ, si ça arrivait maintenant...

Mais il existe d'autres manières d'exprimer la condition ou l'hypothèse :

• *au cas où* + conditionnel présent → *Au cas où la Seine déborderait.*

• le participe présent ou le gérondif → *En respectant les consignes de sécurité, on évitera peut-être la catastrophe.*

• *avec – sans ...* → *Avec une telle crue, la moitié des voies souterraines serait noyée.*

• *en supposant que* + subjonctif → *Prends une place pour lui, en supposant qu'il soit d'accord !*

➡ Voir le Précis grammatical p. 139.

Exercice 2

Quel est le sens du verbe *devoir* ?

a. Tous les matins, vous devez boire à jeun un grand verre d'eau.

b. Il n'est pas là ? Il doit nous chercher, il ne doit pas savoir où se tient la réunion.

c. Les moyens engagés doivent permettre de résister.

d. Le beau temps devrait revenir mercredi.

LES SENS DU VERBE « DEVOIR »

• L'emploi du verbe *devoir* renforce l'idée d'une conséquence attendue, logique.
Les 7,10 m devraient être atteints bientôt.

• Le verbe *devoir* exprime aussi :

– l'obligation
Excusez-moi, je dois partir.

– au présent ou au passé, il peut exprimer la supposition.
La voilà qui revient. Elle a dû oublier quelque chose.

➡ Voir le Précis grammatical p.132.

Exercice 3

Transformez ces phrases nominales en phrases au passif. Attention aux temps.

a. Demain, à 9 h précises, ouverture des portes.

b. Interruption de la séance d'hier à l'Assemblée nationale.

c. Nantes : interpellation de trois suspects.

d. Tchad : report des élections au 2 mai.

L'EMPLOI DU PASSIF

Quand on veut insister sur le procès plus que sur l'agent responsable de ce procès, on utilise le passif.
Les voies sur berge sont totalement fermées.
L'ordre d'intervention est donné aux agents de sécurité.
Les portes étanches ont été verrouillées à Saint-Michel.
160 des 400 points identifiés de longue date sont mis hors d'eau.

ORTHOGRAPHE GRAMMATICALE

Futur / conditionnel présent

Attention à la différence entre la terminaison *-rai* (futur) que l'on prononce [re] et la terminaison *-rais*, *-rait* ou *-raient* (conditionnel) que l'on prononce [rɛ]. Cette distinction se fait assez peu dans le Sud de la France.

Civilisation

Un climat de plus en plus capricieux

Au cours des dernières décennies, il y a eu de nombreuses catastrophes naturelles liées, semble-t-il, au réchauffement de la planète. Quelques exemples : dans les régions tropicales, on a connu des cyclones, dont les prénoms poétiques ne suffisent pas à masquer la violence terrifiante, et des ouragans ; dans les zones plus tempérées, il y a eu des tempêtes comme celle de Noël 1999 et des inondations un peu partout... Les écologistes tirent la sonnette d'alarme ! En 1995 est parue une étude scientifique très sérieuse du GIEC (Groupement d'experts intergouvernemental sur l'évolution du climat) sur les changements climatiques, leurs causes et leurs conséquences prévisibles. Des faits : en cent ans, la température moyenne a augmenté de 0,4 °C et les chercheurs s'accordent pour prédire que le réchauffement planétaire pourrait dépasser les 4 ou 5°C dans les cent ans à venir.

Les causes sont en grande partie dues aux activités humaines, à commencer par le rejet des gaz dans l'atmosphère (gaz carbonique, méthane, protoxyde d'azote) et le fameux « effet de serre ». Pour les chercheurs du GIEC, l'accroissement de ces gaz dans l'atmosphère vient surtout de l'utilisation intensive des combustibles fossiles (à commencer par le pétrole), de la déforestation et des nouvelles techniques agricoles.

Les conséquences probables : d'abord, une sécheresse catastrophique dans les actuelles grandes zones de culture et donc un renchérissement des prix des produits agricoles (blé, maïs, etc.). Ensuite, des inondations à répétition : la fonte des glaciers a commencé et elle s'accélère[1] ; le niveau de la mer qui a déjà augmenté de 15 à 20 cm en cent ans va continuer à monter, d'autant plus que les eaux, en se réchauffant, vont se dilater. De nombreux pays côtiers sont d'ores et déjà[2] menacés.

---

1. S'accélérer : aller de plus en plus vite.
2. D'ores et déjà : dès maintenant.

Expression personnelle orale ou écrite

1. Ces deux photos illustrent une partie du texte. Laquelle ?

2. Dans les vingt dernières années, votre pays a-t-il connu des dérèglements climatiques ? Développez en dix lignes environ.

Un petit coin de paradis

Écoutez et répondez

UN VOISIN : Tiens, monsieur Morteau ! Bonjour ! Quel froid, hein ! Alors, ça y est ? Bientôt la retraite ?

M. MORTEAU : En juin prochain. Dans six mois. Ça va me faire tout drôle. Vous pensez, ça fait quarante ans que je suis dans la même boîte, quarante ans que je me lève à six heures et demie, que je prends mon bus au même arrêt, que je vois les mêmes gens… Pendant quarante ans ! Vous imaginez ça ! Alors, forcément, j'appréhende un peu.

UN VOISIN : Mais vous allez pouvoir vous reposer, prendre votre temps…

M. MORTEAU : Ouais… J'ai surtout peur de m'ennuyer.

[…]

1. **Quels sont les sentiments de M. Morteau ?**

2. **Pourquoi son interlocuteur lui dit en parlant de cette île : « On dirait que vous y êtes déjà allé ! »**

3. **Comment M. Morteau imagine sa vie dans l'île de Paros ?**

Phonétique, rythme et intonation

Écoutez et répétez.

Les phrases « en suspens »

a. Quand on n'a pas de raison de se lever…
   (attention : un seul souffle / 8 syllabes)

b. Vous pourrez voyager, partir en vacances, vous balader…
   (rythme : 6/5/4)

c. Vous en parlez…
   (attention : un seul souffle / 4 syllabes)

d. Ça (ne) doit pas être si difficile…
   (attention : un seul souffle / 8 syllabes)

L'élision du *e*

a. J(e) m'étais juré d'y r(e)tourner (7 syllabes)

b. J'y r(e)pense souvent (4 syllabes)

c. J(e) (n')ai jamais l(e) temps (4 syllabes)

Phonie-graphie

Les enchaînements

Écoutez et écrivez.

   a. …   b. … ?   c. … .

Manière de dire
- Une boîte (fam.) (une entreprise)
- Ça fait drôle (c'est bizarre)

Les retraités migrateurs

Sable, plage, soleil et prix doux. La Tunisie attire de plus en plus les Européens du troisième âge qui y passent les mois d'hiver avec, souvent, l'appui financier de leurs caisses de retraite. Ce sont de drôles d'oiseaux, avec des cheveux blancs et des sourires de gosses. Des oiseaux migrateurs.

Chaque hiver, Pierre, Vincent, Jeanne et les autres quittent la France et sa grisaille pour se poser sur la côte tunisienne, les pieds dans le sable, dans la lumière des plages de Monastir, au bord de la Méditerranée. Ils ne viennent pas pour seulement quinze jours – ça, c'est bon pour les « actifs ». Eux, ils jettent l'ancre pour deux mois, parfois trois. Pas plus : la durée du visa touristique n'excède[1] pas quatre-vingt-dix jours. Hélas ! « S'il n'y avait pas la question des papiers, on resterait de novembre à avril », assure Pierre, 70 ans, qui fréquente le village de vacances d'El Shems, en compagnie de son épouse, depuis maintenant dix ans. « S'il n'y avait pas les enfants, je passerais ma retraite ici », renchérit Vincent, 70 ans lui aussi, mais veuf depuis cinq ans. (…)

Jeunes ou moins jeunes, les pensionnaires du village d'El Shems ont, en tout cas, un point commun : ils bénéficient de tarifs « calculés au prorata des revenus de chacun », rappelle son directeur, Jean Dombrowski. Les prix les plus bas, ce sont ceux de l'hiver et des longs séjours. Une aubaine[2] pour les petits retraités qui, à l'instar[3] de Pierre, ancien électricien, ou de Vincent, ancien menuisier, n'ont pas « une rente de millionnaire ». (…)

Selon la direction (du village d'El Shems), un séjour de deux semaines en hiver « avec pension complète, animation de 9 heures à 23 heures, voile et pédalo gratuits » coûte 117 euros par personne, auxquels il faut ajouter 250 euros d'avion charter. Soit au total 25 euros par jour. Et moins, bien sûr, si le séjour s'allonge. « C'est tellement moins cher qu'une maison de retraite en France ! On ne peut même pas comparer ! Ici, en plus, on n'est pas enfermé et il y a beaucoup plus d'animation », souligne Jeanne. (…)

Au village de vacances d'El Shems, la thalassothérapie a aussi fait son entrée. Depuis cette année, on peut, moyennant finances, soigner son stress ou ses rhumatismes, entre une partie de belote et un tirage de tombola.

Catherine Simon *Le Nouvel Observateur* 24-04-2006.

1. Excéder : dépasser.
2. Une aubaine : une grande chance.
3. À l'instar de : comme, à l'exemple de…

Compréhension écrite

1 **Comment comprenez-vous le titre ? À quoi compare-t-on les retraités ?**

2 **En vous aidant du contexte, donnez le sens de :**

a. jeter l'ancre

b. la question des papiers

c. moyennant finances

3 **Qu'est-ce qui rend les séjours en Tunisie très attractifs pour les retraités français ?**

4 **À votre avis, comment s'occupent les pensionnaires de ce village d'El Shems ?**

- Tourner en rond (s'ennuyer)
- Ça m'emballe (ça me plaît beaucoup)
- Se mettre à qqch (commencer qqch)

Expression écrite

Vous, personnellement, quand vous atteindrez l'âge de la retraite, aimeriez-vous passer une partie de l'année dans ce type de village de vacances ? Développez vos arguments en 8 à 10 lignes.

Orthographe d'usage

La terminaison des mots en *-ai, -aie ; -oi, -oie ; -ui, -uie*

– verbes terminés en *-ayer* → noms en *-ai* (masc.) ou *-aie* (fém.) exemples : *essayer, un essai ; payer, une paie*

– verbes terminés en *-oyer* → noms terminés en *-oi* (masc.) exemples : *employer, un emploi*

– verbes terminés en *-uyer* → noms terminés en *-ui* (masc.) exemples : *appuyer, un appui ; ennuyer, un ennui*

Grammaire et orthographe grammaticale

Exercice 1

Complétez avec *pendant, pour, en* ou *dans*.

a. Ils sont venus passer leurs vacances dans ce village tunisien … vingt ans.

b. … dix ans, le nombre de retraités dans ce petit village a doublé.

c. On pense que … dix ans, le nombre des retraités à El Shems va considérablement augmenter.

d. Nous ne restons pas longtemps. Nous sommes ici … deux semaines seulement.

e. *Le Tour du monde* … *80 jours* est un roman de Jules Verne.

L'EXPRESSION DE LA DURÉE : PENDANT, EN, DANS, POUR

• *Pendant* (ou durant) indique une durée.
Il a fait tous les jours la même chose pendant un an.

• *En* indique le temps qu'on a mis pour faire quelque chose.
Le TGV fait le trajet Paris-Marseille en 3 heures.

• *Dans* exprime :

– le plus souvent, un moment dans le futur :
On part à Rome dans trois jours.

– parfois, une époque passée : *dans le temps, dans mon enfance, dans ma jeunesse…*

• *Pour* : indique combien de temps on pense rester quelque part :
Ils ont loué une maison pour le mois de juillet.

Exercice 2

Lisez ces phrases et répondez par vrai (V) ou faux (F) aux affirmations.

a. Si j'avais de l'argent, je partirais vivre aux îles Canaries.

b. Si ce n'était pas pour ma femme, je préférerais rester chez nous.

Dans la phrase a, je vais aller vivre aux îles Canaries est un rêve qui va se réaliser.　　　　　**V F**

Dans la phrase b, il reste chez lui.　　**V F**

L'EXPRESSION DE L'HYPOTHÈSE (2)

L'irréel du présent

S'il n'y avait pas les enfants, je passerais ma retraite ici.

Est-ce que les enfants existent ? Oui ! Il s'agit dans cette phrase d'une hypothèse irréelle.

Attention :

1. L'imparfait dans ce type de phrase a une valeur modale et non temporelle : il ne s'agit pas d'un fait passé.

2. Cette structure *Si* + imparfait…, conditionnel présent peut également exprimer un fait possible, réalisable dans le futur.

Si tu passais me chercher demain à 9 heures, ce serait parfait.

➡ Voir le Précis grammatical p. 139.

Exercice 3

Avec ces éléments, faites une phrase complexe comme dans l'exemple ci-contre : *Il faut que vous alliez…*

a. aller chercher Emma à l'école à 4h 30

b. la faire goûter

c. l'aider à faire ses devoirs

d. lui donner un bain

LA RÉPÉTITION DE LA CONJONCTION *QUE*

Rappel

*Ça fait quarante ans **que** je suis dans la même boîte, **que** je me lève à six heures et demie, **que** je prends mon bus au même arrêt, **que** je vois les mêmes gens.*

Quand il y a des propositions juxtaposées ou coordonnées par *et* ou par *ou*, on répète la conjonction *que*.

ORTHOGRAPHE GRAMMATICALE

Ne confondez pas :

– *bientôt* en un seul mot. *Il part bientôt à la retraite.*

– bien tôt en deux mots. *Tu arrives bien tôt. (≠ plus tard)*

Civilisation
Des baby boomers aux papy boomers

Actuellement, en France, les plus de 50 ans sont 20 millions, soit un tiers de la population. Selon l'INSEE (Projection de la population française à l'horizon 2050), ils seront près de 30 millions en 2030, pour une population de 64 millions.
Quant aux plus de 60 ans, ils représenteront 25,3 % de la population en 2015, 32,8 % en 2035, 33,5 % en 2040, 35,1 % en 2050...

Cet accroissement brutal du nombre des seniors est dû en premier lieu à l'allongement continu de la vie. Aujourd'hui, l'espérance de vie est de 76 ans pour les hommes et de 83 ans pour les femmes. Et chaque année, nous « gagnons » trois mois d'espérance de vie supplémentaire. D'autre part, arrivent ou vont arriver à l'âge de la retraite les baby boomers, nés entre 1945 et 1960. Cette génération a eu toutes les chances : c'est la génération la plus nombreuse, mais aussi la plus riche : elle a grandi avec les Trente Glorieuses[1], a connu le plein-emploi, des progrès spectaculaires dans le domaine de la santé, la libéralisation des mœurs (la pilule contraceptive)... et la retraite à 60 ans qui a été instituée dans les années 1980. Sans compter la possibilité pour beaucoup de partir en pré-retraite dès 55 ans.

Sont alors arrivés sur le marché du « troisième âge » des « quinquas » fringants[2], sportifs, aimant les voyages et les aventures, refusant d'abandonner leur pouvoir de séduction. Témoins ces acteurs ou ces actrices largement sexagénaires qui refusent de dételer[3]. Rien à voir donc avec les « personnes âgées » de jadis, grands-pères jardinant ou lisant le journal dans un fauteuil et grands-mères faisant des confitures.

Pour l'économie, l'arrivée de ces millions de « papy boomers » riches et en pleine forme devrait être une aubaine extraordinaire. En effet, se développent à leur intention des centres de fitness, des agences de voyages, des services hôteliers, des activités de loisirs, des magasins bio, des centres de santé/beauté (les produits pour « peaux matures » et les produits « anti-âge », par exemple, font un malheur[4] !). Un seul slogan : « Rester éternellement jeune, beau et dynamique ! »
Mais les entreprises ne savent pas toujours profiter de cette manne[5] ! Il n'est pas sûr qu'elles soient prêtes à changer leur stratégie de marketing. Elles préfèrent favoriser une image jeune, c'est-à-dire sexy et redoutent plus que tout d'avoir une image de marque vieillotte[6].

C'est sans doute une erreur : elles devraient comprendre que la notion même de « vieux » a bien changé et continuera de le faire.

---

1. Les Trente Glorieuses (1945-1975) : les trente années de croissance économique continue.
2. Fringant : vif, vigoureux, ardent, en pleine forme.
3. Dételer (fam.) : se retirer, changer de rythme de vie, renoncer à un mode de vie.
4. Faire un malheur (ou faire un tabac) : avoir un succès immense et immédiat.
5. La manne : quelque chose d'abondant et d'inespéré, de providentiel.
6. Vieillot(e) : démodée.

Expression personnelle orale ou écrite

1. **Comment sont décrits dans ce texte les « seniors » ?**

2. **Comment peut-on expliquer que les « papy boomers » refusent de « dételer » ?**

3. **Imaginez. Vous voulez créer une nouvelle entreprise de services. Votre « cible » :** la clientèle des plus de 60 ans. **Quels types de service allez-vous leur proposer ?**

4. **Dans votre pays, quel est (en général) le mode de vie, les occupations et les attentes des plus de 60 ans ? Est-ce que cela a changé par rapport aux années 1960 ?**

unité

4

leçon

15

Des dinosaures au Palais de la Découverte

Écoutez et répondez

Le Palais de la Découverte organise, en plus de ses démonstrations habituelles qui attirent chaque jour une foule de visiteurs, trois à quatre expositions temporaires par an. Ce mois-ci, c'est le mois des dinosaures animés, grandeur nature pour certains, à l'échelle 1/2 pour d'autres. Il y a la queue à l'entrée du musée, tous visiteurs confondus.

<small>LE GARDIEN</small> : Avancez messieurs dames, les expositions permanentes c'est par là-bas, les dinosaures, c'est par ici. Les tickets, s'il vous plaît. Merci… merci…

[…]

1. **Quel âge a Arthur ?**

2. **Qu'a-t-il fait ?**

3. **Commentez les réactions du père et de la mère d'Arthur.**

4. **Comment comprenez-vous les expressions « tous visiteurs confondus » et « grandeur nature » ?**

Phonétique, rythme et intonation

Écoutez et répétez.

L'intonation de l'inquiétude
Thierry, où est Arthur ? Pourtant il était là, il y a un instant.
Pourvu qu'il ne lui soit rien arrivé.

L'intonation du réconfort
Écoute Édith, calme-toi. Ne t'affole pas voyons.

La différence entre [k] et [g]
Le Palais organise des expositions. Il y a toujours la queue.
Vous avez vos tickets ? C'est gratuit pour les moins de quatre ans.
J'ai demandé au gardien.

Phonie-graphie

Th → [t]

Thierry, Édith et Arthur boivent du thé. Ils vont au théâtre.

La terminaison -et → [ɛ]
un ticket, un jouet, un objet

<small>Attention, la conjonction *et* → [e]</small>

<small>Rappel : jamais de liaison après *et* Paul et Élisabeth [poleelizabet]</small>

Manière de dire
- **Donner la main (pour un enf** (tenir qqn par la main)
- **Passer à la postérité** (devenir célèbre)
- **Par excellence (particulièrem**

Inventions et découvertes

Depuis des millénaires, les découvertes et les inventions apportent aux êtres humains un savoir scientifique et un savoir-faire technique qu'on appelle le progrès. Plus ou moins rapide suivant les époques et les régions du monde, avec des échecs, des tentatives plus ou moins heureuses, des controverses, le développement de l'humanité est aussi marqué par de magnifiques réussites dues à des chercheurs et des inventeurs de génie.

C'est le xixe siècle qui sera, en Europe, le siècle de la science et des techniques. Certains inventeurs de cette époque ont laissé leur nom à leur invention. Par exemple, l'Écossais John Loudon Mc Adam qui, en 1800, imagine un revêtement de chaussée connu encore aujourd'hui sous le nom de macadam. En France, le préfet de police de Paris, Eugène René Poubelle, prendra une initiative bien pratique, grâce

à quoi il passera à la postérité. Quant à Louis Braille (1809-1852), il a fabriqué pour les aveugles un système d'écriture encore utilisé. En Angleterre, des chercheurs mettent au jour les premiers fossiles de dinosaures.

Dès 1901, le xxe siècle organisera un salon international de l'invention. Celui-ci deviendra célèbre dans le monde entier sous le nom de Concours Lépine, en l'honneur du préfet de police de Paris Louis Lépine qui en prit l'initiative. Depuis sa naissance, le concours a récompensé par des prix et des médailles de nombreuses inventions, certaines considérées comme irréalistes au moment de leur présentation, telles la tondeuse à gazon en 1930 et la fermeture Éclair en 1934 !

Les découvertes scientifiques les plus grandes sont récompensées par le prix Nobel ou la médaille Fields. Ainsi, en 1934, les Français Irène et Frédéric Joliot-Curie recevaient le prix Nobel de chimie pour avoir trouvé la radioactivité artificielle.

Compréhension écrite

1 **Pourquoi ne peut-on dire que le progrès est linéaire?**

2 **Retrouvez dans le texte des équivalents de :**
- a. découvrir
- b. découverte
- c. inventer
- d. invention

Expression écrite

1 **À partir des exemples cités dans le texte, expliquez la différence entre une invention et une découverte.**

2 **À votre avis, la notion de progrès est-elle uniquement liée aux découvertes scientifiques et aux inventions ? Développez votre argumentation en une vingtaine de lignes.**

3 **Recherchez sur internet d'où vient l'idée du prix Nobel et rédigez une courte note de présentation.**

Grammaire et orthographe grammaticale

Exercice 1

Complétez avec *quoi* ou *lequel*.

a. Descends tout de suite sans … je vais me fâcher !

b. La liberté c'est ce pour … ils se sont battus.

c. Voici l'ami grâce à … j'ai trouvé mon appartement.

d. Ce ticket sans … vous ne pouvez pas entrer coûte 8 euros.

Exercice 2

Mettez ces éléments dans l'ordre.

a. Donne-moi / sur / quelque chose/ écrire / quoi

b. c'est/ il faut / ce / s'obliger/ quoi/ Ce/ Un peu de sport/ à / chaque semaine.

Exercice 3

Complétez par une expression d'opposition, de concession, de condition ou de souhait.

Un dimanche au musée

Quand il fait froid et qu'il pleut, il est agréable de flâner dans un musée … se promener dans les rues. On peut contempler des merveilles dans tous les domaines … il y a trop de monde, bien sûr. Cela gâche un peu le plaisir. Mais on trouve toujours une salle moins fréquentée que les autres … on veuille bien chercher et parfois on découvre des choses insolites, des artistes moins célèbres. Les musées sont des lieux très fréquentés et … on y parle à voix basse comme dans une église. Quand mes enfants seront plus grands j'aimerais beaucoup les y emmener. … ils soient d'accord !

LE PRONOM RELATIF NEUTRE « QUOI »

Il est toujours précédé d'une préposition et s'emploie avec :

• un antécédent neutre : *ce, quelque chose, rien*
C'est quelque chose à quoi je pense souvent.

Mais attention :
C'est une chose à laquelle je pense souvent.

• une proposition :
Il a renouvelé son passeport sans quoi il n'aurait pas pu prendre l'avion.

Mais attention :
Il a renouvelé son passeport sans lequel il n'aurait pas pu prendre l'avion.

Le relatif *quoi* reprend l'action, le relatif *lequel* reprend le nom.

Attention !

Ne confondez pas le pronom interrogatif et le pronom relatif.
Tu prends quoi au petit déjeuner ?
Je prends un petit déjeuner sans quoi je suis incapable de travailler.

➡ **Voir le Précis grammatical p. 136.**

L'OPPOSITION ET LA CONCESSION (2)

• Avec une préposition : *au lieu de* + infinitif
Écoute-moi au lieu de te mettre en colère.

• Avec une conjonction : *pourtant*
Il grimpe partout pourtant il sait bien que c'est dangereux.

➡ **Voir le Précis grammatical p. 139.**

L'HYPOTHÈSE ET LA CONDITION (3)

Avec une conjonction : *sauf si* + indicatif
Je serai là vers 20 heures sauf si le train a du retard.

Sauf si : à moins que

➡ **Voir le Précis grammatical p. 139.**

LE SOUHAIT

Pourvu que (en début de phrase, très utilisé à l'oral) + subjonctif :
Pourvu qu'il ne lui soit rien arrivé !

Attention ! Ne pas confondre avec le *pourvu que* de condition.
Je t'emmène au musée pourvu que tu sois sage (à condition que tu sois sage).

➡ **Voir le Précis grammatical p. 142.**

ORTHOGRAPHE GRAMMATICALE

Attention au participe passé de *devoir*.
*Ce problème est **dû** à la pollution. Cette découverte est **due** à un chercheur de génie.*
*Ces progrès sont **dus** à un nouveau vaccin.*

Civilisation

Le Palais de la Découverte

Avenue Franklin-Roosevelt – 8ᵉ

Paris n'est pas seulement une ville d'art et d'histoire. En 1934, elle se prépare à présenter l'Exposition universelle de 1937. L'un des groupes de travail chargés de mettre en place cet événement international lance l'idée d'un palais de la science. Il s'agit de montrer l'extraordinaire progrès de la recherche scientifique. Sur la suggestion de Jean Perrin (Prix Nobel de physique en 1908) on l'appellera le Palais de la Découverte.

Mais l'innovation ne viendra pas de ce qui est montré dans le Palais. Ce n'est pas un musée de la science, ce ne sont pas des collections d'objets scientifiques que le visiteur va découvrir mais la science « en train de se faire ». Le public sera invité à toucher, à tourner des boutons, à mesurer, à peser, à participer à la naissance de la découverte.

C'est, dans le monde des musées, une petite révolution ! L'exposition de 1937 intitulée « Arts et techniques dans la vie moderne » accueillera plus de deux millions de visiteurs. Depuis, le Palais continue à proposer aux curieux de tout âge des expériences, des manipulations, en accès libre ou guidées par des animateurs scientifiques. Les vidéos, les bornes interactives sont venus compléter cette approche vivante des sciences, concurrencée depuis 1986 par la Cité des sciences et de l'industrie de la Villette.

La Cité des sciences et de l'industrie

30, avenue Corentin-Cariou – 19ᵉ

Si le Palais de la découverte est *intra-muros*, la Cité, elle, occupe depuis 1986 l'emplacement des anciennes halles aux viandes de la Villette, à la périphérie nord de Paris. D'architecture résolument moderne, voire futuriste, elle propose quatre grands types d'activités :

1. « Explora », présentation permanente des explorations spatiales, de la vie des grands fonds océaniques, des bases de la climatologie, des grandes techniques. Chaque présentation s'articule autour de thèmes abordés de manière interactive.

2. La « Cité des enfants » et « Techno-cité » : lieux uniques en Europe où les enfants de 3 à 12 ans peuvent s'initier, en compagnie de leurs parents ou de leurs enseignants, à la biologie, la mécanique, la physique, l'électricité, par le jeu, l'observation, la manipulation ou l'expérimentation. Dans « Techno-cité », les plus grands peuvent prendre les commandes d'un hélicoptère ou découvrir la combinaison d'un coffre-fort !

3. La médiathèque

4. Les expositions temporaires

Expression personnelle orale ou écrite

1. Pourquoi la conception du Palais de la Découverte est-elle une « révolution » en 1937 ?

2. Quel est l'objectif et l'intérêt de ces deux musées pour les jeunes visiteurs?

3. Pensez-vous que cette manière de visiter puisse être transposée dans les musées d'art ? Justifiez votre réponse.

Les défis du XXIᵉ siècle

L'ANIMATEUR : Bonsoir ! Pour participer à ce débat sur les défis du XXIᵉ siècle, j'ai, autour de moi, des scientifiques, des sociologues, des écrivains, des journalistes. Allez, un premier tour de table pour déterminer quelle est, selon chacun d'entre vous, la grande question à laquelle sera confronté le monde de demain ? Oui ? Qui commence ? Qui se jette à l'eau ?

[…]

1. **Quels sont les quatre mots-clés de cette table ronde ?**

2. **Reformulez deux des quatre grands défis dont il est question.**

3. **Comment comprenez-vous la réponse à la dernière question : « Nous irons bien sûr … mais ce sera pour le sport, pour la gloire. »**

Phonétique, rythme et intonation

L'intonation d'encouragement, d'invitation

Écoutez et répétez.
Allez, un premier tour de table…
Oui ? Qui commence ? Qui se jette à l'eau ?

Phonie-graphie

Écoutez et écrivez.

Formulez vous-même la règle.

L'histoire de l'eau en France

C'est avec des seaux qu'on tirait l'eau et qu'on la distribuait, à la ville comme à la campagne, du Moyen Âge jusqu'au XIXe siècle. Au milieu du XVIIIe siècle, environ 2 000 porteurs d'eau vivent à Paris. Les Parisiens boivent l'eau de la Seine au risque d'être malades : le choléra fait encore de nombreuses victimes à cette époque. Il faut attendre la fin du XVIIIe siècle pour que les eaux destinées à la boisson soient filtrées. À défaut de service d'évacuation, les eaux usées sont jetées dans la rigole creusée au milieu de la rue d'où elles rejoignent… la Seine !

Ce n'est qu'au milieu du XIXe siècle qu'un système de distribution d'eau à domicile sera organisé par le baron Haussmann et l'ingénieur Belgrand. Apparaissent alors les grandes sociétés de distribution : la Générale des Eaux en 1853, la Lyonnaise des Eaux en 1880. Paris et les grandes villes peuvent être fières d'offrir à leurs habitants « l'eau courante ». Des aqueducs transportent une eau de bonne qualité qui provient de sources naturelles non polluées. Dans le même temps, on construit les premiers égouts*, 400 km de canalisations entre 1850 et 1871. En 1884, il devient interdit de jeter ses eaux usées sur la chaussée. Le savant Louis Pasteur va démontrer l'existence des microbes invisibles dans l'eau et on apprendra à ne pas confondre une eau fraîche et claire et une « eau potable ». Le traitement de l'eau va progressivement s'améliorer et s'étendre. Il faudra pourtant attendre la fin des années 1980 pour que tous les Français bénéficient du service d'eau à domicile. Et ce n'est qu'à la fin des années 2000 que toutes les communes seront raccordées à une station d'épuration.

Aujourd'hui, le principal danger de contamination de l'eau vient de l'emploi, par les agriculteurs, d'engrais et de pesticides. Utilisés en grande quantité, entraînés par les pluies, ils polluent les rivières et les lacs. Les associations de protection de la nature protestent et réclament des amendes suivant le principe du « pollueur-payeur ». Mais faute de législation appropriée, la situation ne change pas vite. Le problème n'est pas seulement français mais européen et, en 2015, tous les pays européens devront avoir contribué à restaurer « un bon état écologique des eaux ».

* Les égouts de Paris peuvent se visiter.

Compréhension écrite

1 À votre avis, que faisaient les porteurs d'eau ?

2 Pourquoi l'eau provoquait-elle des maladies ?

3 Qu'appelle-t-on « l'eau courante » ?

4 Donnez deux exemples « d'eaux usées ».

Expression écrite

1 Le principe du « pollueur-payeur » vous paraît-il une bonne manière de faire respecter l'environnement ? Argumentez votre réponse.

2 Décrivez « la situation de l'eau » dans votre pays.

3 Imaginez un slogan sur l'eau visant à éduquer les citoyens.

Manière de dire
- Se jeter à l'eau (oser le premier faire qqch)
- Être au cœur de qqch, dire adieu à qqch, être en jeu

Orthographe d'usage
Attention à la terminaison des mots en [wa]
un emploi, une voie, un choix, une fois, un toit, un poids

Grammaire et orthographe grammaticale

Exercice 1

Transformez ces phrases en utilisant une autre manière d'exprimer la condition ou l'hypothèse.

a. Si vous n'avez pas d'espèces, vous pouvez payer par carte.

b. Si vous n'êtes pas d'accord avec moi, je n'écrirai pas cet article.

c. Ils peuvent participer à l'expédition s'ils en sont capables mais j'en doute.

d. Si vous continuez à m'importuner, j'appelle la police.

e. La pollution ne diminuera pas s'il n'y a pas un consensus mondial.

f. Je veux bien te traduire ce texte si je peux déchiffrer cette minuscule écriture.

AUTRE MANIÈRE D'EXPRIMER L'HYPOTHÈSE ET LA CONDITION (4)

- avec *sinon*
  Il faut protéger la nature, sinon l'homme disparaîtra.
- avec *autrement* ou *sans ça* (oral)
  Ferme le robinet d'eau quand tu fais ton shampoing, autrement c'est du gaspillage.

Ces conjonctions sont toujours suivies d'une virgule.

- avec *sans* + un nom
  Sans une prise de conscience rapide des problèmes, on va à la catastrophe.
- avec *à supposer que* + subjonctif
  La démocratie se développera à supposer que tout le monde ait accès à internet.

(*À supposer* que introduit une condition jugée peu réalisable.)

➡ Voir le Précis grammatical p. 139.

Exercice 2

Terminez ces phrases par l'expression d'une opposition.

a. Je continuerai ce sport en amateur…

b. J'habite en banlieue…

c. Il mange trop…

AUTRES MANIÈRES D'EXPRIMER L'OPPOSITION

- *au risque de* + infinitif
  Je maintiens mon analyse de la situation au risque de déplaire à beaucoup de gens.
- *à défaut de* + un nom + un infinitif
  À défaut d'argent, il faut des idées.
- *faute de* + nom + un infinitif

➡ Voir le Précis grammatical p. 139.

L'INVERSION DU SUJET

Apparaissent alors les grandes sociétés de distribution.

Quand elle n'est pas due à une interrogation, l'inversion du sujet se fait, à l'écrit, pour des raisons stylistiques. Ici, c'est la longueur du groupe sujet « *les grandes sociétés de distribution* » qui favorise l'inversion.

QUELQUES EXPRESSIONS IDIOMATIQUES AUTOUR DE L'EAU

Donnez le sens de chaque expression. Choisissez-en une et trouvez-lui un contexte.

a. Se noyer dans un verre d'eau. b. Mettre de l'eau dans son vin. c. Vivre d'amour et d'eau fraîche.
d. Être comme un poisson dans l'eau. e. Se ressembler comme deux gouttes d'eau.

ORTHOGRAPHE GRAMMATICALE

Les verbes en *-ier*

Attention à la terminaison du présent et de l'imparfait.

- *étudier :* présent : j'étudie / nous étudions
  imparfait : j'étudiais / nous étudiions
- *bénéficier :* présent : tu bénéficie / vous bénéficiez
  imparfait : tu bénéficiais / vous bénéficiiez

Civilisation

Les Français et la science

D'après les historiens, l'entrée dans « l'an mil » aurait été marquée par de grandes frayeurs collectives. Mille ans plus tard, l'entrée dans l'année 2000 a donné lieu à un fantasme apocalyptique : celui du « bug » mondial ! Toutes les connexions informatiques devaient s'arrêter, entraînant cracks boursiers, catastrophes aériennes, émeutes, etc ! Dans un climat de désarroi et d'anxiété collective, largement exploité par les médias, des gourous, des prophètes et autres mages ont cultivé l'irrationnel.

Après un siècle voué à la science, allait-on retomber dans l'obscurantisme ?

Il fallait en avoir le cœur net.

En novembre 2000, à la demande du ministère de la Recherche, la Sofres, organisme de statistiques, a lancé un grand sondage intitulé « Les Français et la recherche scientifique ». Il s'agissait de savoir ce que les Français, à l'aube du XXIe siècle pensaient véritablement de la science aujourd'hui.

Voici les résultats :

90 % estiment que la recherche doit être une priorité.

65 % estiment que la part du budget consacrée à la recherche doit être augmentée.

67% estiment que l'on vit mieux aujourd'hui qu'il y a vingt ans.

70% pensent que la connaissance scientifique pourra toujours continuer à progresser.

84 % estiment que la recherche médicale est une priorité.

54 % estiment que c'est la recherche environnementale.

53 % estiment que les scientifiques sont les mieux placés pour contrôler le progrès scientifique et respecter l'éthique (55% pour les 18-24 ans).

84 % jugent le métier de chercheur attirant.

59 % le jugent ouvert sur le monde et la société.

63 % ne s'estiment pas assez informés sur les découvertes scientifiques (74% même pour les 18-24 ans).

Expression personnelle orale ou écrite

1. Feriez-vous les mêmes réponses que les Français aux questions du sondage ? Comparez avec les autres étudiants du groupe et discutez-en.

2. À votre avis, comment peut-on expliquer la contradiction entre les peurs collectives persistantes et les résultats du sondage ?

1. Quelles sont les phrases qui seraient plus expressives au passif ? ... / 5 points

a. Les services de la RATP surveillent attentivement la hauteur de l'eau.

b. On a soigneusement préparé un plan de sauvetage.

c. Le professeur explique les conditions climatiques à ses élèves.

d. Le mauvais temps a retardé les travaux.

e. En cas de danger, une alarme prévient immédiatement tous les responsables.

2. Remplacez les pointillés par *après quoi*, *faute de quoi*, *grâce à quoi*, *par quoi*, *sans quoi*. ... / 5 points

a. Il faudrait qu'il pleuve ... les récoltes seront perdues.

b. En Tunisie, les prix sont bas, ... certains retraités peuvent y passer de belles années.

c. Soutenir la recherche est très important, ... l'humanité ne progressera plus.

d. Je vais travailler jusqu'à 60 ans, ... je prendrai ma retraite.

e. Faire faire, c'est ... il faut commencer pour intéresser les enfants aux sciences.

3. Sans modifier le sens de la phrase, remplacez l'hypothèse par *si* par une de ces possibilités : *au cas où*, *avec*, *sans*, *sauf si*, *sinon* ou un gérondif. ... / 12 points

a. Si on est trop confiant, on risque d'être trompé.

b. Si tu ne descends pas immédiatement, tu seras puni !

c. Si tu l'aides, il pourra s'en sortir.

d. Si le temps s'améliorait, nous pourrions pique-niquer.

e. Paris sera inondé si des mesures ne sont pas prises immédiatement.

f. Achetons-lui ce CD s'il ne l'a pas déjà.

4. Reliez les deux parties de la phrase. ... / 12 points

a. Mon mari aime la musique, moi je préfère la littérature, quant à nos enfants ...

b. Tu peux manger des biscottes à défaut ...

c. Je ne changerai pas d'avis au risque ...

d. Il habite sur les berges bien que ...

e. Aujourd'hui, on gaspille l'eau au lieu ...

f. Il est encore monté sur le mur, pourtant ...

1. il y ait des risques d'inondation.

2. je lui avais bien dit que c'était dangereux.

3. de te déplaire.

4. de pain.

5. de l'économiser.

6. ils ne jurent que par le cinéma.

5. Complétez les phrases par une expression de durée. ... / 4 points

a. Ils sont partis très vite, ... un éclair !

b. C'est une longue mission, ils sont partis ... longtemps.

c. Ils sont arrivés hier. Ils ont été partis ... longtemps.

d. Ton retour ! Mais c'est ... longtemps ! Tu ne reviens que l'an prochain.

6. Le verbe *devoir* a-t-il un sens d'obligation (O) ou de probabilité (P) ? ... / 2 points

a. Quand il y a des risques aussi importants, le gouvernement doit prévenir la population.

b. Elle a dû renoncer à son projet immobilier à cause des risques importants d'inondation.

Comparez vos réponses avec celles du corrigé et comptez vos points.

Score : ... / 40

Compréhension orale

La main à la pâte
Je me souviens d'un élève...

Compréhension orale globale

1. **Qui est la personne qui parle ? Justifiez votre réponse.**

2. **De qui parle-t-elle précisément ? Comment est-il décrit ?**

3. **De quelle manière a-t-elle répondu à la question de Daniel ?**

4. **Quel est le sens pédagogique de cette histoire ?**

Compréhension orale détaillée

1. **Comment comprenez-vous l'expression « mettre la main à la pâte » d'où est tiré le titre de l'histoire ?**

2. **Répondez aux questions suivantes par vrai (V), faux (F) ou on ne sait pas (?)**

   a. Daniel obtiendra un jour le prix Nobel de physique.   V F ?

   b. Daniel aimait les mathématiques mais pas le français.   V F ?

   c. L'expérience se passe dans un collège.   V F ?

   d. Au collège, Daniel fait une scolarité normale.   V F ?

   e. Le texte explique ce qu'est « un ludion ». V F ?

Expression orale

1. **En français, un proverbe dit que : « C'est en forgeant qu'on devient forgeron. » Comment comprenez-vous ce dicton et qu'en pensez-vous ?**

2. **Que pensez-vous de l'idée d'enseigner des sciences aux enfants de 5 à 12 ans ?**

Compréhension écrite

Léonard de Vinci

Léonard naît en 1452 à Vinci, en Toscane. Il est le fils illégitime d'un notaire qui, sans le reconnaître, va lui donner une éducation soignée même si elle n'est pas très poussée. Son écriture, nette, sûre, élégante le prouve. Très tôt, Léonard montre des dons qui le conduisent dans l'atelier d'un maître, à la fois fondeur, sculpteur et peintre. Là, il est question autant de sciences : anatomie, mathématique, perspective, techniques hydrauliques et de fonte, que de formation artistique. En 1472, Léonard est inscrit à la corporation des jeunes peintres mais il est reconnu presque tout de suite comme ingénieur. Il est curieux de tout, presque maladivement curieux, ce qui le rend instable. En 1482, il part pour Milan pour être fondeur et sculpteur. En fait, il va se présenter comme un ingénieur capable de construire des ponts très légers et solides, des machines de guerre, des bateaux, des tunnels, des chars, des édifices, des aqueducs. Et c'est ainsi que désormais, il va gagner sa vie. Ce qui ne l'empêche pas de dessiner des fleurs, de faire de la géologie, de pratiquer des dissections pour concevoir des planches d'anatomie. De nombreux dessins attestent de ses capacités d'observation et de son inventivité. Dès 1494, il a des contacts avec des seigneurs de la Cour de France venus en Italie. Les conflits entre les puissants l'obligent à quitter Milan pour Mantoue, puis Venise. En 1502, il s'engage chez les Borgia, comme ingénieur militaire. De 1503 à 1506, il vit à Florence et gagne sa vie comme architecte militaire et hydraulicien. Dans le même temps, il s'est réinscrit à la corporation des peintres. En 1513, Léonard est appelé à Rome auprès du pape Julien de Médicis. Il y restera deux ans. Là, ce sont les San Gallo, plus patriciens que lui, qui obtiennent tous les grands chantiers. On ne confie à Léonard que des chantiers de moindre importance. Vexé, déçu, il accepte la proposition de François Ier. Le roi de France l'invite à s'installer en France en 1515. Désormais, on le consulte sur la consolidation des châteaux, sur l'assèchement des marais de Sologne et on lui confie l'organisation de fêtes dont le clou est souvent une « machine merveilleuse », faite de mécanismes et d'automates qui démontrent toute l'ingéniosité de Léonard. En mai 1519, il meurt au château d'Amboise.

Compréhension écrite globale

1. Léonard de Vinci appartenait-il à une famille noble ? Donnez deux justifications tirées du texte.

2. Que vous apprend ce texte sur la formation des jeunes gens à la Renaissance ?

Compréhension écrite détaillée

1. Que découvre-t-on grâce à l'écriture de Léonard ?

2. Quelle est la principale caractéristique du caractère de Léonard ?

Expression écrite

Vous rentrez d'un voyage en Italie au cours duquel vous vous êtes arrêté(e) à Vinci. Là, vous avez découvert tous les talents de Léonard de Vinci. Envoyez un e-mail (150 mots) à votre meilleur(e) ami(e) pour lui raconter cette découverte.

unité

5

Exprimer
ses sentiments

Les copains d'abord !

L'amitié

Ça fleurit comme une herbe sauvage,

N'importe où, en prison, à l'école,

Tu la prends comme on prend la rougeole

Tu la prends comme on prend un virage

C'est plus fort que les liens de famille

Et c'est moins compliqué que l'amour

[...]

1. **Écoutez la chanson une première fois. Lisez les phrases qui suivent. Réécoutez la chanson et cochez les phrases qui correspondent à ce que vous avez entendu.**
   a. L'amitié, c'est comme un cadeau du ciel, c'est un miracle. ☐
   b. L'amitié, c'est contagieux comme une maladie. ☐
   c. L'amitié, c'est malheureusement souvent à sens unique. ☐
   d. Un ami, c'est quelqu'un qui est là quand on a trop bu, quand on est ivre. ☐
   e. L'amitié, ça donne du courage pour toutes les batailles. ☐
   f. Un ami, c'est souvent mieux qu'un frère ou une sœur. ☐
   g. L'amitié, ça disparaît avec les années, quand on vieillit. ☐
   h. À un ami, tu peux emprunter de l'argent mieux qu'à une banque. ☐

2. **Voici les réponses à une question du sondage Le Pèlerin-Sofres (12-13 avril 2005). L'une des réponses est identique à une phrase de la chanson. Laquelle ?**
   Question : *Vous-même, jusqu'où iriez-vous pour protéger un ami* ?*

	oui	non	sans opinion
Prendre des risques, vous mettre en danger	79	20	1
Risquer votre vie	57	39	4
Trahir une femme ou mentir à une femme	36	60	4
Agir contre vos convictions	33	66	1
Mentir, faire un faux témoignage	32	65	3

* Les résultats sont donnés en pourcentage (%).

Attention ! (1) les personnes interrogées sont toutes masculines ; (2) plusieurs réponses étaient possibles.

3. **Que peut-on dire de cette question ? Que pensez-vous de ces réponses ?**

Phonétique, rythme et intonation

Le son [ʒ]

Écoutez et répétez.
   a. le courage : J'ai du courage.
   b. On partage : Jules et Georges partagent tout.
   c. Il a quel âge ? Il est très sage !
   d. Je cherche un siège en cuir sauvage.

Phonie-graphie

Un s ou deux s ?

Complétez.
C'est le seul carburant qu'on connai...e
Le vieillard y retrouve sa jeune...e
C'est la banque de toutes les tendre...es

Formulez vous-même la règle.
Pour avoir le son [s] entre deux voyelles...

L'amitié est à la mode

Toutes les enquêtes le disent : les Français souffrent de plus en plus de solitude. Ils ont donc tendance à valoriser à l'extrême, voire à idéaliser, l'amitié. Un ami, on peut tout lui dire ; avec lui, on peut être soi-même, on n'a rien à prouver… Et surtout, un ami, c'est le signe même de la liberté de choix. On entend souvent cette remarque : on ne choisit pas sa famille – on la « subit », mais mes amis, eux, je les ai choisis.

Nous recherchons bien sûr des amis qui nous ressemblent. Avec eux, c'est tout un mode de vie qu'on choisit, des codes communs, des goûts communs… Avec eux, on sait ce qu'on partage, ce à quoi on adhère et aussi, ce qui est peut-être plus important encore, ce que l'on rejette. Pas besoin de s'expliquer, on se comprend à demi-mot.

L'amitié est à la mode : l'amitié entre hommes, bien sûr qui a donné naissance à bien des mythes, Achille et Patrocle, Olivier et Roland, Montaigne et La Boétie, les westerns, les soirées foot… mais aussi et de plus en plus, l'amitié entre femmes. Comme pour tant d'autres domaines, elles investissent celui-ci : l'univers des copines est omniprésent au théâtre, au cinéma… et dans la vie de tous les jours.

Avant, dans les couples, on avait surtout des amis communs, on se recevait entre couples. C'est beaucoup moins vrai aujourd'hui : bien sûr on a des amis communs mais chacun(e) préserve quelques relations « privées », personnelles, qu'il s'agisse des amis d'« avant » ou non. Combien de fois un mari ou un copain entend-il : « Ce soir, je ne dîne pas là, j'ai un dîner de filles ! » Et il n'a rien à dire ! Sinon, il passerait pour un tyran domestique ! Et d'ailleurs, lui-même, il va bien aux matchs ou à la pêche avec ses copains !

Qu'est-ce qu'on trouve chez l'ami(e) qu'on ne trouve pas chez le conjoint ? L'humour, le rire, la légèreté, les confidences, disent-elles. La sincérité, la simplicité, la fidélité, une activité partagée, disent-ils.

« L'amitié, c'est beaucoup mieux que l'amour parce que c'est moins névrotique et que ça dure plus longtemps », conclut nettement Mélissa.

Compréhension écrite

1 Selon le texte, pourquoi l'amitié est-elle devenue si importante aujourd'hui ?

2 Comment comprenez-vous cette phrase : « Avec eux, on sait ce qu'on partage, ce à quoi on adhère et aussi, ce qui est peut-être plus important encore, ce que l'on rejette » ?

Expression écrite

1 Quelle différence feriez-vous entre un copain (ou une copine) et un(e) ami(e) ?

2 Selon l'auteur du texte, les amis – que l'on choisit – sont plus importants que la famille – qu'on « subit ». Quelle est votre opinion sur ce sujet ? Développez en une dizaine de lignes avec une phrase d'introduction, trois ou quatre phrases de développement et une phrase de conclusion.

Orthographe d'usage
Ça s'écrit avec un *j* ou avec un *g* ?

Rappel

a. La lettre j se prononce toujours [ʒ] : *Jacques, Jean, Joseph, Jules…*

b. La lettre g se prononce [ʒ] devant les voyelles e, i et y : *Genève, Gironde, la gymnastique, nous mangeons, il mangea, nous déménageons* et [g] devant les voyelles a, o et u : *la gare, le golf, Gustave.*

Attention !

gue → [g] : la langue, la bague, la guerre, la gueule…

gui → [g] : guider, le gui, la guitare, la guillotine, une anguille (mais une aiguille [egij])

Attention à gh → Ghislaine [ʒislɛn] mais pour les mots d'origine étrangère, gh [g] : le ghetto [geto], les spaghetti [spageti].

Manières de dire
• Être rond comme une bille (ivre)
• Un gars (un garçon, un homme)

Grammaire et orthographe grammaticale

Exercice

Transformez ces phrases comme dans l'exemple. Le relatif n'est pas toujours qui !

Mon ami Bertrand connaît tous mes secrets
→ *C'est le seul qui connaisse tous mes secrets.*

a. Il sait m'écouter.

b. Avec lui, je ne dois pas me surveiller, il me prend comme je suis.

c. Je peux le réveiller à n'importe quelle heure pour lui raconter mes problèmes.

d. J'ai toujours écouté ses conseils.

e. Il a toujours du temps pour moi.

C'EST LE SEUL, LA SEULE + RELATIF + SUBJONCTIF

*C'est le seul carburant qu'on connaisse
Qui augmente à mesure qu'on l'emploie.*

Pour marquer la subjectivité, on utilise le subjonctif après :
*C'est le seul... que...,
c'est l'unique... que,*
tout comme après les superlatifs :
*C'est la pièce la plus drôle qu'on ait vue depuis longtemps.
C'est le seul copain qui soit capable de me faire rire.
C'est la seule chose dont je sois fier.*

ATTENTION, OBSERVEZ CETTE CONSTRUCTION.

1. Avec mes amis, on sait **ce qu'on** partage. (partager quelque chose)
2. Avec mes amis, on sait **ce dont** on a besoin. (avoir besoin **de** quelque chose)
3. Avec mes amis, on sait **ce à quoi** on adhère. (adhérer **à** quelque chose)

ATTENTION À LA CONSTRUCTION ET AUX DIFFÉRENTS SENS DE *SINON*

1. *Il y a un pas qu'on ne franchit pas, **sinon** avec circonspection.*
   Ici, *sinon* se trouve en corrélation avec une proposition négative. Il signifie : *sauf, excepté.*
2. *À quoi sert un ami **sinon** à tout nous pardonner ?* Ici, *sinon* est en corrélation avec une proposition interrogative. Il signifie : *si ce n'est...*
3. Il peut introduire une restriction : *S'il a du temps, il visitera toute l'Europe **sinon** seulement la France.*
4. Avec le sens de : autrement. *Et il n'a rien à dire ! **Sinon**, il passerait pour un tyran domestique !*
   Très souvent, ce sens de ***sinon*** s'utilise dans un contexte de menace : *Finis tes devoirs **sinon** tu n'iras pas jouer.*

ATTENTION À NE PAS CONFONDRE *D'AILLEURS* ET *PAR AILLEURS*

Et il n'a rien à dire ! Sinon, il passerait pour un tyran domestique ! Et d'ailleurs, lui-même, il va bien aux matches avec ses copains. → Dans une argumentation, ***d'ailleurs*** apporte un argument supplémentaire pour appuyer une idée.

Par ailleurs (de plus, d'autre part) → Dans une énumération ou dans le déroulement d'un raisonnement, on introduit un nouvel élément. *Nous avons abordé la question des salaires. **Par ailleurs**, M. Valton a évoqué les conditions de travail dans son atelier.*

ORTHOGRAPHE GRAMMATICALE

Attention à la conjugaison. Observez.

Je choisis mes amis librement. – On choisit ses amis librement. – J'ai choisi de ne pas me marier. – Pierre, je l'ai choisi ; et lui, il m'a choisie : bref, nous nous sommes choisis mutuellement. – Mes copains, je les ai choisis. – Et mes copines aussi, je les ai choisies.

→ *choisi, choisie, choisis, choisies, choisit :* on entend la même chose ! Attention à la fonction des mots !

Civilisation

Qu'est-ce qu'un ami ?

QUESTION 1

Vous-même aujourd'hui, diriez-vous que vous avez de vrais amis de votre sexe ?**

Oui, j'en ai un avec qui je partage tout ou presque.	18
Oui, j'en ai plusieurs, avec qui je partage des choses différentes.	49
Non, je n'en ai pas vraiment.	16
Non, j'en ai eu mais je les ai perdus de vue.	16
Sans réponse	1

QUESTION 2

Vous, personnellement, combien de vrais amis avez-vous ?**

un	8
deux	8
trois	17
quatre	13
de cinq à neuf	22
dix et plus	16
aucun	4
ne se prononcent pas	2

QUESTION 3

Parmi les éléments suivants, quels sont ceux qui peuvent être un frein à vos amitiés ? (plusieurs réponses possibles)**

L'éloignement géographique	49
Le manque de temps	42
Les désaccords sur la façon de vivre	24
La vie de couple	21
Ne se prononcent pas	4

QUESTION 4

Pour qu'il existe une vraie amitié entre deux personnes, est-il nécessaire...** (plusieurs réponses possibles)

	oui	non	sans opinion
d'avoir des valeurs communes	68	32	
de s'être connus très jeunes	1	81	1
d'avoir le même âge	9	91	
d'être du même sexe	9	90	1
d'avoir la même situation familiale	8	92	
d'avoir le même niveau de revenu	7	93	

Sondage effectué auprès de 1 000 personnes selon la méthode des quotas. (Le Pèlerin – SOFRES – 12-13 avril 2005).
** Les résultats sont donnés en pourcentage (%).

Expression personnelle orale ou écrite

1. Que pensez-vous des questions posées ?

2. À votre avis, les réponses sont-elles sincères ? Justifiez votre réponse.

3. Si vous deviez répondre à ce questionnaire, que diriez-vous ?

4. Exercez-vous à réciter. Apprenez par cœur ces six vers de La Fontaine et récitez-les en respectant le rythme.

Qu'un ami véritable est une douce chose !
Il cherche vos besoins au fond de votre cœur
Il vous épargne la pudeur
De les lui découvrir vous-même
Un songe, un rien, tout lui fait peur
Quand il s'agit de ce qu'il aime.

La Fontaine, *Les deux amis*, 1678.

Toutes folles de lui : le monde des fans

Écoutez et répondez

1. **Les trois locuteurs parlent :**
   a. d'une émission de radio ☐
   b. d'une émission de télé ☐
   c. d'un article de journal ☐

2. **Cochez les noms que vous avez entendus.**
   a. Gérard Depardieu ☐   b. Lorie ☐
   c. Isabelle Adjani ☐   d. Mylène Farmer ☐
   e. Jacques Chirac ☐   f. Charles Aznavour ☐
   g. Claude François ☐   h. Mike Brant ☐
   i. Johnny Hallyday ☐   j. Michaël Jackson ☐
   k. Dalida ☐   l. Jean Reno ☐

3. **Réécoutez le document et repérez le
   (ou les) adjectif(s) synonyme(s) de :**
   a. fou, folle : ...   b. idiot, stupide : ...

4. **Quel résumé correspond exactement à ce
   que vous avez entendu ?**
   a. Trois collègues évoquent des souvenirs d'enfance :
      ils étaient tous fans d'une animatrice de télévision,
      Dorothée. Ils pensent que c'est une phase normale,
      un besoin d'identification.
   b. Trois collègues discutent du phénomène des fans.
      Ils ont du mal à comprendre comment on peut
      devenir fou pour un chanteur, un acteur...
   c. Pour ces trois collègues, le phénomène des fans
      est un peu difficile à comprendre, même s'il
      s'explique par un besoin d'identification.

🎧 Phonétique, rythme et intonation

Le rythme de la phrase

Écoutez et répétez.
a. Regarde, moi, quand j'étais petite,
   j'adorais Dorothée. *(rythme 2 / 1 / 4 / 6)*
b. Moi, ça m'étonne toujours, ces gens qui
   deviennent fous ou pour un chanteur ou
   pour un acteur. *(rythme : 1 / 5 / 5 / 5 / 5)*

🎧 Phonie-graphie

**Combien y a-t-il de manières
d'écrire ce que vous entendez ?
Écrivez-les.**
C'est Pierre...

Manière de dire
- **Un appart (un appartement)**
- **Drôlement (ici vraiment, absolument)**
- **Être aux anges (être fou de joie, très heureux)**
- **Le fric (familier) (l'argent)**

Lisez et écrivez

JEAN-PHILIPPE

un film de Laurent Tuel
avec Johnny Hallyday
et Fabrice Lucchini

Voici un film qui aurait pu s'appeler *La force du désir* ou *Prenez vos désirs pour la réalité*.

Fabrice, un cadre un peu médiocre, sans beaucoup de personnalité, a une passion sans limites pour Johnny Hallyday. Il est « fanissime », court à tous ses concerts et écoute jour et nuit les tubes[1] de son idole. Mais un jour, le drame arrive. À la suite d'une bonne cuite[2], Fabrice reçoit un coup sur la tête et se retrouve dans un monde parallèle, un monde obscur et angoissant où personne n'a jamais connu Johnny Hallyday, où même son nom ne dit rien à personne, bref, un monde où Johnny Hallyday n'a jamais existé. Il existe bien une idole du rock en France mais c'est un certain Chris Summer qui n'a rien à voir avec son idole chérie.

L'horreur ! Comment survivre ? Il ne reste à Fabrice qu'une chose à faire : recréer Johnny, l'inventer. Après quelques recherches, il rencontre un certain Jean-Philippe Smet[3] qui ressemble comme deux gouttes d'eau à la rock star mais qui, lui, n'est jamais devenu célèbre. C'est le patron d'un bowling, un brave type très peu « glamour ». Avec la passion des vrais fanatiques, Fabrice va mettre toute son énergie à transformer ce patron de bowling en Johnny Hallyday. Pas facile : il s'agit de refaire tout le parcours du chanteur qui, rappelons-le, a commencé sa carrière à seize ans et en a plus de soixante aujourd'hui. Pas facile, mais pour Fabrice, rien n'est impossible car l'enjeu est vital. Aussi, chanson après chanson, obstinément, il lui apprend tous ses succès et le pousse à devenir Johnny, à (re)conquérir son public, en commençant par les maisons de retraite ou les fêtes scolaires.

Ce film, qui se moque gentiment du monde des fans et joue finement sur la nostalgie, a reçu un accueil chaleureux et c'est mérité car c'est un film éminemment sympathique.

Johnny Hallyday jouant à contre-emploi son propre rôle est très convaincant, sa composition de patron de bowling un peu raté, un peu pataud[4] est vraiment parfaite ! Quant à Fabrice Lucchini, il joue les allumés[5] avec sa véhémence habituelle. Comme toujours, il est excellent.

Bref, un film qui devrait plaire à tous, aux inconditionnels de Johnny, bien sûr – ouf ! on n'a pas rêvé, il existe ! –, à ceux de Lucchini et à tous les autres.

Mathilde Brunner

---

1. **Un tube** (fam.) : un succès.
2. **Prendre une cuite** (fam.) : s'enivrer, boire trop.
3. **Jean-Philippe Smet** est le vrai nom de Johnny Hallyday.
4. **Pataud** : maladroit.
5. **Être allumé** (fam.) : excité, fou.

Compréhension écrite

Relevez tous les mots et les expressions montrant que la journaliste a apprécié ce film.

Orthographe d'usage

Les adjectifs en -*issime*

un élève nullissime, brillantissime

un diamant rarissime

il est richissime (mais *pauvrissime n'existe pas), célébrissime...

Cette terminaison exprime l'intensité : vraiment très nul, très brillant, très rare, très riche, très célèbre.

Attention ! Peu d'adjectifs acceptent ce suffixe. Si vous en fabriquez un (comme « fanissime »), mettez-le entre guillemets pour bien montrer que c'est un néologisme, un mot que vous avez créé, une invention.

Expression écrite

1 **Vous êtes un critique de cinéma. Vous avez détesté ce film. Reprenez les informations contenues dans ce texte et rédigez en dix lignes un commentaire très défavorable.**

2 **Rédigez une critique positive à propos du dernier film que vous avez vu. Reprenez l'organisation du texte :**

a. résumé du film ;

b. commentaire personnel.

Grammaire et orthographe grammaticale

Exercice 1

Mettez ces phrases à la forme absolument négative.

a. J'ai mangé quelque chose avant de partir.

b. Tout peut t'arriver !

c. Tout le monde connaît Johnny Hallyday ici.

Exercice 2

Répondez à la forme négative.

a. Vous avez rencontré quelqu'un d'intéressant ?– Non, …

b. Il vous a déjà dit quelque chose à ce sujet ? – Non, …

c. Tu joues quelquefois avec quelqu'un, à l'école ?– Non, …

L'EXPRESSION DE LA NÉGATION (3)

1. *Personne* et *rien* peuvent avoir plusieurs fonctions :

• sujets
  Rien n'est impossible.

• objets direct ou indirect
  Il ne connaît personne, il ne parle à personne.

• complément circonstanciel
  Je ne suis là pour personne. Ne va avec personne !

2. L'ordre des négations

• avec un temps simple
  Il ne dit jamais rien, il ne voit jamais personne.
  → *Rien* et *personne* : toujours en dernière position

• avec un temps composé
  Il n'a jamais rien dit, il n'a jamais vu personne.
  → *Rien* et *personne* : toujours en dernière position

Rappel : on peut avoir plusieurs termes négatifs à condition de ne pas utiliser **pas**.
Il n'a plus jamais rien dit à personne.
Je n'aimerai plus jamais personne.

⇒ Voir le Précis grammatical p. 134.

Exercice 3

**Réécoutez le document oral.
Dans ces phrases, que représente *ça* ?**

a. Elles connaissent ça par cœur. Ça fait rire sa mère, moi, je trouve ça nul.

b. Les psychiatres disent que c'est bien pour la construction du moi ou quelque chose comme ça. J'ai lu ça quelque part.

LE PRONOM DÉMONSTRATIF « ÇA »

À l'oral, on utilise beaucoup ce démonstratif « neutre ».

Attention, à l'écrit, il est préférable de l'éviter quand c'est possible.

Exercice 4

Dans ces phrases, quel est le sens de *certain* ?

a. Vous connaissez un certain Pierre Nadaud ?

b. J'accepte mais à certaines conditions.

c. On n'est jamais certain de rien dans la vie.

d. J'ai rencontré un certain nombre de problèmes.

ATTENTION À L'ADJECTIF « CERTAIN »

Il peut avoir des sens très différents.

1. *Tout seul, certain* (sûr, assuré)
  Je suis absolument certain de ce que je dis.

2. *Certain* + nom (expression d'une indétermination) :
  Il habite à une certaine distance de Marseille.
  (quelle distance exactement ? On ne sait pas)

3. *Un certain* + nom de personne (on parle de quelqu'un d'assez peu important) :
  Un certain monsieur X

ORTHOGRAPHE GRAMMATICALE
Adjectif verbal ou participe présent ? (1)

Observez la différence d'orthographe.
*Il est très **convaincant** (adj.) / L'orateur, **convainquant** son public (part. présent), a été très applaudi.*
*Votre comportement est **provocant** (adj.) / Les pluies ont été très violentes, **provoquant** des inondations dans tout le sud du pays (part. présent).*

Civilisation   Un monde de fans

Qu'est-ce qu'être « fan », au juste ? C'est peut-être tout simplement tomber amoureux. Mais pas de n'importe qui ! C'est tomber amoureux de quelqu'un qui est très connu et qui, lui (ou elle), ne vous connaît pas. Être fan conduit donc inexorablement à la frustration.

Pour le fan, la célébrité dont il s'est épris prend une très grande importance, il pense à elle, il est prêt à consacrer à sa passion beaucoup de temps, beaucoup d'argent.

Le rêve de tout fan est bien sûr d'approcher son idole, il va donc, si c'est un chanteur, aller à tous ses concerts et essayer, bonheur suprême, d'obtenir de lui un autographe, une photo dédicacée ou mieux encore d'être pris en photo avec lui. Il va se renseigner pour savoir où son idole habite, dans quel restaurant il déjeune, quels bars il fréquente...

Et quand enfin il l'aperçoit, le bonheur est si intense qu'il frôle parfois l'hystérie.

Bien que les médias, à travers certaines émissions de télévision, la presse people, les blogs sur Internet, bref à travers la multiplication des images, favorisent le développement de ce phénomène, il n'est pas nouveau. Qu'on se rap-pelle l'émotion provoquée par la mort de Rudolf Valentino ou par celle de Carlos Gardel. Ou, plus près de nous, la quasi-déification de James Dean ou d'Elvis Presley. Chose curieuse, il y a assez peu d'études en sciences sociales sur ce phénomène ; en revanche, plusieurs films se sont récemment intéressés à la question du vedettariat et de la « fan attitude ». *Podium*, par exemple, où le héros est un « sosie professionnel » de Claude François et finit par souffrir d'un dédoublement de personnalité. Un peu plus tard, *Emmenez-moi*, en 2005, évoque la passion dévorante et communicative d'un quinquagé-naire pour Charles Aznavour, qu'il finit par rencontrer, au terme d'un « *road movie* » mouvementé (et arrosé*) qui le mène de la grisaille du nord à Paris. Ou encore, plus récemment, le film d'Agnès Jaoui *Le Rôle de sa vie* qui analyse finement les drames que peut produire le désir obsessionnel de « hanter » une célébrité, de se glisser dans sa vie, au risque de perdre sa propre identité.

---

* **Arrosé** : les personnages boivent beaucoup tout au long de ce « pèlerinage ».

Expression personnelle orale ou écrite

1. **Cherchez sur Internet des informations concernant les fan clubs d'Elvis Presley et faites une synthèse de 15 à 20 lignes pour la revue française *Phosphore* qui s'adresse aux 15-25 ans. Le titre de votre article : « Elvis Presley n'est pas mort ! »**

2. **Dans votre pays, il existe sans doute un(e) artiste (chanteur/chanteuse, acteur/actrice) qui déchaîne la passion** des fans. De qui s'agit-il ? Comment se traduit cette *« fan attitude »* ? Développez en une dizaine de lignes.

3. **Vous, personnellement, êtes-vous ou avez-vous été à une certaine époque de votre vie fan d'une célébrité ? Si oui, racontez cette expérience. Si non, comment jugez-vous ce phénomène ?**

La planète sports

LE PÈRE : Bonjour.

MATHIEU : Bonjour.

LE PÈRE : Tu en fais une tête !
Qu'est-ce que tu as ?

MATHIEU : On a perdu.

[...]

1. **De quel sport est-il question ?
Donnez deux indices.**

2. **À votre avis, quel âge a à peu
près Mathieu ?**

3. **Que veut dire le père quand
il parle « d'hygiène de vie » ?**

Phonétique, rythme et intonation

Écoutez et répétez.

L'intonation d'envie
J'aurais adoré ça. La chance !

L'intonation d'admiration
C'est des dieux ces mecs-là. J'adore comment ils dribblent.
Ils sont extraordinaires. Trop fort !

Manière de dire

- En faire une histoire (exagérer)
- Tenir le coup (résister)
- C'est des bêtes (ce sont des surhommes, des héros)
- Trop fort (super, génial)
- Ce n'est pas rigolo (c'est fastidieux)
- Valoir le coup (être intéressant, passionnant)
- C'est des dieux (ce sont des génies, des champions)
- Un mec (fam.) (un homme)
- J'hallucine (je ne peux pas le croire)
- À la bonne franquette (simplement, sans faire de manières)

Lisez et écrivez

Du pain, un peu, des jeux, beaucoup

De quoi s'occupent les Français ? De quoi s'occupe le monde ? De gens qui courent et qui sautent sur la neige et la glace. De Rousseau à Flaubert, de Chateaubriand à Karl Marx – pour ne rien dire de Jules Verne –, beaucoup de grands esprits des siècles écoulés ont imaginé l'avenir que nous sommes en train de vivre. Aucun n'a prévu que des milliards d'hommes et de femmes vivraient par procuration les exploits physiques de champions de ski ou de saut. Les sports d'hiver n'existaient pas, la télévision n'existait pas – et c'est la conjonction de la télévision et du sport qui donne au monde moderne une de ses dimensions essentielles. Les jeux Olympiques d'hiver ont renvoyé à l'arrière-plan ce qui se passe en Russie, en Algérie, en France, partout. Au-delà des nationalismes, sur lesquels il s'appuie, mais qu'il dépasse pourtant, le sport est devenu la première, peut-être, des passions collectives de l'humanité.

(…)

La tradition olympique s'appuie aujourd'hui sur une technique triomphante. Toute une série d'industries sont liées aux jeux. Les courses automobiles de formule 1 servent l'ensemble de l'industrie automobile ; les champions de tennis sont transformés en publicités vivantes ; du tourisme à l'audiovisuel, en passant bien entendu par les fabricants d'articles de sport, les jeux Olympiques ont une signification économique. Ils drainent des millions et des millions. À l'époque de M. de Coubertin, les jeux Olympiques se passaient à la bonne franquette : les retombées étaient faibles. Aujourd'hui, grâce surtout aux liens avec la télévision, les Jeux prennent une dimension nationale et internationale. (…)

Comme la politique, la littérature et la guerre, le sport est devenu un spectacle. On a répété à satiété que le monde moderne a retrouvé la formule de la Rome impériale : *panem et circenses* (du pain et des jeux). Ce n'est qu'à moitié vrai. Le pain est réparti à travers la planète selon une inégalité révoltante : les uns en ont plus qu'il n'en faut, les autres en manquent cruellement. Les jeux, au contraire, sont distribués à travers le monde avec une générosité et une impartialité sans précédent. (…) Il n'est pas impossible que le sport soit l'idéologie d'un monde qui ne croit plus à rien. Les alpinistes, les descendeurs, les champions de bobsleigh sont les héros de l'inutile et les saints de l'absurde.

Jean d'Ormesson, « Les héros du monde moderne »,
Le Figaro Magazine, février 1992.

Compréhension écrite

1 **Que signifie « vivre par procuration » ? Donnez un autre exemple que celui du sport.**

2 **Comment l'auteur juge-t-il les « occupations » du monde ?**

3 **Il y a une contradiction entre le jugement de l'auteur sur le sport et la réalité du sport aujourd'hui. Quelle est-elle ? Comment peut-on la comprendre ?**

Expression écrite

1 **Ce texte a été écrit il y a plus de quinze ans.
Vous paraît-il encore d'actualité ? Justifiez votre réponse.**

2 **Qui était Pierre de Coubertin ? Renseignez-vous sur internet et faites une notice biographique.**

Grammaire et orthographe grammaticale

Exercice 1

Répondez aux questions en utilisant le pronom *en*.

a. Est-ce que vous connaissez des joueurs de foot ? – Non, …

b. Avez-vous eu de la chance dans votre vie ? – Oui, …

c. Vous vous souvenez de ce procès ? – Non, …

LE MOT « EN »

Rappel

- préposition, devant un nom :
  Ils sont transformés en publicités vivantes.
- pronom personnel COD, devant un verbe :
  Les uns en ont plus que les autres.
- pronom personnel CO indirect, devant un verbe :
  Les uns en manquent cruellement.

Exercice 2

Quel est le sens de ces phrases : acceptation, certitude, probabilité, obligation ?

a. Il sera sans doute là ce soir.

b. Il n'est pas impossible qu'ils soient à Paris.

c. C'est sans aucun doute la seule chose à dire.

d. Tu ne peux pas ne pas le recevoir.

e. – Un petit café ? – Ah ! Je ne dis pas non.

L'EXPRESSION DE LA NÉGATION (4)

- *Il n'est pas impossible que* (il est possible que) + subjonctif
- *Vous n'êtes pas sans savoir* (vous savez)
- *Je ne peux pas ne pas le faire* (je le fais, je suis obligé de le faire)

Rappel

sans doute (peut-être)

sans aucun doute (certainement)

➡ Voir le Précis grammatical p. 134.

Exercice 3

Mettez les verbes principaux au passé et accordez les temps.

a. J'apprends que vous ne serez pas là en mai.

b. Il dit que tu as caché son sac et qu'il sera en retard à cause de toi.

c. Elle pense que tu es capable de réussir et que tu peux devenir un grand champion.

d. Personne ne sait qu'il est venu et qu'il repartira bientôt.

LA CONCORDANCE DES TEMPS À L'INDICATIF

- Verbe principal au présent :
  Je sais que vous avez lu mon livre, que vous me comprenez mieux maintenant et que nous deviendrons amis un jour.
- Verbe principal au passé :
  Personne ne pensait que le sport prendrait une telle importance.

➡ Voir le Précis grammatical p. 131.

L'EXPRESSION DES SENTIMENTS : L'ADMIRATION

- Les verbes : admirer qqn ou qqch, avoir de l'admiration pour qqn ou qqch, s'enthousiasmer pour qqch, provoquer, soulever l'enthousiasme de qqn, applaudir qqn ou qqch, il est admirable que + subjonctif
- Les adjectifs : extraordinaire, enthousiaste, enthousiasmant, formidable, merveilleux : utilisés seuls ou dans une expression impersonnelle + subjonctif

  Attention ! les deux derniers ne peuvent pas être précédés de *très*.

ORTHOGRAPHE GRAMMATICALE
Accord sujet / verbe

Attention ! N'oubliez pas d'accorder le verbe avec le sujet même quand celui-ci est placé après le verbe.
De quoi s'occupent les Français ?

Civilisation L'abbé Pierre

Hiver 54 est un film de Denis Amar qui date de novembre 1989. Il raconte comment, pendant l'hiver de 1954, alors qu'il fait -20°C à Paris et -30°C dans certaines régions de France, les sénateurs ont refusé de voter les crédits pour la construction de « cités d'urgence ». Ces « cités d'urgence » sont l'idée d'un abbé, ancien résistant, ancien député, révolté par les inégalités sociales et les difficultés de logement rencontrées par tous les pauvres gens que la guerre et l'exode rural ont chassé de chez eux. Dans la nuit du 3 au 4 janvier 1954, une femme meurt de froid. L'abbé Pierre lance un cri sur les ondes de radio Luxembourg : « Mes amis, au secours ». Son appel déclenche ce que les journalistes appelleront « l'insurrection de la bonté » et pousse les pouvoirs publics à construire plus de logements sociaux. Il va provoquer en France et même en Europe un immense élan de générosité.

L'abbé Pierre, qui vit dans une vieille maison en région parisienne, y accueille des personnes en difficulté. Il a baptisé ce lieu « Emmaüs ». Après l'incroyable succès de son initiative, en janvier 1954, il fonde la Communauté des compagnons bâtisseurs d'Emmaüs. Toujours en activité, elle rassemble aujourd'hui une quarantaine de compagnons et trois responsables, aidés de très nombreux bénévoles. Elle vit, comme à l'origine, du ramassage et de la récupération de milliers d'objets revendus ensuite pour financer les différents projets des compagnons. Emmaüs International existe aujourd'hui dans de nombreux pays. Le principe n'a pas changé. Le but d'Emmaüs est d'« agir pour que chaque homme puisse vivre, s'affirmer et s'accomplir dans l'échange et le partage, ainsi que dans une égale dignité ». En 1984, l'abbé revient sur le devant de la scène pour dénoncer le manque de logements et d'hébergements d'urgence pour les plus démunis, les exclus de la croissance économique. Devenu une figure emblématique de la lutte contre toute exclusion, l'abbé Pierre subit la tyrannie de la notoriété. À 94 ans, en 2006, il a pris l'habitude de se retirer un mois sur deux pour prier et méditer. Ses apparitions médiatiques sont désormais, à chaque fois, des événements. L'abbé au béret basque et à la longue barbe est, année après année, l'une des personnalités les plus admirées des Français.

Expression personnelle orale ou écrite

Dès 1957, Roland Barthes dans *Mythologies* s'interroge : *« J'en viens à me demander si la belle et touchante iconographie de l'abbé Pierre n'est pas l'alibi, dont une partie de la nation s'autorise, une fois de plus, pour substituer impunément les signes de la charité à la réalité de la justice. »* Comment comprenez-vous cette phrase et qu'en pensez-vous ?

Des histoires d'amour...

Écoutez et répondez

Bonjour. Le sujet que nous allons aborder aujourd'hui dans notre émission *Français d'ici et d'ailleurs* est celui de ce qu'on appelle communément les « mariages interculturels » ou encore « mariages mixtes ». C'est une situation qui se généralise, qui se banalise, en raison bien sûr de la mondialisation.

Si l'on peut dire que toute union peut être considérée comme un défi, un « challenge », bref une aventure pleine de risques, c'est encore plus vrai pour les couples mixtes, qui sont confrontés à des obstacles bien spécifiques. Et c'est surtout vrai lorsque le couple s'installe dans le pays de l'un des conjoints.

Pourquoi ? Examinons ce premier cas de figure.

[…]

1. **Choisissez le titre qui convient le mieux au document que vous avez entendu.**
   a. Mariages mixtes : un vrai défi
   b. Comment réussir une expatriation
   c. L'éducation des enfants de couples mixtes

2. **Réécoutez le document, plusieurs fois si nécessaire, pour trouver le mot ou l'expression correspondant à :**
   a. habituellement, d'habitude, généralement, en général
   b. évidemment, bien sûr, bien entendu
   c. le contexte, l'environnement
   d. au début, au commencement

3. **Selon vous, que signifie « s'envenimer » ? Aidez-vous du contexte.**
   « Soyez tolérants, soyez compréhensifs, discutez avec votre conjoint avant que la situation ne s'envenime. »

Phonétique, rythme et intonation

La mise en relief, l'accent d'insistance

Écoutez et répétez.
   a. L'entourage quotidien, ce sera la famille de l'autre, les amis de l'autre, les collègues de l'autre...
   b. Il faut le plus tôt possible trouver un emploi.
   c. Vous devez maintenir dès la naissance les deux langues et les deux cultures.

Phonie-graphie

Quand / Quant à

Les deux mots se prononcent de la même façon : [kã] et, attention !, dans les deux cas, la liaison se fait en [t].
Quand ils sont arrivés [kãtilsõ...]
Quant au second cas de figure [kãto...]
(en ce qui concerne le...)

Orthographe d'usage
Les suffixes verbaux en *-asser* ou *-ailler* sont dépréciatifs ; leur connotation est négative : ils donnent une idée de lenteur, de laisser-aller
→ *traîner*, *traînasser* (ou traînailler) – *rêver*, *rêvasser*...

Manière de dire
- Un vœu pieux (un souhait peu réalisable)
- Une bouée de sauvetage (au sens figuré) (une aide précieuse)
- Ça tourne au vinaigre (ça tourne mal)

Témoignage de Laurence F

Bon, alors, voilà. Avec Antonio, on s'est rencontrés à Lille, en 1995. Au resto-U[1] ! Moi, je faisais une licence de lettres et lui, il venait de Valparaiso pour faire ici ses études d'ingénieur. Il était marrant, très gai, sociable, racontant plein d'histoires… Il m'a plu tout de suite. Je crois que ça a été réciproque. Et puis, c'était rigolo[2], lui très brun et super expansif, moi blonde, organisée, plutôt réservée. On se complétait bien. Bref, on s'est mariés l'année suivante. Mes parents le trouvaient un peu fou fou, un peu exotique mais ils l'aimaient bien. En 1999, quand il a fini ses études, on est rentrés au Chili. Moi, j'étais heureuse de voir du pays, de m'installer avec lui ailleurs qu'en France. Et lui, il était très content de rentrer.

Le problème, dès le départ, ça a été sa famille. Je ne peux pas dire qu'ils n'étaient pas sympas, ils étaient trop sympas. Ils ne cessaient d'appeler, à n'importe quelle heure, ils débarquaient à la maison, toujours adorables mais… enfin, je n'étais plus chez moi. Antonio, lui, était ravi : ensemble, ils passaient des heures à rigoler[3] et à parler de gens que je ne connaissais pas. Même chose avec ses copains. Ils allaient comme des ados[4] boire des bières dans des bistrots en refaisant le monde jusqu'à je ne sais quelle heure.

Moi, j'avais fini par trouver un travail à l'Alliance et le week-end, j'aurais bien aimé visiter le pays, aller à Santiago voir des musées… qu'on fasse quelque chose ensemble. Lui, il disait qu'il avait travaillé toute la semaine et qu'il avait envie de se reposer. Et il restait là, dans le jardin, à lire tous les journaux de la semaine qu'il n'avait pas eu le temps de lire, à traînasser jusqu'à midi sans même débarrasser son bol de petit déjeuner ! Et les cousines, les oncles, les copains, tout ça débarquait chez nous, quelquefois même à l'heure du déjeuner. Moi, je m'étais fait quelques amies françaises avec qui je m'entendais bien. On faisait du jogging le dimanche matin et des balades en sierra l'après-midi… le plus souvent sans Antonio qui trouvait toujours un prétexte pour rester à la maison. Heureusement que l'été, on rentrait en France : pour moi, c'était une bouffée d'oxygène ! Petit à petit, ma belle histoire tournait… pas au vinaigre, non, mais à la désillusion, plutôt.

Et ça ne s'est pas arrangé avec la naissance des garçons. Antonio les laissait tout faire, les grands-parents et les tantes les gâtaient horriblement ! Moi, je voulais qu'ils soient bien élevés et Antonio ne comprenait pas que j'essaie de leur inculquer un minimum de règles… Si jamais je les grondais, c'était toute une histoire ! Bref ! En un mot, nous nous sommes séparés à l'amiable en 2006. Moi, je suis rentrée à Lille avec les enfants. Lui, il est resté là-bas mais on est restés bons amis ; les enfants y vont pour les vacances d'été ; et lui, il vient les voir à Noël.

Forum Internet.

---

1. **Resto-U** : restaurant universitaire.
2. **Rigolo (fam.)** : drôle, amusant.
3. **Rigoler (fam.)** : rire.
4. **Ado** : adolescent.

Compréhension écrite

1 Les mots « moi » et « lui » reviennent à de très nombreuses reprises. Comment expliquez-vous cette répétition ?

2 *« Tout ça débarquait chez nous »…*
Comment comprenez-vous le mot « ça » ?

3 En quatre lignes, reformulez les raisons pour lesquelles cette histoire d'amour a échoué.

4 *« Je crois que ça a été réciproque. Et puis, c'était rigolo, lui très brun et super-expansif, moi blonde, organisée, plutôt réservée. »*
Justifiez l'emploi de ces deux temps.

Expression écrite

Dans le témoignage ci-dessus, nous n'avons qu'un « son de cloche », qu'un point de vue, celui de Laurence. Racontez leur histoire du point de vue d'Antonio.
« Bon, alors, voilà. J'étais en France pour faire mes études d'ingénieur… »

Grammaire et orthographe grammaticale

Exercice 1

Répondez en utilisant le verbe *laisser* et le pronom qui convient (plusieurs réponses possibles).

a. Mon fils de 7 ans veut aller à l'école tout seul. Que dois-je faire ? → …

b. Ma fille de 15 ans ne m'obéit plus. Donnez-moi un conseil. → …

CONSTRUCTION DU VERBE « LAISSER »

- Laisser quelqu'un faire quelque chose
  Laissez votre enfant se débrouiller tout seul.
  → Laissez-le se débrouiller tout seul

- Laisser quelque chose à quelqu'un
  Laissez un peu de liberté à votre enfant.
  → Laissez-lui un peu de liberté.

Exercice 2

Reformulez avec vos propres mots les expressions soulignées.

a. Quand il a compris son erreur, **il s'est fait très discret** !

b. **Je n'arrive pas à me faire à l'idée** que je ne le reverrai plus.

c. **Ne vous faites pas de souci** : tout ira bien !

LES DIFFÉRENTS SENS ET CONSTRUCTIONS DU VERBE « SE FAIRE... »

- Seul : *Vraiment, cette coiffure, je n'arrive à m'y faire (m'y habituer).*
- Avec un infinitif : *Il faut vous faire aider !*
  Je n'arrive pas à me faire comprendre.
- Avec un nom : *Je me suis fait des amis assez vite.*
- Avec un adjectif (plus rare) : *Il se fait vieux* (devenir)

Exercice 3

Dans ces phrases, *ne* est-il explétif ou réellement négatif ?

a. Pendant toutes nos vacances, c'était affreux : il n'a cessé de pleuvoir du premier au dernier jour !

b. S'adapter dans ce pays, c'était beaucoup plus difficile qu'elle ne le pensait.

c. Quel désordre ! Tu as intérêt à ranger ta chambre avant que je ne me fâche !

L'EXPRESSION DE LA NÉGATION (5)

Nous avons vu à la leçon 12 le cas du *ne* explétif. Nous en avons dans cette leçon deux autres exemples avec *avant que* et avec le verbe *craindre que*. *Discutez avec votre conjoint avant que la situation ne s'envenime…*

Attention !

Parfois, le *ne* tout seul a une valeur réellement négative. C'est le cas avec quatre verbes : ***oser, cesser, pouvoir et savoir.***
On ne cesse de le répéter.

Remarque : Ce *ne* est surtout utilisé en français soutenu.

Exercice 4

Cochez la phrase de même sens.

Écoute, Paul, si jamais tu arrivais avant moi, la clef est chez la concierge.

a. Paul n'arrive jamais avant moi. ☐

b. Je ne sais pas qui arrivera le premier. ☐

c. J'ai peur que Paul arrive avant moi. ☐

« JAMAIS » N'EST PAS TOUJOURS UN MOT TOTALEMENT NÉGATIF.

Observez.

Il est parti à jamais (pour toujours, définitivement)

Si jamais tu recommences, je vais me fâcher (si par hasard)

Avez-vous jamais vu quelque chose de semblable ! (déjà)

ORTHOGRAPHE GRAMMATICALE

Elle commence à manger ; j'ai fini de travailler ; j'ai fini par trouver un travail. Il sort après avoir travaillé.

Rappel

Après les prépositions *à, de, par, pour*… le verbe est à l'infinitif présent ou passé !

Civilisation   Les couples mixtes

Le nombre d'unions mixtes en France ne cesse de progresser

Le nombre global des mariages en France tend à diminuer sensiblement si l'on se réfère aux années 1960/1970, contrairement à celui des mariages mixtes qui, lui, n'a cessé de progresser, surtout dans la dernière décennie.

Entre 1994 et 2004, par exemple, alors que le nombre total des mariages passait de 224 562 à 220 649, celui des mariages mixtes connaissait une très forte hausse : 42 623 contre 23 336 dix ans plus tôt.

Ces mariages mixtes sont le plus souvent considérés positivement par les Français qui y voient un refus des communautarismes et une plus grande ouverture d'esprit que par le passé. Pour certains cependant, nostalgiques d'une France éternelle, d'une France « pure » qui, bien sûr n'a jamais existé, cette tendance à la mixité menacerait l'identité nationale. Ils vont même jusqu'à mettre en doute la réalité de tels mariages et à exagérer l'importance des mariages blancs*. Ils oublient que la nation française n'est pas « une » et qu'elle s'est construite tout au long des siècles à partir des différentes immigrations.

* Un mariage blanc est un mariage conclu seulement pour obtenir le droit de résidence, un « faux mariage ».

Nombres de mariages

	deux époux français	couples mixtes
1994	224 562	23 336
1996	251 158	24 046
1998	239 704	25 999
2000	256 787	34 585
2002	226 758	44 437
2004	220 649	42 623

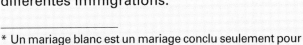

Expression personnelle orale ou écrite

1. Quelle est la position de l'auteur par rapport au phénomène qu'il décrit ?

2. Dans votre pays, les mariages mixtes sont-ils nombreux ? Développez en une dizaine de lignes.

3. Quel est votre sentiment par rapport à cette question ? Vous, personnellement, envisageriez-vous d'épouser quelqu'un appartenant à une autre culture que la vôtre ? Exprimez votre point de vue en un texte de douze à quinze lignes.

Bilan autocorrectif
grammaire et structures

1. Complétez les phrases suivantes avec la forme qui convient. ... /8 points

a. Aller travailler à l'étranger, *c'est ce qui / ce que / ce dont* il a toujours rêvé.

b. Vous savez, la politique, ce n'est pas *ce à quoi / ce dont / ce pour quoi* je m'intéresse le plus !

c. Les Bianchini, ce sont bien *ce chez qui / ceux chez qui / ceux chez quoi* vous avez habité l'an dernier ?

d. Les Brésiliens, voilà une équipe *avec quoi / avec lesquels / avec laquelle* il faudra compter !

2. Dans laquelle de ces trois phrases, *sinon* a-t-il le sens de *autrement* ? ... /4 points

a. Il n'a pas agi par méchanceté, sinon par maladresse.

b. Je voudrais une bière bien fraîche, sinon rien !

c. Il doit bien gagner 10 000 euros par mois, sinon plus !

3. *Ailleurs ? d'ailleurs ? par ailleurs ?* Complétez. ... /8 points

a. C'est un homme de moralité plus que douteuse ! Et ..., ses frères ne sont pas mieux que lui !

b. Ne reste pas là, à me tourner autour ! Va voir ... si j'y suis !

c. Il s'est ennuyé à la campagne ? Ça ne m'étonne pas, c'est un endroit vraiment perdu. ... il n'a jamais aimé la campagne !

d. Je vous suggère de développer un peu votre troisième partie, elle me semble un peu rapide. ..., votre conclusion est trop fermée : il faudrait ouvrir une perspective, engager le débat.

4. Quelle différence de sens faites-vous entre ces deux phrases ? ... /4 points

a. Ils se sont laissé soigner.

b. Ils se sont fait soigner.

5. Cocher la (ou les) phrase(s) où *ne* est réellement négatif. ... /8 points

a. Vous voulez bien me rendre ce service ? C'est vraiment adorable ! Je n'osais vous le demander !

b. L'appartement est plus grand que je ne le pensais ! Il a l'air petit mais en réalité, il y a de la place.

c. Je vous propose de dîner chez La Pérouse, à moins que vous ne préfériez aller ailleurs.

d. À notre grand regret, nous ne saurions donner suite à votre candidature. En effet, nos effectifs sont actuellement complets.

6. Adjectif verbal et participe présent. La prononciation est la même mais l'orthographe est parfois différente. Entourez la forme correcte. ... /4 points

a. Il a été insupportable, agressif, *provocant / provoquant* tout le monde, insolent...

b. Vous avez été très *convaincant / convainquant*, mon cher ami. J'accepte votre proposition.

c. L'orateur était extraordinaire, *communicant / communiquant* son enthousiasme à l'auditoire.

d. Elle éclata d'un rire *provocant / provoquant*.

7. Orthographe grammaticale. Complétez la forme verbale si nécessaire. ... /4 points

a. Vous avez déjà fini... de dîner ? Chez nous, l'été, on ne fini... jamais avant dix heures du soir.

b. Ça y est ? Alors, quelle robe avez-vous choisi... ? La bleue ? Vous avez raison, vous avez bien choisi...

c. Mon frère et moi, nous nous sommes fâché... cent fois et réconcilié... cent fois aussi !

d. Tiens, je t'ai rapporté... les documents que tu m'avais prêté... pour mon examen.

Comparez vos réponses avec celles du corrigé et comptez vos points.

Score : ... / 40

Vers le DELF

B1+

Compréhension orale

Compréhension orale globale

🎧 **Lisez d'abord les questions qui suivent, écoutez le document et répondez.**

1. **Quel est le but du document ? Cochez la bonne réponse.**
   a. Recruter de nouveaux écoutants. ☐
   b. Se faire connaître auprès des personnes suicidaires. ☐
   c. Faire appel à la générosité des donateurs. ☐

2. **Comment sont formés les écoutants bénévoles ?**

3. **Quelles sont les qualités nécessaires pour devenir écoutant bénévole ?**

Compréhension orale détaillée

🎧 **Lisez les questions, réécoutez le document et répondez.**

1. **À votre avis, quel est le titre de ce document ?**
   a. Mettre des maux sur ses maux
   b. Mettre des mots sur ses mots
   c. Mettre des maux sur ses mots
   d. Mettre des mots sur ses maux

2. **Donnez la bonne réponse.**
   a. L'association SOS Amitié a été créée
   1. en 1901 2. en 1960 3. en 1967
   b. En cas de nécessité, on peut
   1. seulement téléphoner 2. seulement téléphoner ou écrire 3. téléphoner, écrire ou venir à l'association.
   c. Cette association peut apporter une aide 1. médicale et psychologique 2. financière et morale 3. psychologique et morale.
   d. Les écoutants 1. donnent des conseils 2. n'ont pas le droit de dire un seul mot, ils écoutent seulement 3. laissent ceux qui appellent dire tout ce qu'ils veulent dire.

3. **Quelle différence faites-vous entre :**
   a. tous ceux qui ont mal
   b. tous ceux qui vont mal

4. **Repérez dans le texte les termes qui expriment une idée de souffrance, de malheur. Faites-en la liste.**
   – avoir mal, aller mal …

Expression orale

1. **Jeu de rôles (à jouer à deux). Vous voulez devenir écoutant bénévole. Vous avez posé votre candidature à SOS Amitié. Vous êtes convoqué à un entretien destiné à mesurer vos motivations et votre qualité d'écoute.**

2. **Décrivez et commentez cette photo. Que vous inspire-t-elle ?**

Sous un pont, à Paris.

Compréhension écrite

Lisez ce texte puis répondez aux questions.

Les vacances, toujours un luxe ?

Les congés payés, c'était une idée neuve en 1936. Deux semaines à être payé « sans rien faire », un rêve ! Cet été-là, grâce en particulier aux billets de congés annuels (40 % de réduction dans les trains), on vit 600 000 Français prendre la route des vacances et l'année suivante, pas loin de deux millions ! Souvent, c'était la première fois qu'ils voyaient la mer ou la montagne.

Depuis, les comportements ont changé, bien sûr, et l'on considère aujourd'hui que les congés payés (trois, puis quatre, puis cinq semaines annuelles) sont un dû. Il ne faudrait pas oublier cependant que partir en vacances n'est toujours pas, hélas, le lot commun. En effet, environ un tiers des Français ne partent jamais et toutes les générations sont touchées. Les difficultés financières sont la première cause de « non-départ » en vacances. Ceci concerne les sans-emploi, bien sûr mais aussi, parmi les actifs, les agriculteurs et les ouvriers qui sont ceux qui quittent le moins leur domicile (respectivement 60 et 52 % en 2004), alors que la quasi-totalité des cadres et plus des trois-quarts des professions intermédiaires le font. D'autres raisons existent, sociales ou psychologiques : pour ceux qui n'ont jamais pu quitter leur univers quotidien, partir peut être générateur d'angoisse.

Quant aux aides au départ, il en existe de nombreuses mais elles sont souvent insuffisantes et bien souvent inadaptées. Un exemple de cette inadaptation, le chèque vacances, qui touche six millions de personnes, ne concerne que les salariés (et encore, pas tous !), excluant donc les catégories les plus défavorisées (chômeurs, Rmistes*…).

Rappelons pour finir qu'il existe en France une loi, celle de 1998, sur « la prévention et la lutte contre les exclusions ». Dans son article 140, la loi donne comme objectif national « l'égal accès de tous tout au long de la vie, à la culture, à la pratique sportive, aux vacances et aux loisirs ».

Il faudrait que cet objectif, aussi noble qu'ambitieux, se traduise, au niveau de l'État, par des mesures concrètes.

---

* Rmiste : une personne qui touche le RMI, le revenu minimum d'insertion.

Compréhension écrite globale

1. **À votre avis, ce texte provient…**
Justifiez votre réponse.
   a. d'un quotidien régional
   b. d'une revue sociale
   c. d'un manuel de géographie.

2. **60% des agriculteurs ne partent pas en vacances. Pour quelles raisons (autres que financières) ?**

Compréhension écrite détaillée

1. **Compréhension d'un mot ou d'une expression grâce au contexte.**
À votre avis, quel est le sens de :
   a. *c'est un dû :* 1. c'est normal 2. c'est une obligation 3. c'est une grande chance

   b. *ce n'est pas le lot commun :* 1. ce n'est pas original 2. ce n'est pas un cadeau
      3. ce n'est pas partagé par tout le monde
   c. *la stagnation :* 1. l'augmentation 2. la diminution
      3. l'arrêt

2. **Quel est le sens de ces deux phrases ?**
   a. Ils ne sont toujours pas partis en vacances.
   b. Ils ne sont pas toujours partis en vacances.

Expression écrite

Dans votre pays, quelles sont les catégories sociales qui partent le moins en vacances ? Pour quelles raisons ? Existe-t-il des dispositifs permettant aux défavorisés de partir ? Faites un petit rapport de 12 à 15 lignes pour une revue sociale française.

Débattre
et argumenter

De nouvelles tours à Paris ?

unité 6

leçon 21

Écoutez et répondez

Extrait d'une discussion entre des représentants de diverses sensibilités politiques (Verts : écologistes ; PS : Parti socialiste ; UMP : Union pour un mouvement populaire) à propos des projets urbanistiques à Paris.

L'ANIMATEUR : Messieurs, mesdames, s'il vous plaît, un peu de silence. Messieurs ! Messieurs ! La parole est à Marc Noisel, groupe Verts. Monsieur Noisel, vous avez la parole.

M. NOISEL : Non ! Ni 100 m ni 150 ! Vous savez que nous sommes absolument opposés à la construction, dans Paris, d'immeubles de plus de 50 m de haut. C'est un vrai non-sens !

[...]

1. **Quel est le thème général de ce débat ?**

2. **Imaginez à quelle phrase pourrait répondre le début du document sonore :**
   « Non ! Ni 100 m ni 150 ! »

3. **Lisez les phrases qui suivent. Réécoutez le document puis répondez par vrai (V) ou faux (F).**
   a. Marc Noisel appartient au groupe écologiste.   V F
   b. M. Noisel félicite Mme Moulin
      pour son intervention.   V F
   c. Jusqu'à présent, aucune tour à Paris
      ne dépasse 37 m de haut.   V F
   d. Mme Moulin est proche du parti socialiste.   V F
   e. La décision de construire de nouvelles
      tours à Paris a déjà été prise.   V F

4. **Parmi les trois intervenants (M. Noisel, C. Moulin, Ph. Abel), qui argumente…**
   a. en évoquant la volonté de la majorité de Parisiens ?
   b. en prenant des exemples à l'étranger ?
   c. en agitant la menace d'une spéculation immobilière ?
   d. en menaçant d'organiser des marches de protestation ?

5. **Comment comprenez-vous l'expression**
   « C'est des cages à lapins que vous voulez ? »

Phonétique, rythme et intonation

La mise en relief

Écoutez et répétez.
a. Les Parisiens n'en veulent pas,
   de vos tours !
b. Personne n'en veut, de vos tours !

L'expression de l'ironie

Écoutez ces trois phrases. Laquelle est ironique et exprime le contraire de ce qui est dit ?
a. Ah ça bravo ! Félicitations !
   C'est vraiment intelligent !
b. Vraiment, félicitations, c'est très bien.
   Bravo !
c. Je vous adresse toutes mes félicitations.
   C'est vraiment très bien !

Pour communiquer
• **Vous avez la parole** (c'est à votre tour de parler)
• **Permettez !** (pour objecter qqch)
• **Je ne vous suis pas** (verbe suivre) (je ne suis pas d'accord)

Vers le Paris du XXIe siècle

Va-t-on construire à nouveau des tours dans Paris ? Il semble bien qu'une décision ait été prise, même si, à l'heure actuelle, tout doit être mis au conditionnel. Cet éventuel « retour aux tours » déclenche une véritable polémique au sein du Conseil de Paris, certains craignant de nouvelles tours Montparnasse (209 m de hauteur !), d'autres opposés à une architecture trop moderniste dans « la capitale du XIXe siècle », selon l'expression de Walter Benjamin. La majorité des Français restent attachés à leur rêve en matière d'urbanisme : une maison individuelle avec un bout de jardin autour.

Selon le nouveau PLU (plan local d'urbanisme), huit sites seraient concernés, tous situés sur le pourtour de la capitale, le plus souvent à la limite des périphériques, soit sur des friches industrielles, soit sur une zone ferroviaire, soit sur un ancien terrain militaire, autant de sites destinés à être réaménagés. Sur ces sites seraient construites des tours de 100 à 150 m de haut.

Points communs à ces huit sites : tout d'abord, ils sont tous situés hors de la zone historique, ce qui devrait rassurer tous ceux qui refusent que l'on touche à la « Ville Lumière » ; ensuite, ils disposent d'un large espace et d'un environnement peu dense, ce qui donne la possibilité de construire des bâtiments de prestige, bien espacés ; dernier point et non des moindres : tous ces sites se trouvent dans des secteurs très bien desservis en ce qui concerne les transports et sont proches des commerces, des établissements scolaires, etc.

Sur neuf autres sites, on envisage également la possibilité de construire des tours. Mais ces dernières ne devraient pas dépasser 50 m, équivalant à 17 étages.

Compréhension écrite

1 **Comment comprenez-vous la phrase :**
« *à l'heure actuelle, tout doit être mis au conditionnel ?* »

2 **Cherchez dans le texte un mot ou une expression de même sens que :**

a. un emplacement : ...

b. la périphérie : ...

c. tranquilliser : ...

d. projeter : ...

Expression écrite

1 **Dans votre pays, existe-t-il des règles d'urbanisme pour contrôler les nouvelles constructions dans les grandes villes ? Certains quartiers (centre historique, par exemple) sont-ils protégés ? Exposez la politique de la ville de votre pays en 10 lignes.**

2 **Rédigez un texte de 12 à 15 lignes favorable à la construction de tours de grande hauteur dans Paris, dont le titre serait : « Non aux villes musées ! »**

Manière de dire
• Remettre une question sur le tapis (parler à nouveau de qqch)
• On a déjà donné (on a déjà été victime, on a déjà été attrapé)

Orthographe d'usage
Attention à ne pas confondre *soit... soit* (qui exprime une alternative) avec *soi* (pronom tonique se référant à un sujet indéterminé : *on, chacun, personne, tout le monde*).
J'aimerais vivre soit en Thaïlande soit au Mexique.
À minuit, chacun est rentré tranquillement chez soi.

Grammaire du texte et vocabulaire

Vous avez peut-être déjà remarqué au cours de vos lectures que dans les textes français, il y a peu de répétitions. On les juge lourdes, peu élégantes et on cherche toujours à les éviter Pour y parvenir, il existe divers procédés de reprise (les anaphores).

a. Les anaphores grammaticales (pronoms personnels, adjectifs et pronoms possessifs ou démonstratifs) et lexicales (synonymes, équivalents, périphrases).
Les Parisiens sont opposés, en majorité, à la construction de nouvelles tours dans Paris.
***Ils** l'ont fait savoir au maire en 2003. **Celui-ci** a déclaré qu'il respecterait la volonté de ses administrés.*
***Huit sites seraient concernés** (...) Sur **ces sites** seraient construites des tours de 100 à 150 m de haut. (Sur **ces emplacements** – sur **ces lieux** – seraient construites des tours de 100 à 150 m de haut).*

*Sur 9 autres sites, on envisage également la possibilité de construire des tours. Mais **ces dernières** ne devraient pas dépasser 50 m.*

b. Les « anaphores conceptuelles » grâce auxquelles on peut reprendre une idée tout entière.
*Va-t-on construire à nouveau des tours dans Paris ? Il semble bien qu'une décision ait été prise, même si, à l'heure actuelle, tout doit être mis au conditionnel. **Cet éventuel « retour aux tours »** déclenche une véritable polémique.*

c. Attention au verbe **faire** : il peut, lui aussi, remplacer un autre verbe ou même toute une idée, une phrase, un paragraphe.
*Comme le **faisaient** jadis les rois de France, chaque président de la Vᵉ République a voulu laisser sa marque dans la pierre.*

Exercice 1

Dans ce texte, que représentent les éléments soulignés ?

Élections : la gauche et la droite crient toutes deux victoire, cette dernière se référant aux derniers résultats publiés. La gauche conteste la régularité des votes, comme elle l'avait déjà fait lors des élections précédentes. Rappelons qu'à cette époque, la victoire de la droite s'était jouée à quelques centaines de voix et que l'étroitesse de cette marge avait rendu le pays quasi ingouvernable. Il a finalement été décidé de procéder au recomptage des bulletins de votes. Cette opération, longue et délicate, laisse penser que nous n'aurons de résultats définitifs que dans quatre à cinq jours.

Exercice 2

En quoi ces deux phrases sont-elles ambiguës ?

a. Marco a retrouvé Nick au *Café des sports*. Il lui a demandé s'il pouvait lui prêter de l'argent. Il n'en avait pas.

b. Il a demandé à sa colocataire de faire le ménage. Il ne l'avait jamais fait.

Attention aux différents sens et aux constructions du verbe « manquer »

a. Cette semaine, votre fils a manqué trois fois (manquer : être absent).

b. Zut ! J'ai oublié l'heure et j'ai manqué le match de foot à six heures (manquer quelque chose : rater).

c. On manque d'espace à Paris (manquer de : il n'y a pas assez).

d. Henri est absent depuis trois mois ; il manque beaucoup à sa petite amie qui pleure tous les jours (manquer à quelqu'un : le faire souffrir parce qu'on est absent).

Le participe présent et l'adjectif verbal (2)

Comparez.

a. *Le maire de Paris a obtenu un résultat presque équivalent (semblable) à celui de 2003.*

b. *Ces tours ne devraient pas dépasser 50 m, équivalant (qui équivaut) à 17 étages.*

La prononciation est la même. Mais le participe présent a toujours une terminaison en -*ant*. Ce n'est pas toujours vrai pour les adjectifs verbaux : une vingtaine d'entre eux se termine par -*ent* (influent, différent, négligent…).

Civilisation — Les présidents de la Vᵉ République et les grands travaux

Comme le faisaient jadis les rois de France, chaque président de la Vᵉ République a souhaité laisser sa marque soit dans le paysage urbain, comme De Gaulle et l'aéroport de Roissy, soit dans la pierre. Cette habitude toute régalienne* surprend souvent les étrangers et irrite certains Français qui y voient le signe d'un « ego » démesuré des gouvernants et traitent ces réalisations de dépenses extravagantes et inutiles.

Si Georges Pompidou a hélas favorisé le « tout voitures », il a néanmoins mis en chantier le Centre Beaubourg. Mais il est mort avant d'en voir la réalisation et c'est Valéry Giscard d'Estaing qui l'a « baptisé » (il se nomme désormais « Centre Pompidou »). Étrange retour des choses : Giscard a choisi le projet du musée d'Orsay et décidé de transformer les abattoirs de la Villette en Cité des Sciences mais c'est son successeur, François Mitterrand, qui a inauguré

ces deux sites, sans cependant leur donner cette fois le nom de l'ancien président.

C'est au cours des quatorze ans de « règne » de François Mitterrand que la politique des grands travaux a connu un essor spectaculaire : la Pyramide du Louvre, la Géode, la Grande Arche de la Défense, l'Institut du monde arabe (IMA), l'opéra Bastille, la Bibliothèque nationale de France (appelée aussi bibliothèque François Mitterrand)... On remarquera que la plupart des monuments « mitterrandiens » correspondent à des formes géométriques très épurées.

Quant à Jacques Chirac, son nom restera attaché au musée du quai Branly (appelé parfois aussi musée des Arts premiers) qui a ouvert au public à l'été 2006 et a suscité des éloges, aussi bien sur le plan architectural qu'en ce qui concerne les collections.

_____

* **régalien** : issu de l'autorité royale.

Expression personnelle orale ou écrite

1. Remettez sous chacune des photos sa légende.

   a. L'architecte sino-américain Pei a souvent dit que j'étais sa plus belle réussite, son « enfant chéri ».

   b. Je termine avec élégance l'axe historique qui part du Louvre, passe par la Concorde, suit les Champs-Élysées jusqu'à l'Arc de Triomphe...

   c. La prison n'existe plus, les ébénistes du faubourg ont presque tous disparu mais de là-haut, l'ange est toujours là et me surveille.

   d. Sur mes flancs arrondis passent les nuages. Dedans, vous pourrez voir des images extraordinaires.

   e. J'étais autrefois une gare mais il y a de ça des années...

2. Parmi ces cinq monuments, lequel préférez-vous ? Indiquez vos raisons.
   1. la Pyramide du Louvre ; **2.** le musée d'Orsay ; **3.** la Géode ; **4.** la Grande Arche de la Défense ; **5.** l'opéra Bastille.

3. Pourquoi le mot « règne » est-il entre guillemets ?

Tu es où là ?

Sonnerie de portable n° 1

STAN : Salut Benoît. Tu es où là ?

[…]

1. **Qui sont Benoît et Manu ?**

2. **Stan les considère-t-il de la même manière ? Justifiez votre réponse.**

3. **Pourquoi Benoît appelle-t-il ?**

4. **Travaillez par trois. Jouez les scènes. L'un dit les répliques de Stan, un autre celles de Julie et le troisième imagine les répliques des différents interlocuteurs. Changez ensuite de rôle.**

Phonétique, rythme et intonation

Écoutez et répétez.

L'intonation de l'ennui
Oui, mais pas longtemps, on est pressés. Bon, je te les apporte demain.
Ah ! Maman, là je peux pas te parler.

L'intonation de l'intérêt
Ah Manu ! Comment tu vas ? Tu veux que je vienne avec toi ? Ok, pas de problème.

Phonie-graphie

Ne confondez pas *voir* et *voire* (et même).

Manière de dire

• **Merde !**
(très fréquent en français, tout le monde le dit).

C'est un « gros mot » qui ponctue une mauvaise nouvelle, une maladresse, un oubli et qui est une injure lorsqu'on le dit en réponse à quelqu'un.

Les portables : enfer ou paradis ?

Les TIC (technologies de l'information et de la communication) ont envahi notre existence. Utiliser un courriel, un mobile, une webcam nous donne l'impression d'être plus rapides, plus efficaces, voire plus intelligents. Pour plus de 90 % des Français, internet est le symbole de la modernité, du progrès, de l'ouverture sur le monde et le téléphone mobile l'invention la plus géniale de la fin du xxᵉ siècle. Ce dernier supprime l'absence et nous permet de rester « connectés » à ceux qui nous sont chers. Les amants ne sont plus jamais séparés, les parents savent toujours (en principe !) où se trouvent leurs enfants, le cadre surchargé de travail est toujours en relation avec son bureau. Le téléphone mobile a radicalement changé nos relations professionnelles et notre rapport aux autres. Grâce à lui, on peut aujourd'hui joindre n'importe qui, n'importe où, n'importe quand. On pourrait croire que le règne de la communication permanente est arrivé.

Or, loin de rapprocher les gens, comme le disent les opérateurs, le portable a détruit tout contact réel entre eux. La voix, les mots (surtout ceux des textos) ne remplacent pas la présence ni la sincérité d'un regard ou d'un geste. Considéré comme un moyen d'être toujours en contact, le téléphone mobile se révèle à l'usage comme un moyen de se dérober au contact. Ainsi, le portable nous offre-t-il non seulement la possibilité de nous isoler des personnes qui sont à côté de nous, mais il nous dispense aussi d'aller rendre visite à nos interlocuteurs. Autrement dit, avec le portable, nous avons bien souvent des illusions de relations au lieu de liens véritables. Sans compter les mensonges qu'il permet puisqu'il est impossible, contrairement au téléphone fixe, de savoir où se trouve la personne avec qui on parle. D'où le fameux « t'es où là ? » qui introduit presque toutes les communications et auquel on peut répondre par les plus gros mensonges.

Par ailleurs, s'il a une utilité réelle dans certaines circonstances, le téléphone portable développe souvent des conduites impolies en public, dangereuses en voiture. Paradoxalement, il développe l'individualisme. Finalement, comme pour tout, ce qui compte ce n'est pas l'objet lui-même mais la manière dont on s'en sert.

Compréhension écrite

1 **Quel est le paradoxe lié à l'usage du téléphone portable ?**

2 **Quel est le sens des parenthèses « (en principe !) », « (surtout ceux des textos) » ?**

3 **Quelle est la valeur du conditionnel « *on pourrait croire arriver…* » ?**

4 **Reformulez cette phrase : « *Loin de rapprocher les gens, le portable a détruit tout contact réel entre eux.* »**

Expression écrite

1 **Quelles sont, selon vous, les circonstances où l'utilisation d'un téléphone mobile est indispensable ? Décrivez-les.**

2 **Devant l'usage inconsidéré des téléphones mobiles, les pouvoirs publics ont dû prendre des mesures : obligation d'éteindre les téléphones dans les hôpitaux, les cinémas et les théâtres, dans le train, au volant, etc. Qu'en pensez-vous ?**

3 **Vous devez établir une charte du « bien téléphoner ». Quelles recommandations feriez-vous à toute personne qui se sert d'un téléphone mobile dans la vie de tous les jours ?**

Grammaire du texte et vocabulaire

LA STRUCTURE DU TEXTE ARGUMENTATIF

Un texte argumenté commence par une introduction qui présente en termes généraux le sujet et se termine par une conclusion qui reprend les arguments principaux. Entre les deux, il y a le développement qui approfondit et organise les différents arguments. Pour marquer les grandes étapes du développement, les principales articulations de l'argumentation, on utilise des termes logiques (connecteurs) qui indiquent la stratégie argumentative suivie par l'auteur. Celle-ci peut se fonder sur :

– une suite d'arguments introduits par : *d'abord, d'une part ; ensuite, d'autre part, par ailleurs, de plus, en outre ; enfin, finalement ;*

– un raisonnement par déduction, un rapport de cause à effet : *donc, c'est pourquoi, par conséquent, ainsi, d'où, etc. ;*

– un raisonnement concessif (*certes … mais*) ou une opposition (*or, cependant, néanmoins, pourtant, mais,* etc.).

À l'intérieur de chaque grande partie du développement, les différents arguments ou exemples avancés sont reliés également par des connecteurs qui peuvent exprimer : un ajout (*aussi, également, en outre, en plus, par ailleurs*), une reprise (*autrement dit, en d'autres termes…*), une explication (*en effet*), un rapport de cause (*parce que, puisque,* etc.), de conséquence (*si… que, donc, par conséquent, ainsi, d'où*) ou de concession/opposition (*or, cependant, pourtant, mais*), etc.

La conclusion est presque toujours introduite par un terme ou une expression comme : *bref, en résumé, pour conclure,* etc.

Attention, certains connecteurs peuvent avoir des sens un peu différents : *or* (toujours suivi d'une virgule) peut exprimer une opposition, voire une contradiction.
Le mobile est un outil de communication, or, il diminue les contacts réels entre les gens.

Il veut parfois dire aussi : « il se trouve que » et introduit une nouvelle information :
Je venais de m'acheter un nouveau portable, or, on me l'a volé dans le métro hier.

Exercice 1

Relisez le texte de la page 115 et répondez aux questions.

1. Retrouvez l'organisation du texte : introduction, développement des arguments et conclusion. Où se trouve l'articulation principale du texte ? Quelle signification a-t-elle ? Par quel autre mot pourriez-vous la remplacer ?

2 Relevez tous les termes servant à désigner le téléphone mobile.

Exercice 2

Mettez ces paragraphes dans l'ordre pour retrouver le texte initial.

a. Car, s'il est évident que ces technologies favorisent les échanges, leur utilisation à outrance a des effets nocifs sur notre santé.

b. Comment alors garder ces outils à notre service sans tomber dans leurs pièges ?

c. La France compte aujourd'hui 38 millions d'usagers du téléphone mobile. Pour plus de 90 % des Français, internet symbolise la modernité. À tort et à raison.

d. En effet, une enquête a révélé que les TIC ont accéléré le rythme du travail et engendré des situations de stress plus importantes chez les employés.

ORTHOGRAPHE GRAMMATICALE

Le mot *cher*

– adjectif : il s'accorde avec un nom. *Les portables sont cher (= coûteux).*

– adverbe : il est invariable. *Les portables, ça coûte cher.*

Attention : au masculin, on ne met pas d'accent sur le « e ».

Civilisation   Dites-le avec le pouce !

S'ils avaient à choisir, 90% des adolescents français préféreraient envoyer des messages écrits grâce à leur téléphone (les SMS, *short message service* ou textos) plutôt que de parler de vive voix. Mais ils ne sont pas les seuls à privilégier ce mode de communication. 78% des Français de 18 à 24 ans sont « accros » aux SMS et 80% des moins de 45 ans jugent que c'est la fonction la plus utile de leur téléphone. Pour Marc, 35 ans, grand voyageur, c'est un moyen de communiquer qui ne dérange pas les voisins et qui n'est pas soumis aux aléas du voyage (tunnels, absence de réseau, etc.). Ceux qui utilisent les textos pour des raisons professionnelles apprécient la concision des messages « on va droit au but, on gagne du temps et de l'argent ». Ces messages servent surtout à fixer ou à changer un rendez-vous, à donner une adresse, une référence, etc. Mais, contrairement à ce que pourrait laisser penser ce côté pratique du texto, ce n'est pas comme message utilitaire, encore moins professionnel, qu'il est le plus utilisé. Il sert essentiellement dans les relations amicales, familiales et amoureuses. À travers lui, on reste en contact permanent avec ses proches, son réseau d'amis, sa famille. Par lui passent des déclarations d'amour, des mots tendres, toute une affectivité qui ne se dirait pas autrement. Le texto est le message des timides, de ceux qui n'osent pas dire leurs sentiments. Il a aussi un langage qui soulève la colère des puristes : écriture phonétique, lettres ou chiffres qui remplacent des syllabes. On dirait des rébus ! Ceux que cela révolte se moquent d'une expression qui ne permet ni subtilité ni profondeur. D'autres y voient inventivité et humour. Les adolescents se retrouvent autour d'un langage commun, d'une « écriture code » qui cherche à en dire le plus tout en écrivant le moins. Ils excellent dans la rapidité et l'agilité du pouce. Le moindre temps mort est prétexte à tapoter les touches de leur mobile.

Expression personnelle orale ou écrite

1. Reliez le texto et sa traduction.

a.	BJR	1.	Je suis énervé(e).
b.	A2m'1	2.	Qu'est-ce que tu fais ?
c.	KOA2 9 ?	3.	Bonjour.
d.	G la N	4.	J'en ai marre.
e.	J'sui NRV	5.	À tout à l'heure.
f.	G f1	6.	À demain.
g.	Kestufé ?	7.	Pas de problème.
h.	Je V O 6né	8.	Quoi de neuf ?
i.	AD TALEUR	9.	J'ai faim.
j.	PDP	10.	J'ai la haine.
k.	Jenémar	11.	Je vais au cinéma.

2. Existe-t-il des abréviations de ce type dans votre langue ? Donnez des exemples.

3. Retrouvez les motivations des utilisateurs de textos. Qu'en pensez-vous ?

4. À votre avis, pourquoi le texto a-t-il un tel succès dans les relations personnelles ?

5. Pensez-vous que la généralisation des textos soit un danger pour la langue française ?

Que savez-vous sur l'Europe ?

Écoutez et répondez

1. **Bien des Français sont incapables de dire si les affirmations suivantes sont vraies ou fausses. Et vous ?
   Écoutez ces douze affirmations sur l'Europe et répondez par vrai (V) ou faux (F)
   Comptez une étoile par bonne réponse.
   Regardez les réponses.
   Combien avez-vous d'étoiles ?**

2. **Parmi ces sigles, lesquels avez-vous entendus ?
   TGV – SNCF – RER – OTAN –
   ONU – LMD – SOS.**

3. **Vous avez entendu deux noms de capitales européennes. Lesquels ?**

Phonétique, rythme et intonation

Écoutez et répétez.
a. ... b. ... c. ... d. ...

Manière de dire
- **Une seule et même** (formule d'insistance).
- **Une marée noire** (une pollution de la mer par des hydrocarbures).

Corrigés : 1. F L'UE est créée en 1992, par le traité de Maastricht. Avant, il s'agit de la CEE (Communauté économique européenne). **2.** V. **3.** F Il y a actuellement 20 langues officielles dans les institutions de l'Union. **4.** V. **5.** F. Les 12 étoiles ne représentent aucun pays mais sont le symbole d'un cercle parfait. **6.** F Ce sont deux instances distinctes. La Commission est une sorte de gouvernement. Le Conseil agit comme un Conseil de ministres. **7.** F Il n'y a pas de supranationalité. **8.** V. **9.** F. Cette ligne n'existe pas. **10** V. **11.** V. L : licence ; M : master ; D : doctorat. **12.** F C'est le nom d'un programme qui propose aux jeunes de 18 à 30 ans d'effectuer un stage de 3 à 7 mois au sein d'une entreprise étrangère. Le stage est accompagné d'une formation linguistique. **13.** F. 482,9 **14.** F L'hymne européen c'est la musique de la 9ᵉ symphonie de Beethoven. **15.** V. Le 9 mai 1950, la « déclaration Schuman » lance la construction européenne.

Un vrai débat : où s'arrête l'Europe ?

Le continent européen n'existe pas en tant qu'unité physique. Si l'on considère les frontières naturelles, ce qu'on appelle l'Europe est « délimité » par le Caucase et l'Oural à l'est, la Méditerranée, la mer Noire , les détroits du Bosphore et de Gibraltar au sud et l'océan Atlantique à l'ouest. Ce vaste territoire est appelé l'Eurasie par les géographes. Historiquement et juridiquement, les frontières des pays ont sans cesse bougé au cours des siècles. Comment donc, aujourd'hui, choisir où s'arrêtent les frontières de l'Union européenne ?

Prenons un exemple : Chypre et la Turquie (voir carte p. 121).

L'île de Chypre est située à 85 km de la Syrie et à 400 km des îles les plus orientales de la Grèce. Par sa géographie, elle appartient donc au Proche-Orient. Devenue indépendante en 1960, l'île se divise bientôt en deux : au sud la république de Chypre et sa communauté grecque (environ 600 000 habitants), entrée dans l'Union européenne le 1er mai 2004 et au nord la république turque de Chypre Nord (environ 300 000 habitants) qui attend que la Turquie entre dans l'Union pour y entrer à sa suite.

Une Turquie qui a, dès 1952, fait partie de l'OTAN et ensuite est entrée au Conseil de l'Europe. Tout naturellement, en 1963, elle propose sa candidature à la Communauté économique européenne (CEE), ancêtre de l'Union, sans que cela soulève le moindre débat.

Quarante ans plus tard, l'adhésion de la Turquie à l'Union européenne divise la classe politique française et les Français eux-mêmes. Les réticences ne manquent pas. Le pays est peuplé de plus de 73 millions d'habitants, ce qui le situe entre l'Allemagne (83 millions) et la France (63 millions). Avec son taux de natalité actuel, il pourrait être le plus important de l'UE en vingt ans, s'il y était intégré. Il est économiquement et démocratiquement inégalement développé. Son intégration pèserait donc sur l'Union, arguent les uns ; « La Turquie n'est pas en Europe » avancent, en outre, d'autres qui considèrent que tout ce qui est à l'est du Bosphore appartient à l'Asie. Par ailleurs, s'ajoute la peur de flux migratoires massifs, une fois acquise l'adhésion turque. Enfin, l'idée que l'Europe ait un jour une frontière moyen-orientale inquiète. Mais rétorquent les « pour », l'Europe ne doit pas devenir « un club chrétien ».

La Turquie patiente depuis son dépôt officiel de candidature, en 1987. En décembre 2004, celle-ci a été acceptée et le 3 octobre 2005 ont commencé les négociations d'adhésion.

Compréhension écrite

1 Pourquoi les frontières des pays européens changeaient-elles autrefois ?

2 Pourquoi la Turquie peut-elle devenir le pays le plus peuplé d'Europe ?

3 Si la Turquie n'est pas en Europe, où est-elle ?

4 Avec quels pays ou régions la Turquie a-t-elle des frontières communes ?

Expression écrite

1 Vous intéressez-vous à la géopolitique en général ? Justifiez votre réponse.

2 Quelle que soit votre réponse à la question précédente, comprenez-vous les débats qui agitent les Français à propos de la Turquie ?

Orthographe d'usage
Ne confondez pas un état (une façon d'être) et l'État (un pays), toujours avec une majuscule.

Grammaire du texte et vocabulaire

• Un texte ou un discours argumentatif a pour objectif de transmettre des idées mais aussi de convaincre un interlocuteur. Pour cela, on utilise des arguments et des exemples qui s'opposent à d'autres arguments et à d'autres exemples.

Voici des expressions pour introduire les exemples : *je ne citerai qu'un exemple, un exemple suffira, je voudrais citer un exemple, je prendrai l'exemple de...*

• Certains verbes indiquent que l'on n'accepte pas l'argument de quelqu'un :

– *rétorquer que* : répondre par l'argument contraire, riposter que (en disant que...) ;

– *répliquer* : répondre brutalement ;

– *objecter que* : apporter une preuve contraire ;

– *arguer que* : utiliser une information comme argument.

Ces verbes sont suivis de l'indicatif.

D'autres verbes sont suivis d'un nom, comme :

– *contredire qqn, démentir qqch* : s'opposer à qqn en disant le contraire de ce qu'il dit ;

– *contester qqch* : refuser d'admettre qqch ;

– *réfuter qqch* : refuser un argument en disant qu'il est faux.

Monsieur, vous dîtes que l'Union européenne est une garantie de croissance économique pour tous les pays, je vous réponds (rétorque, réplique) que c'est la garantie d'un chômage croissant.

Au contraire, si vous êtes d'accord avec qqn ou qqch, vous pouvez utiliser des verbes comme :

– *admettre, approuver* + nom :
J'admets tout à fait vos arguments. J'approuve votre initiative.

– *reconnaître que* + ind. :
Je reconnais que vous avez raison sur ce point.

On est en plein débat, chacun défend son point de vue et essaye de persuader l'autre qu'il a raison. Très souvent et de manière astucieuse, on commence par accepter les idées adverses avant de les réfuter (concession + réfutation).

Exercice 1

Divisez le groupe en deux et organisez un débat sur l'intérêt des pays d'une même région de se regrouper. Chacun apportera un argument (illustré et étayé) pour défendre sa position.

Attention, ne confondez pas une opinion , exemple : « moi, je suis pour le regroupement de différents pays » et une argumentation « je suis pour parce que..., sauf si..., etc.

Exercice 2

Complétez ce texte par des articulateurs logiques : *à l'encontre de, au lieu de, contre, loin de, malgré.*

La France n'a cessé de travailler à la construction de l'Europe... les difficultés internationales et les divergences internes. Aujourd'hui... être rejetée, l'idée européenne est reprise par l'ensemble des partis. Les Français ont compris qu'... de vivre repliés sur eux-mêmes, ils devaient s'ouvrir aux autres. Le processus d'unification de l'Europe est si bien engagé qu'il est désormais impossible d'aller... cette évolution.

Il ne s'agit plus d'être pour ou ... l'Europe mais de se poser la question : quelle Europe ?

Si et un pronom

Attention :

– Si + il(s) → s'il(s)

– Si + elle(s) → si elle(s)

– Si + on → si on

Civilisation

La construction européenne

Pendant des siècles, les territoires européens ont été un champ de bataille continuel. Plus particulièrement, jusqu'au xve siècle, la France s'est battue contre les Anglais, puis, à partir du xixe siècle contre les Allemands. À la fin de la Seconde Guerre mondiale, des hommes d'affaires et des hommes politiques, comme Jean Monnet et Robert Schuman se sont rejoints pour dire « plus jamais ça » et réfléchir au moyen d'apporter une paix durable aux pays européens.

Cette paix, ils veulent la garantir par des intérêts économiques communs. De là, naîtra l'idée d'un marché commun le 9 mai 1950 (date officielle et commémorative de la naissance de l'Europe). Six pays participent au projet : l'Allemagne, le Bénélux, la France et l'Italie.

Ensuite, l'Europe ne fait que s'agrandir.

1973 ❭ adhésion du Danemark, de l'Irlande et du Royaume-Uni.

1981 ❭ la Grèce

1986 ❭ l'Espagne et le Portugal

1995 ❭ l'Autriche, la Finlande et la Suède

2004 ❭ arrivée massive de dix nouveaux pays : Chypre, Estonie, Hongrie, Lettonie, Lituanie, Malte, Pologne, Tchéquie, Slovaquie, Slovénie.

2007 ❭ la Bulgarie et la Roumanie d'entrent dans l'Union.

L'Europe compte 482,9 millions d'habitants, loin devant les États-Unis (300 millions) mais très loin derrière la Chine (1,295 milliard) et l'Inde (1,057 milliard).

Comment les Européens vont-ils faire pour vivre ensemble quand on sait que :

– si on s'embrasse beaucoup en France, c'est très mal vu en Finlande, en Allemagne ou en Tchéquie.

– si on conduit à droite en France, c'est le contraire à Chypre, à Malte, en Irlande et en Grande-Bretagne.

– si les piétons n'empruntent pas (toujours) les passages pour traverser la rue en France, c'est très mal vu en Suède, en Belgique et en Allemagne.

Expression personnelle orale ou écrite

1. Quels pays se cachent dans le Bénélux ?

2. Quel pays scandinave n'a pas adhéré à l'Union ?

3. Que pensez-vous de l'Europe, comme idée, comme réalisation ?

Qu'est-ce que le bonheur ?

Écoutez et répondez

L'ANIMATEUR : Vous vous souvenez de Bernard Pivot qui terminait toujours son émission « Apostrophes » par des questions comme : « Qu'est-ce que le bonheur parfait pour vous ? » Eh bien, ce soir, j'aimerais juste que vous, qui avez très simplement accepté de participer à ce débat sur le moral des Français, vous nous disiez quelles sont, selon vous, les principales composantes du bonheur ?

[…]

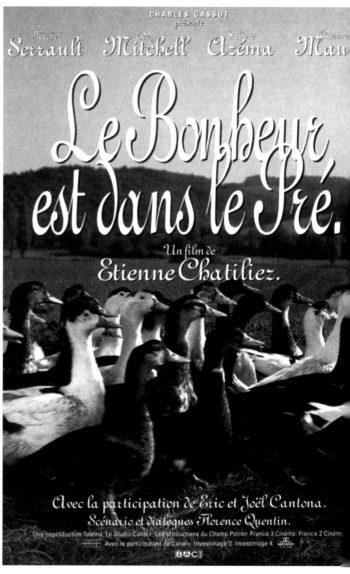

1. **Relevez toutes les composantes du bonheur citées dans la conversation. Il y en a une qui n'est pas mentionnée. Laquelle ?**

2. **Les idées suivantes sont-elles exprimées ?**
   a. Le bonheur se mérite.   oui   non
   b. On a tous le droit au bonheur.   oui   non
   c. Le bonheur est un état d'esprit.   oui   non
   d. Le bonheur est une course-poursuite incessante.   oui   non
   e. Le bonheur est une affaire de politique.   oui   non
   f. Le bonheur est dans l'ignorance.   oui   non
   g. Le bonheur n'est pas de ce monde.   oui   non

3. **à la fin de la discussion, l'animateur s'écrie : « *Sur ce cri du cœur, je vous dis bonsoir.* »
   Que signifie cette expression ?**

Phonétique, rythme et intonation

Écoutez et répétez.
a. L'amour, l'amour !
b. Pas forcément !
c. Et qu'est-ce que vous faites de la liberté ?
d. Et d'être au chômage, alors vous croyez que c'est être libre ?

Phonie-graphie

Écoutez et écrivez.
a.... b. ... c. ... d. ...
Que remarquez-vous ?

Manière de dire
• Tomber à l'eau (ne pas se réaliser)

Le bonheur, une idée neuve

Au moment de la Révolution française (1789-1794), les révolutionnaires, généreux et utopistes, revendiquaient le droit au bonheur pour tous. « Le bonheur est une idée neuve en Europe », disait Saint-Just. Un bon siècle et quelques guerres plus tard, le philosophe Alain ne croit plus à la dimension collective du bonheur. C'est, selon lui, une affaire privée, mélange de stoïcisme et d'épicurisme. Pour le premier, seule la révolution était capable de fonder un ordre absolument nouveau, garantie du bien commun. Pour le second, seul « est heureux celui qui cultive son jardin », c'est-à-dire celui qui se préoccupe de lui et de son entourage immédiat.

Faut-il penser qu'avant 1789, les Français ne connaissaient ni douceur de vivre ni plaisirs de l'existence ? Bien sûr que non ! Si tous n'étaient pas heureux, loin de là, tous pensaient qu'il pouvait y avoir une vie heureuse sur terre (et pas seulement au ciel !). Aussi, à intervalles irréguliers, émeutes et jacqueries* les jetaient-elles dans des révoltes, sans rien changer à l'organisation de la société.

Mais Saint-Just n'avait pas tort : le bonheur dont il parlait était un bonheur collectif favorisé par une politique au service de tous, conception tout à fait nouvelle en Europe alors.

D'abord réduire les inégalités ; remplacer les privilèges de la naissance et de la fortune par une égalité civile donnée par la loi.

Ensuite remédier aux malchances, aux accidents de la vie par une aide de l'État. Ainsi, personne ne serait abandonné à un triste sort.

Le bonheur grâce aux lois alors ?

À l'époque d'Alain (1868-1951), les monstruosités de l'Histoire (« avec sa grande hache » disait l'écrivain Georges Pérec) ont considérablement dévalorisé les utopies révolutionnaires et affaibli la confiance dans les lois.

___
* Jacqueries : révoltes paysannes.

Compréhension écrite

1 **Qui est désigné par « le premier », « le second » ?**

2 **De qui est la remarque entre parenthèses (et pas seulement au ciel) ?**

a. de Saint-Just

b. d'Alain

c. de l'auteur du texte

3 **À quelle croyance renvoie cette remarque ?**

4 **On écrit souvent le mot « Histoire » avec un grand »h » quand il désigne les événements collectifs qui arrivent à tout un peuple. Comment comprenez-vous l'ironie de Georges Pérec quand il dit : « L'Histoire avec sa grande hache » ?**

Expression écrite

1 **Donnez un autre titre à ce texte.**

2 **Après avoir cherché dans le dictionnaire leur définition, donnez un exemple de stoïcisme et d'épicurisme quotidiens.**

3 **Expliquez la différence de conception du bonheur entre Saint-Just et Alain.**

4 **Quelle conception du bonheur soutenez-vous ? Celle de Saint-Just ou celle d'Alain ou une autre ?**

Grammaire du texte et vocabulaire

LES CONNECTEURS LOGIQUES

Les connecteurs *ainsi* et *aussi* peuvent avoir deux sens différents.

- Placés en tête de phrase ou avant le verbe, ils indiquent la conséquence et peuvent entraîner une inversion du sujet :

  – *aussi* : donc, c'est pourquoi
  Il avait oublié de la prévenir, aussi n'a-t-elle pas pu se rendre à la cérémonie.

  – *ainsi* : donc, par conséquent
  Les mères portaient les petits sur leurs épaules, ainsi pouvaient-ils voir tout le spectacle.

- Placés après le verbe, ils indiquent un ajout ou un exemple et n'entraînent pas d'inversion du sujet :

  – *aussi* : également
  J'ai lu Voltaire et je connais aussi les œuvres de Rousseau.

  – *ainsi* : par exemple, comme
  Pendant les travaux, les grands magasins seront fermés, ainsi les Galeries Lafayette ne rouvriront qu'en septembre.

MODALISATION ET CONNOTATION

– Les verbes *pouvoir* et *devoir*, le mode conditionnel, des expressions comme *peut-être* permettent d'atténuer, de modaliser l'expression d'une opinion.

– Par des adjectifs, des suffixes, des termes positifs ou négatifs, on peut connoter (ajouter du sens) un propos.

Exercice 1

Dans le texte (p. 123), quel est le sens de *aussi* et *ainsi* ?

Exercice 2

Le texte (p. 123) contient des articulations chronologiques. Relevez-les.

Exercice 3

À partir de ces éléments, rédigez un texte à la 1ʳᵉ personne en y ajoutant 8 articulations logiques différentes (de temps, de cause, de conséquence, de concession...) :

a. stage de perfectionnement de ski réussi : diplôme de moniteur de ski obtenu → job dans les Alpes, vacances de Noël.

b. argent gagné → inscription au permis de conduire. Pas de voiture pour le moment. Pas nécessaire à Paris. Déménagement prévu à Montpellier à la rentrée prochaine, voiture utile ; beaucoup d'affaires à transporter, université loin du centre ville. Tramway existe / voiture plus pratique, surtout le soir : sorties avec amis.

Exercice 4

Essayez de rendre ces 4 phrases plus claires en évitant les répétitions.

a. Un jeune homme de 20 a été sauvé de la noyade par un ami : il a sauté du pont Mirabeau tout habillé.

b. Le bonheur, le malheur : on en cherche toujours un et on en fuit toujours un.

c. La jeunesse et la vieillesse sont contradictoires : elle peut mais ne sait pas ; elle sait mais ne peut plus.

d. Le philosophe et le poète disent la même chose mais le philosophe écoute sa raison, le poète écoute son cœur.

LES TERMES DE REPRISE (2)

L'un, l'autre ; le premier, le second ; celui-ci, celui-là sont des termes de reprise (des anaphores) qui permettent à un auteur de développer son récit sans se répéter et sans ambiguïté.

ORTHOGRAPHE GRAMMATICALE

Le verbe post-posé

Observez : – *Il nous a dit : « J'arriverai demain. »*

– *« J'arriverai demain », nous a-t-il dit.*

Quand le verbe introducteur est post-posé, il y a toujours une inversion du sujet.

Rappel : dans ce cas le « t » est une lettre euphonique (Voir leçon 6).

Civilisation — Le bonheur selon l'ONU

L'ONU a défini douze conditions sans lesquelles aucun homme ne peut être heureux :

➤ une ration quotidienne de 2500 à 4000 calories.

➤ une batterie d'ustensiles de cuisine par famille.

➤ un jeu de trois ensembles de vêtements et de trois paires de chaussures pour chacun.

➤ 100 litres d'eau pure par jour

➤ un abri d'au moins 6 mètres carrés par personne offrant une protection adéquate contre les intempéries.

➤ une scolarisation d'au moins six ans par enfant et l'alphabétisation complète des adultes.

➤ un récepteur radio par famille.

➤ un téléviseur pour 100 habitants.

➤ une bicyclette par famille.

➤ dix médecins et 50 lits d'hôpital pour 100 000 habitants, plus 10 dollars de médicaments par personne et par an.

➤ du travail pour subvenir aux besoins de la famille.

➤ une protection sociale pour les malades ou les handicapés et les vieillards.

Expression personnelle orale ou écrite

1. Pensez-vous que cette définition soit celle du bonheur ?

2. Interrogés par l'Institut de sondage IPSOS pour le magazine Ça m'intéresse les Français ont classé du 1er au 12e rang, ce qui les rend heureux :
1. une famille unie 2. des enfants 3. une bonne santé 4. l'amour 5. les amis 6. les loisirs 7. un bon travail 8. Faire du sport 9. l'argent 10. s'occuper de soi 11. la foi 12. avoir un passe-temps.
Ils ont aussi classé ce qui leur manquait le plus pour être parfaitement heureux :
1. de l'argent 2. du temps 3. des enfants 4. se rendre utile 5. l'amour 6. un meilleur logement 7. un travail intéressant 8. une vie de couple épanouie 9. des amis 10. pouvoir parler avec quelqu'un 11. un emploi 12. trouver la foi.
Et vous ? Feriez-vous les mêmes classements ?

3. Que pensez-vous de ces phrases ?
Pour l'auteur de Snoopy, Charles Schulz : *« Le bonheur, c'était un plat de frites supplémentaires »* et pour l'écrivain Jules Renard : *« Ce n'est que le silence du malheur »* ? *« Le malheur des uns fait le bonheur des autres »* ; *« On ne fait pas le bonheur des gens malgré eux »*.

1. Dans ce texte, le sujet est « un homme ». Soulignez toutes les anaphores (grammaticales ou lexicales) de « un homme ».

... / 7 points (1/2 point par bonne réponse)

Les voyageurs entre la Belgique et l'Allemagne ont subi beaucoup de retard et de perturbations le week-end dernier : un homme, 27 ans, est tombé du train Bruxelles-Bâle. Il tentait d'échapper à un contrôle policier, samedi après-midi, à la hauteur de Zouftgen, sur la frontière luxembourgeoise. À l'approche d'un policier qui lui demandait d'ouvrir ses bagages, il a saisi un pistolet qu'il transportait dans sa valise. Le jeune homme a entraîné le policier à l'arrière de la voiture, sous la menace de son arme ; il a tiré plusieurs coups de feu. Une bagarre a suivi entre lui et le policier, mais celui-ci n'a pu empêcher ce voyageur suspect de tomber sur la voie par la fenêtre. Les policiers ont découvert une quantité importante d'armes dans les bagages du mort. Ce dernier faisait partie d'un réseau international, et il était sous surveillance policière depuis de longs mois.

2. Quel est le rapport logique exprimé dans ces phrases ? ... / 14 points

a. Comme tout le monde connaît mon ami Théo, il est inutile que je vous le présente.

b. Tout le monde connaît mon ami Théo, il est donc inutile que je vous le présente.

c. Bien qu'il soit un artiste exceptionnel, plein de talent, il n'a pas le succès qu'il mérite.

d. Nous ne bougerons pas d'ici jusqu'à ce que nous ayons les résultats de l'examen.

e. Au cas où la pluie continuerait de tomber, la population serait évacuée.

f. Il n'en fait qu'à sa tête, il a tout perdu, pourtant je l'avais prévenu.

g. Éteignez vos portables dans le train afin de ne pas gêner vos voisins.

3. Remettez les paragraphes suivants dans un ordre logique afin de constituer un texte cohérent. ... / 8 points

a. Et pourtant, beaucoup d'entre elles sont bénéfiques.

b. On considère généralement les erreurs de manière négative.

c. Par exemple, dans le domaine scientifique, c'est souvent grâce à elles que les savants ont fait leurs plus belles découvertes.

d. En effet, on pense souvent qu'elles sont un obstacle à la vérité.

4. Classez par ordre croissant de modalisation les trois phrases suivantes : ... / 3 points

a. C'est vrai que M. Dorémy ne chante pas toujours parfaitement juste. Il pourrait peut-être envisager de changer de passe-temps.

b. M. Dorémy chante faux. Il faut qu'il change de passe-temps.

c. M. Dorémy chante abominablement faux. Il ne devrait pas être permis de chanter quand on chante comme cela.

5. Retrouvez dans ce texte, six adjectifs, un adverbe et un nom à connotation négative. ... / 8 points

Au bout de la rue Guénégaud, lorsqu'on vient des quais, on trouve le passage du Pont-Neuf, une sorte de corridor étroit et sombre qui va de la rue Mazarine à la rue de Seine. Ce passage a trente pas de long et deux de large, au plus ; il est pavé de dalles jaunâtres, usées, descellées, suant toujours une humidité âcre ; le vitrage qui le couvre, coupé à angle droit, est noir de crasse. Par les beaux jours d'été, quand un lourd soleil brûle les rues, une clarté blanchâtre tombe des vitres sales et traîne misérablement dans le passage. Par les vilains jours d'hiver, par les matinées de brouillard, les vitres ne jettent que de la nuit sur les dalles gluantes, de la nuit salie et ignoble.

Émile Zola, *Thérèse Raquin*, 1867.

Comparez vos réponses avec celles du corrigé et comptez vos points.

Score : ... / 40

Compréhension orale

Interview de Mme Paratti, psychologue pour enfants

L'ANIMATEUR : Madame Paratti, bonjour, vous êtes ici en tant que psychologue, spécialisée dans la petite enfance et vous allez nous éclairer sur un débat qui agite tous les Français depuis plusieurs mois : «Peut-on faire passer des tests à de jeunes enfants pour prévoir lequel ou lesquels seront délinquants plus tard ? » D'abord pouvez-vous nous rappeler l'origine de toute cette affaire ?

Compréhension orale globale

1. Quel est le sujet de la discussion ?

2. Quels sont les groupes de personnes qui s'opposent ?

3. Qu'est-ce qui vous semble être l'intérêt majeur de la psychologue ?

4. Le journaliste partage-t-il l'opinion de la psychologue ?

Compréhension orale détaillée

1. La psychologue interrogée est très critique et ironique à l'égard du projet de l'INSERM. Relevez les mots qui le montrent.

2. À votre avis, « prévenir » signifie ici :

   a. arriver avant ; b. empêcher ; c. dépasser.

   « prédire » signifie ici :

   a. dire l'avenir

   b. dire du mal de quelqu'un

   c. parler le premier

3. À votre avis, pourquoi la psychologue dit-elle « entre 24 et 36 mois » et non « entre deux et trois ans ».

Expression orale

1. On constate, dans les écoles en France, que de plus en plus de jeunes enfants sont agités et parfois violents. Quelles peuvent être, à votre avis, les raisons d'un tel comportement ? Est-ce aussi le cas dans votre pays ?

2. Que pensez-vous de la proposition de l'INSERM ?

3. Par deux : un étudiant joue le rôle d'un médecin de l'INSERM qui a participé à cette expertise ; un autre joue le rôle de madame Paratti. Le professeur arbitre le débat.

Compréhension écrite

Compréhension écrite globale

1. La création du musée du quai Branly est-elle le résultat d'un large consensus ? Justifiez votre réponse par une phrase du texte.

2. Quels sont les deux points de vue qui s'opposent concernant les objets exposés ?

3. Quel peut être l'intérêt d'un tel musée dans l'avenir ?

Compréhension écrite détaillée

1. Le musée du quai Branly est-il le seul musée, à Paris, à porter un nom de lieu ?

2. Pourquoi le terme « arts primitifs » peut-il paraître ambigu ?

Compréhension écrite

Lisez ce texte puis répondez aux questions.

« Les fleurs fragiles de la différence* »

Inauguré par le président Jacques Chirac le 20 juin 2006, le nouveau grand musée de Paris, le musée du Quai Branly, est dédié aux arts et civilisations d'Afrique, d'Asie, d'Océanie et des Amériques. Il regroupe les collections de l'ancien musée de l'Homme et celles du musée des arts africains et océaniens, ancien musée des Colonies. Il a vu le jour après bien des débats et des controverses. Fallait-il, en effet, exposer tant d'objets, d'origine parfois douteuse, souvenirs volés aux anciens territoires de l'empire au moment où la fille d'André Breton restituait volontairement aux Indiens Kwa kwaka waks un masque de cérémonie qui était à son père, où l'Italie rendait à l'Éthiopie l'obélisque d'Axoum ?

La difficulté à nommer ce musée est un symptôme du même malaise : « Musée des arts premiers » ? « Musée des arts primitifs » ? Ces noms pouvaient laisser supposer une hiérarchie entre les arts, ce qui est absurde. Il fut aussi proposé « Musée des civilisations » ou « Musée des arts non blancs », ce dernier nom étant celui qui aurait été le plus fidèle à l'esprit de ses créateurs. Faute de consensus, la dénomination « musée du Quai Branly » est celle qui s'est imposée. Ce n'est pas une première. Pour beaucoup de Parisiens, le Centre Pompidou c'est Beaubourg,

du nom de l'ancien quartier sur lequel il s'élève.

Il reste à ce nouveau musée à jouer, sur la scène internationale, un rôle de médiateur post-colonial entre les civilisations.

En attendant, les objets, témoins de « ces fleurs fragiles de la différence » que sont les civilisations, se découvrent selon la curiosité du visiteur : seuls, dans une approche esthétique qui pour la première fois met sur le même plan la Joconde et le masque africain ou accompagnés de cartels plus didactiques qui précisent leur fonction, dans une approche universitaire, ethnologique et anthropologique. Plus loin, des écrans multimédias offrent la possibilité de situer géographiquement l'œuvre et d'en comprendre sa fonction. Devenus chefs-d'œuvre du patrimoine mondial, ils resteront sans doute encore longtemps au cœur du débat : sont-ils là parce qu'ils signifient quelque chose dans l'histoire de l'humanité ou parce que les Occidentaux, leur ont donné une dimension esthétique qui a inspiré des créateurs du xxe siècle, comme Picasso, Braque, Brancusi, Léger et tant d'autres ? Est-il possible de réconcilier les deux points de vue ? Le musée du Quai Branly aura à le démontrer.

---
* Claude Lévi-Strauss.

Expression écrite

1. **La restitution des objets « volés » vous paraît-elle légitime ? Justifiez votre réponse.**

2. **Pourquoi, à votre avis, Lévi-Strauss appelle-t-il les civilisations « les fleurs fragiles de la différence » et qu'est-ce qui les menace ?**

3. **Si l'on vous donnait la possibilité de créer un musée, qu'aimeriez-vous montrer et de quelle manière ?**

Le précis
GRAMMATICAL

**Ce précis grammatical développe les points de grammaire
relevés dans la troisième page de chaque leçon
et complète les précis grammaticaux de *Festival 1* et *2***

I. Autour du verbe

1. Les valeurs des temps de l'indicatif
   - **a. Le présent de narration**
   - **b. Le futur prospectif**
   - **c. Le passé simple**
2. La concordance des temps à l'indicatif
3. Le mode infinitif
4. Les verbes semi-auxiliaires
   - **a. Vous en connaissez déjà certains**
   - **b. Les verbes se laisser et se faire**
   - **c. Les sens du verbe devoir**
   - **d. Les sens du verbe pouvoir**
5. Les accords sujet-verbe
   - **a. Aux temps simples**
   - **b. Aux temps composés**
   - **c. Les participes passés irréguliers**
   - **d. Les cas d'accords particuliers**
6. L'interrogation indirecte.
   Discours direct / discours rapporté
7. L'expression de la négation

II. L'expression du neutre

III. Les circonstances du récit

1. L'expression du temps
2. L'expression de la cause
3. L'expression de la conséquence
4. L'expression du but
5. L'expression de l'opposition et de la concession
6. L'expression de l'hypothèse et de la condition
7. L'expression de la comparaison
8. Attention à quelques connecteurs logiques
   - **a. d'ailleurs / par ailleurs**
   - **b. en fait / en effet**
   - **c. du moment que, au moment où**
   - **d. aussi, ainsi**
   - **e. tant que, tant ... que**
   - **f. pourvu que**

IV. Tableaux de conjugaison

1. Les valeurs des temps de l'indicatif

L'indicatif est le mode qui permet de décrire, de raconter, d'expliquer un fait, une action ou une idée dans sa réalité présente, passée ou future. C'est pourquoi, l'indicatif est le mode qui a le plus de temps : des temps simples (présent, imparfait, passé simple, futur simple, conditionnel présent) qui expriment une action en train de se faire et des temps composés (passé composé, passé antérieur, plus-que-parfait, futur antérieur, conditionnel passé) qui expriment une action achevée.

Reportez-vous au précis grammatical de *Festival 2* pour retrouver les valeurs habituelles de ces temps.

Ici, nous aborderons essentiellement certains usages plus particuliers, notamment à l'écrit :

a. Le présent de narration

On l'utilise dans un récit, à la place d'un temps passé, pour actualiser des faits passés et les rendre ainsi plus proches, plus accessibles à l'interlocuteur.

> *J'étais en haut de l'arbre, j'avais bien vérifié la solidité de la corde et je m'apprêtais à descendre quand, soudain, crac, la branche sur laquelle j'avais posé le pied casse.*

L'usage du présent dans un récit au passé est un choix stylistique qui permet de rendre le récit plus vivant, de maintenir l'attention de l'interlocuteur et de le faire participer « en direct » aux événements racontés.

C'est pourquoi, le présent de narration est fréquemment utilisé dans les récits historiques :

> *Marie-Antoinette n'était pas populaire ; le peuple lui reprochait d'être frivole, dépensière et surtout trop attachée à sa patrie d'origine : l'Autriche. Alors, quand la fuite du roi est découverte, en juin 1791, les Parisiens crient à la trahison.*

b. Le futur prospectif

Pour la même raison stylistique, on utilisera, dans un récit au passé, le futur prospectif qui permet d'annoncer ce qui va arriver et donc de maintenir l'intérêt du lecteur.

> *Marie-Antoinette n'était pas populaire ; le peuple lui reprochait d'être frivole, dépensière et surtout trop attachée à sa patrie d'origine : l'Autriche. Alors, quand la fuite du roi est découverte, en juin 1791, les Parisiens crient à la trahison. Cet événement pèsera lourd au moment de son procès et lui vaudra d'être condamnée à mort.*

Le passage du passé au présent de narration puis au futur prospectif donne au narrateur, et à travers lui au lecteur, une impression de toute puissance : il est au cœur des événements, il les maîtrise, il sait ce qui va arriver.

c. Le passé simple

– C'est le temps par excellence du récit écrit et particulièrement du récit historique sans lien avec le présent. Ce récit raconte des faits totalement coupés de la réalité du lecteur. Comme le passé composé, c'est un temps qui assure la progression de la narration.

On le trouve dans les biographies :

> *Christian Dior naquit en 1915, à Granville, en Normandie. Après la deuxième guerre mondiale, il s'installa à Paris où il ouvrit sa propre maison de couture. Immédiatement, il connut un succès mondial. Celui-ci se confirma par la création des parfums Dior.*

Dans les récits de voyage :

> *Après deux heures de marche, nous arrivâmes sur un haut plateau. Le guide nous proposa de faire une halte avant de continuer vers le sommet. Nous commençâmes à nous installer en cercle autour de lui pour écouter ses commentaires sur la poursuite du voyage. À ce moment-là, les nuages se déchirèrent et nous apparut, dans toute sa splendeur, la crête enneigée du volcan.*

Dans la littérature :

> *Le berger, qui ne fumait pas, alla chercher un petit sac et déversa sur la table un tas de glands. Il se mit à les examiner l'un après l'autre avec beaucoup d'attention, séparant les bons des mauvais* (Jean Giono)

– Vous remarquerez que le passé simple et l'imparfait s'utilisent dans un rapport identique à celui du passé composé et de l'imparfait. C'est-à-dire que l'imparfait décrit et, de ce fait, suspend le récit tandis que le passé simple en assure la progression.

– Il arrive qu'on trouve, dans un texte au passé simple des verbes au passé composé. Ce mélange est également un choix stylistique qui permet de différencier la valeur des différentes actions. Les actions au passé simple sont coupées du présent tandis que les actions au passé composé gardent un lien avec la réalité présente du locuteur.

> *C'est sous la troisième République (1870-1940) que les Français ont définitivement adopté le drapeau tricolore, la Marseillaise et la fête du 14 juillet qui accompagnèrent différents événements de la Révolution.*

2. La concordance des temps à l'indicatif

La concordance des temps est une règle qui dit que dans une phrase complexe, le temps du verbe d'une proposition subordonnée dépend du temps du verbe de la proposition principale ou d'une autre subordonnée. Mais cette règle est surtout vérifiable dans les propositions complétives (introduites par *que*).

verbe « principal » au présent, au futur	verbe subordonné au présent, au futur, au passé composé, à l'imparfait
Je pense	*qu'il la connaît.* *qu'il la connaîtra bientôt.* *qu'il l'a connue cet été.* *qu'il la connaissait déjà avant.*
verbe « principal » au passé (passé composé, passé simple, imparfait, plus-que-parfait)	verbe subordonné à l'imparfait, au conditionnel présent, au plus-que-parfait.
J'ai pensé *Je pensai* *Je pensais* *J'avais pensé*	*qu'il la connaissait.* *qu'il la connaîtrait mieux après.* *qu'il l'avait connue au lycée.*

Malgré cette concordance des temps, certaines combinaisons seront possibles dans certains contextes, avec certains verbes et pas avec d'autres. On ne peut donc pas dire que c'est une règle qui s'applique en toutes circonstances.

Par exemple :
J'ai appris aujourd'hui seulement que le théâtre fait relâche et que toutes les représentations ne reprendront qu'en septembre prochain.

Dans cette phrase, les mots aujourd'hui et seulement actualisent le passé composé « ai appris » et lui donnent une valeur de présent. Ce qui permet ensuite l'utilisation d'un présent et d'un futur.

Autre exemple :
Mon père nous disait toujours (a toujours dit, avait toujours dit) que le sourire est une clé qui ouvre bien des portes.

Le présent de l'indicatif dans la subordonnée se comprend parce qu'il exprime une vérité universelle.

Il existe cependant certaines impossibilités :
- un verbe principal au passé ne peut pas être suivi d'un verbe subordonné au futur simple :
  *J'ai pensé qu'il pourra nous accompagner → J'ai pensé qu'il pourrait les accompagner, qu'il aurait

pu les accompagner, qu'il les avait accompagnés pour les surveiller,
- un verbe principal à l'imparfait ne peut pas être suivi d'un verbe au passé composé :
  *Je savais qu'il n'a pas pu faire cette erreur → Je savais qu'il n'avait pas pu faire cette erreur.

La règle de la concordance des temps est surtout appliquée dans le discours indirect, suivant le temps du verbe introducteur :

Je sais	qu'il arrive qu'il arrivera qu'il est arrivé	
Je savais	qu'il arrivait qu'il arriverait qu'il était arrivé qu'il serait arrivé	à 8 heures.

Mais vous pouvez aussi dire :
Je sais qu'il serait déjà arrivé si le train n'avait pas eu un tel retard.

3. Le mode infinitif

– L'infinitif présent ou passé peut jouer le rôle d'un nom. Il en a alors toutes les fonctions. Il peut être :
- sujet
  Se pencher hors de la fenêtre est dangereux.
- attribut
  Sa crainte est de rater son permis de conduire encore une fois.
- complément de nom
  Le plaisir de plonger est plus grand que la peur de mourir.
- complément direct ou indirect du verbe :
  Elle adore se balader au bord de la mer.
  Sa timidité l'empêche de parler en public.
- compléments circonstanciels de but, de manière, de cause, de temps, d'opposition suivant la préposition qui le précède :
  Elle continue ses études en vue de devenir médecin.
  Il nous a suivis sans faire de bruit.
  Faute d'avoir une très bonne vue, il n'a pu devenir pilote d'avion.
  Après avoir rénové cette vieille maison, ils l'ont louée.
  (la préposition *après* est toujours suivie d'un infinitif passé)
  Il a accepté ce poste sans savoir ce qui l'attendait.

– Un verbe est toujours à l'infinitif après une préposition autre que en (*Il est parti sans payer !* *Elle sera là pour signer le contrat. Elle écoute la radio en déjeunant*) et après un autre verbe (*Il sait nager. Il veut bien venir avec nous. Il déteste se promener sous la pluie)* mais il ne l'est jamais après les auxiliaires *être* et *avoir*.

– L'infinitif peut être utilisé à la place d'une proposition pour exprimer une interrogation :
Que dire ? Où aller ?
ou un ordre
Frapper avant d'entrer, SVP.

– Certains infinitifs sont devenus des noms communs : le rire, le sourire, le souvenir, le dîner, le déjeuner, le goûter, le parler, etc.

4. Les verbes semi-auxiliaires

Il existe trois types de verbes : les verbes pleins *(manger, partir, téléphoner à)*, les auxiliaires *(avoir* et *être)* et les semi-auxiliaires *(aller, venir de, se mettre à, commencer à, être en train de, continuer à/de, finir de, arrêter de, laisser, faire, se laisser, se faire, devoir, falloir, pouvoir).*
Les semi-auxiliaires sont toujours suivis d'un verbe à l'infinitif.

a. Vous en connaissez déjà certains :
– *aller* + infinitif → futur proche :
Attends une minute, je vais le faire.
– *venir de* + infinitif → passé récent :
Ne quittez pas, je l'appelle, elle vient de rentrer.
– D'autres expriment le début, le déroulement ou la fin d'une action :
Elle était en train de mettre du linge à sécher dehors quand il a commencé à pleuvoir.

b. Les verbes se laisser et se faire
Ils sont plus difficiles à comprendre : observez les différences.
Il s'est coupé les cheveux → Il a lui-même coupé ses cheveux.
Il s'est fait couper les cheveux → Quelqu'un lui a coupé les cheveux à sa demande.
Il s'est laissé couper les cheveux → Quelqu'un lui a coupé les cheveux mais on ignore s'il est vraiment d'accord.

c. Les sens du verbe devoir
L'obligation : *Nous devons tous payer des impôts.*
L'éventualité : *Il y a de la lumière, les enfants doivent être rentrés.*

d. Les sens du verbe pouvoir
La capacité : *Cet étudiant peut très bien réussir s'il le veut.*
La probabilité : *Prenez des imperméables, il peut pleuvoir ce week-end.*
La permission : *Vous pouvez sortir de table, les enfants.*

La politesse : *Tu peux me donner ton numéro de portable, s'il te plaît ?*

5. Les accords sujet-verbe

a. Aux temps simples
sujet singulier → verbe au singulier ; sujet pluriel → verbe au pluriel
La maison entourée d'un jardin correspond au rêve d'une majorité de Français.
Les vieilles maisons traditionnelles ont beaucoup de charme.

b. Aux temps composés
Quand le verbe est à un temps composé, c'est le participe passé qui prend ou non l'accord.
Rappel :
– avec l'auxiliaire *être*, le participe passé s'accorde avec le sujet :
Nous sommes arrivés de nuit à Rome.
Les voisins sont partis en week-end.
Fatigués, ils sont montés jusqu'au sommet avec le téléphérique.
• C'est le cas des verbes à la forme passive :
L'exposition a été inaugurée en janvier dernier.
Le président est élu tous les cinq ans.
• C'est aussi celui des verbes pronominaux :
Quand ils sont toujours pronominaux : *Elle s'est souvenue de son adresse sans aucune difficulté.*
Quand ils sont réfléchis ou réciproques et n'ont pas de complément d'objet direct : *Elle s'est promenée jusqu'à la tombée de la nuit. Une fois chez elle, elle s'est lavée puis s'est couchée.* (attention : *elle s'est lavée* ≠ *elle s'est lavé les cheveux*).
Attention à l'orthographe de certains participes passés : *l'école qu'elle a créée rencontre un grand succès.*
– avec l'auxiliaire *avoir*, le participe passé s'accorde avec le complément d'objet, à condition qu'il soit direct et placé avant le verbe :
La cocarde tricolore que les révolutionnaires ont choisie comme emblème a été offerte à Louis XVI le 17 juillet 1789.

c. Les participes passés irréguliers

verbes en -ir	participe passé en...
dormir	**-i** → dormi
Le bébé a bien dormi.	
tenir, venir, courir	**-u** → tenu, venu, couru
je suis venue en deux minutes car j'ai couru.	
acquérir	**-is** → acquis
Il a acquis une grande expérience.	
ouvrir, offrir, souffrir	**-ert** → ouvert, offert, souffert
J'ai ouvert la porte : il m'a offert un bouquet de fleurs.	
mourir	**-ort** → mort
Il est mort en 1968.	

verbes en -re	participe passé en...
lire, rendre, plaire, connaître, boire	**-u** → lu, rendu, plu connu, bu
J'ai lu un article qui m'a beaucoup plu. *J'ai connu quelqu'un qui n'a bu que de l'eau pendant toute sa vie.*	
rire, suivre	**-i** → ri, suivi
On a souvent ri ensemble. Elle a suivi les autres.	
prendre, mettre, comprendre, promettre	**-is** → pris, mis
J'ai pris du pain, je l'ai mis dans mon sac. *J'ai compris qu'il avait promis de revenir.*	
dire, écrire, cuire	**-it** → dit, écrit, cuit
Il a dit : « À table, C'est cuit ! »	
faire, satisfaire	**-ait**
J'ai fait un voyage qui m'a satisfait entièrement.	
craindre, plaindre	**-aint**
Les voisins se sont plaints du bruit.	
peindre, éteindre, atteindre	**-eint**
Il a éteint la télé vers minuit.	
joindre	**-oint**
Il a joint l'utile à l'agréable.	
naître	**-é** → né
Il est né en 1998	
verbes en -oir	
voir, falloir, pleuvoir, recevoir, apercevoir	**-u** → plu, reçu, aperçu
Il a fallu renoncer à la balade car il a plu toute la journée.	
(s') asseoir	**-is**
Il s'est assis par terre	

d. Les cas d'accords particuliers

– Les mots collectifs comme : *la famille, la foule, tout le monde,* même s'ils expriment une quantité plus qu'une singularité sont suivis d'un verbe au singulier :
La foule, en silence, attendait l'arrivée du cortège.
– Les expressions de quantité comme : *bien des, nombre de, beaucoup de* sont suivis d'un verbe au pluriel :
Bien des Européens connaissent mal l'histoire de l'Union.
– Les expressions de quantité comme *la plupart des, la majorité des* sont généralement suivies d'un verbe au pluriel :
La plupart des Français ne connaissent pas les paroles de la Marseillaise.

6. L'interrogation indirecte et le discours rapporté

a. L'interrogation indirecte

Il y a trois manières de poser une question directes :
Tu m'aimes ? Est-ce que tu m'aimes ? M'aimes-tu ?
Mais, il n'y a qu'une seule manière de reprendre une question dans un discours rapporté :
verbe introducteur + mot interrogatif
Où vas-tu ? Qui vois-tu ? À quelle heure rentres-tu ?
→ *Ma copine est très jalouse. Elle me demande toujours où je vais, qui je vois, à quelle heure je rentre ! C'est l'enfer !*

Comme dans le passage du discours direct au discours rapporté, il faut veiller aux changements :

• des pronoms personnels, des pronoms et des adjectifs possessifs afin qu'on comprenne qui parle et de qui.
Est-ce que tu aimes ma nouvelle coiffure ? On prend ta voiture ou la mienne pour aller en boîte ?
→ *Elle veut savoir si j'aime sa nouvelle coiffure et si on prend sa voiture ou la mienne pour aller en boîte.*
• des temps de l'indicatif lorsque le verbe introducteur est à un temps du passé.
Tu vas me présenter à tes parents et on se mariera bientôt ? → *Elle m'a demandé si j'allais la présenter à mes parents et si on se marierait bientôt.*

verbe de l'interrogation directe	à l'interrogation indirecte
au présent →	à l'imparfait
au futur →	au conditionnel présent
au futur antérieur →	au conditionnel passé
au passé composé →	au plus-que-parfait
à l'impératif →	de + infinitif
les autres temps →	pas de changement

• Des expressions de temps
Si le contexte est dans le présent (même journée par exemple), les expressions de temps ne changent pas :
On va au cinéma ce soir ou demain soir ? Elle me demande si nous allons au cinéma ce soir ou demain soir.
Elle m'a demandé (ce matin) si nous allions au cinéma ce soir ou demain soir.
Mais si le contexte est dans le passé (décalage de temps entre l'interrogation directe et l'interrogation indirecte), elles changent ainsi :
hier → la veille
avant-hier → l'avant-veille
la semaine dernière → la semaine précédente
aujourd'hui → ce jour-là
demain → le lendemain

après-demain → le surlendemain
la semaine prochaine → la semaine suivante
ici → là

Les mots interrogatifs (pour une interrogation partielle)
Où, quand, comment, pourquoi, combien, qui, quel jour ? ne changent pas et n'entraînent pas d'inversions du sujet dans l'interrogation indirecte.
Les autres mots interrogatifs (pour une interrogation totale) changent :
Est-ce que → si
Que ou *qu'est-ce que* → ce que
Qu'est-ce qui / qu'il → ce qui / ce qu'il
Ils suivent des verbes comme : *demander, savoir, vouloir savoir, s'informer* :

– *Qu'est-ce que tu fais avec tes copains ? Est-ce que je peux venir avec vous ? Qu'est-ce qui se passe ? pourquoi tu ne me réponds pas ?*
→ *Ma copine est très curieuse, elle veut toujours savoir ce que je fais avec mes copains. Elle me demande sans cesse si elle peut venir avec nous et veut savoir ce qui se passe. Elle s'énerve et ne comprend pas pourquoi je ne réponds pas.*

b. Le discours direct

Il met en scène des interlocuteurs et fait entendre à l'identique les paroles prononcées par quelqu'un. À l'oral, la personne qui parle imite parfois celle dont elle reprend les paroles et reproduit son accent ou ses intonations. À l'écrit cela est signifié par les deux points et l'ouverture de guillemets.

Exemple : Fin du procès de Mme Budimir, en direct du tribunal de Nanterre :
Très solennellement, le juge s'est adressé à Mme Budimir : « Vous êtes coupable d'avoir voulu utiliser la célébrité d'une grande marque à des fins personnelles. »

Dans le discours rapporté, les paroles prononcées sont en quelque sorte « neutralisées », intégrées à la syntaxe de la phrase. À l'écrit comme à l'oral cela est signifié par un verbe introducteur suivi d'une proposition complétive commençant par « que » :
– *Fin du procès de Mme Budimir, en direct du tribunal de Nanterre :*
Très solennellement, le juge s'est adressé à Mme Budimir et a déclaré qu'elle était coupable d'avoir voulu utiliser la célébrité d'une grande marque à des fins personnelles.

Rappel
pour conserver la cohérence du discours et comprendre qui dit quoi, vous devez faire les transformations nécessaires des pronoms personnels, possessifs et des adjectifs possessifs.
Pour la concordance des temps, voir plus haut, page 131.

Attention
Certains verbes ne peuvent pas être utilisés comme verbe introducteurs du discours rapporté parce qu'ils ne peuvent pas être suivis de la conjonction « que ». Par exemple, vous ne pouvez pas dire : **Elle m'a rassuré qu'elle connaissait bien la route et qu'elle conduirait prudemment.*
La langue utilise alors une astuce pour garder tout son sens à la phrase : on ajoute *en disant que* après le verbe introducteur :
Elle m'a rassuré en me disant qu'elle connaissait bien la route et qu'elle conduirait prudemment.

7. L'expression de la négation

1. Les différentes formes	Les différents sens	exemples
non ne...pas	Négation totale qui porte sur la phrase entière ou sur le verbe.	*Tu portes un jean ? – Non.* *Je ne sais pas conduire.*
ne ... jamais ne ... pas encore sans + un nom, +inf.	à aucun moment pas maintenant mais bientôt	*Elle ne parle jamais d'elle.* *Ils ne sont pas encore mariés.* *Il les tutoie sans les connaître.*
ne ... plus ne... guère	avant oui, maintenant non. pas beaucoup, pas souvent.	*Il ne travaille plus.* *On ne voit guère le soleil ici.*
ne ... nulle part	dans aucun endroit	*Je ne le trouve nulle part.*
ne ... rien	aucune chose.	*Il ne veut rien.*
ne ... personne	aucune personne.	*On n'a vu personne.*
ne ... que	seulement	*Il ne se déplace qu'en métro.*

2. La répétition de la négation

ne ... ni ... ni ne... pas ...ni ne...ni ne	La négation porte sur plusieurs éléments.	*Elle n'aime ni le bleu ni le vert.* *Il ne pense pas qu'elle vienne ce soir ni un autre soir.* *Elle ne rit ni ne pleure, elle est choquée.*

3. La reprise de la négation

un nom ou un pronom + non plus		*Elle ne croit pas au hasard, lui non plus*

4. La place des négations

aux temps simples	de chaque côté du verbe	*Je ne peux pas, je ne sais pas, je ne veux pas plonger*
aux temps composés	de chaque côté de l'auxiliaire	*Je ne suis jamais venu ici, je n'ai guère le temps de me balader.*
à l'impératif	de chaque côté du verbe (interdiction)	*Ne touchez pas cette plante !*
à l'infinitif	avant le verbe (interdiction)	*Ne pas se pencher, danger !*

5. Le cumul des négations

ne ... plus jamais ne ... jamais personne ... personne nulle part personne ne... jamais rien **Attention !** *Jamais* et *plus* peuvent permuter sans que cela change le sens. Rien et *personne* sont toujours en dernière position		*Je ne l'inviterai plus jamais chez moi.* *Ici, on ne croise jamais personne.* *Il n'y a personne nulle part dans ce village.* *Personne ne me dit jamais rien à moi !* *Je ne raconterai plus jamais (jamais plus) de mensonges.*

6. La double négation

Plusieurs termes négatifs dans une même phrase	Elle annule la négation → elle peut exprimer une affirmation, une obligation	*Je ne peux pas ne pas le faire.*
	→ elle veut signifier le contraire (= c'est important)	*Cet examen, ce n'est pas rien !*

7. Le cas de rien et de personne

Employés seuls, ils peuvent être sujets ou compléments du verbe. Ils sont toujours accompagnés de *ne*.	Valeur négative	*Il ne s'intéresse à rien et rien ne lui plaît.* *Personne ne m'a vu et je n'ai vu personne.*

8. Quelques particularités

le ne explétif après certains verbes *(craindre, avoir peur, …)*, certaines conjonctions (avant que, à moins que…), après un comparatif *(plus que, moins que…).*	Pas de valeur négative. Usage facultatif, recherché. Sa suppression ne change pas le sens de la phrase.	*Elle était rentrée avant que les douze coups de minuit ne sonnent.* *Je crains qu'il ne se soit perdu dans les bois.* *C'est un travail beaucoup plus important que je ne le pensais.*
quand *jamais* n'est pas négatif	Dans certaines expressions comme *à jamais* (recherché, littéraire), *si jamais* (très fréquent), il n'y a pas de valeur négative.	*Il est parti à jamais (= pour toujours).* *Si jamais tu recommences, tu seras puni.* *(= si par hasard)*
la négation sans *pas* quelques verbes comme *cesser, oser, pouvoir* et *savoir* peuvent s'utiliser avec ne seul.	Valeur négative. Formes recherchées, littéraires	*C'est vrai Madame, je n'ose vous le dire en face.* *On ne cesse de vous le répéter.* *Je ne peux vous répondre.* *Il ne veut ni ne peut vous recevoir.*

En français, la grande majorité des mots appartient au genre masculin ou au genre féminin. Il arrive cependant qu'on ait besoin de reprendre une idée, une action ou un indéfini (les choses, tout le monde). Dans ces cas-là, on utilise des pronoms (personnels, démonstratifs, relatifs ou interrogatifs) neutres.
Exemples :

Lucie est amoureuse, ne le répétez à personne, c'est encore un secret.

- **le** = le fait que « Lucie soit amoureuse »
Tom a eu un grave accident, ce qui a complètement bouleversé ses projets d'avenir.

- **ce** = le fait que « Tom ait eu un grave accident ». *Ça* est une forme familière de *ce*, très utilisée à l'oral.
Tu peux faire ce que tu veux, ça m'est égal.
- **ce** = n'importe quelles choses
- **ça** = que tu fasses ces choses
Mets ta ceinture en voiture, sans quoi tu auras une amende.
- **quoi** = mettre sa ceinture
Avec quoi est-ce que tu répares les chaises ?
- quoi = quelle chose
Chacun pour soi, c'est la devise des égoïstes
- **soi** = réfléchi indéfini

III
Les circonstances du récit

1. L'expression du temps

a. La notion de temps est très complexe.
Elle peut exprimer une chronologie entre différentes actions *(avant, pendant, après)*, une durée de l'action *(en, pour, dans, pendant)*, une répétition, une habitude *(chaque jour, tous les mois)*, un moment précis *(ce soir)*, une date *(le 8 juillet 2006)*.
Elle s'exprime :
– après des conjonctions dans des phrases subordonnées :

à l' indicatif	au subjonctif
quand (standard), lorsque (plus formel) ; dès que, aussitôt que, à peine… que (idée d'immédiateté) ; une fois que, après que (idée d'antériorité) ; au moment où ; comme (+imparfait, littéraire = alors que) ; pendant que (idée de durée) ; alors que, tandis que (idée de simultanéité) ; tant que, aussi longtemps que (idée de durée identique à celle d'une autre action) ; depuis que, maintenant que, à présent que (idée de commencement) ; chaque fois que (idée de répétition) ; à mesure que, au fur et à mesure que (idée de progression)	avant que, en attendant que, jusqu'à ce que, le temps que, d'ici à ce que (idée de postériorité)

Dès qu'elle entend ce chanteur à la radio, elle se met à danser.
J'ai le temps de lire le journal en attendant que tu reviennes du sport.

Attention
Quand plusieurs subordonnées de même nature se suivent, la deuxième et les suivantes doivent être introduites par la conjonction *que*. La dernière proposition est coordonnée à la précédente par *et*.
J'ai le temps de lire le journal en attendant que tu reviennes du sport, que tu prennes une douche et que nous nous mettions à table.

– après des prépositions

+ un nom	+ un infinitif
À, lors de (littéraire), dès, après, au moment de, pendant, durant, au cours de, depuis, au fur et à mesure de, avant, en attendant, jusqu'à, d'ici à	Après (+infinitif passé), au moment de, avant de, en attendant de, le temps de

Après son voyage en Afrique, il avait beaucoup changé.
Avant de faire construire de nouvelles tours à Paris, il faut en débattre.

Attention à la préparation à peine suivie d'un participe passé :
À peine nommée à la direction, elle a dû faire face à de graves problèmes au sein de l'entreprise.
– avec un gérondif (un même sujet pour les deux verbes) :
Je l'ai aperçu en sortant de chez moi.

– avec des adverbes ou des compléments de temps :

Demain, les grandes vacances commencent.
Je voudrais partir tout de suite.

b. L'antériorité dans les subordonnées temporelles :

Dans les propositions subordonnées de temps introduites par des conjonctions comme : *après que, aussitôt que, dès que, lorsque, quand, à peine... que* il existe un rapport chronologique entre différents temps de l'indicatif :

1ʳᵉ action	2ᵉ action
au passé composé *Dès qu'elle a lu un livre,*	au présent *elle le prête à sa meilleure amie.*
au plus-que-parfait *Quand ils avaient fini de jardiner,*	à l'imparfait *ils allaient s'asseoir sous le pommier.*
au passé antérieur *Lorsqu'ils se furent réchauffés,*	au passé simple *ils racontèrent leur mésaventure.*
au passé surcomposé *Dès qu'ils ont eu appris la nouvelle,*	au passé composé *ils ont téléphoné à tous leurs amis.*
au futur antérieur *Après que les douze coups de minuit auront sonné,*	au futur simple *on pourra s'embrasser.*
au conditionnel présent *Le médecin pourrait prescrire les médicaments appropriés,*	au conditionnel passé *lorsqu'il aurait eu les résultats de l'analyse.*

Les propositions subordonnées de temps sont mobiles : elles peuvent se placer avant ou après la proposition dont elles dépendent.

Attention

À la construction de la proposition avec la conjonction *à peine... que* :
Placée au début de la phrase, elle entraîne une inversion du sujet et n'est utilisée qu'à l'écrit :
À peine se furent-ils reconnus qu'ils tombèrent dans les bras l'un de l'autre.
À l'oral, elle est fréquemment utilisée après le verbe ou entre l'auxiliaire et le participe passé :
Il était à peine arrivé chez lui que le téléphone sonnait déjà.

2. L'expression de la cause

Elle sert à donner une explication vraie, fausse ou supposée à une action, un événement, une idée. Elle répond à la question : *pourquoi ?*
Elle s'exprime :
– après des conjonctions, dans des phrases subordonnées à l'indicatif ou au subjonctif :

à l'indicatif	au subjonctif
parce que (généralement placé après la proposition principale) ; étant donné que, vu que (fait indubitable, souvent officiel, administratif) ; puisque (cause connue ou évidente, utilisée comme argument de preuve→ souvent en tête de phrase) ; sous prétexte que (cause fausse ou contestable) ; d'autant plus que (jamais en tête de phrase, ajoute une cause à une cause déjà exprimée) ; comme (en tête de phrase, plus formel)	soit que... soit que (toujours ensemble, exprime deux causes possibles) ; ce n'est pas que... c'est que (+ indicatif), non que... mais (+ verbe à l'indicatif) = cause possible écartée suivie de la vraie cause.

Étant donné que le bureau de vote a fermé à 20 heures, nous n'aurons pas les résultats avant 22 heures.
Puisque le 1ᵉʳ Mai est un jour férié en France, beaucoup de Français ne travaillent pas ce jour-là.
Mon gâteau n'est pas très réussi, soit que j'y aie mis trop de farine, soit que je l'aie laissé trop cuire.
Marc est exaspérant, ce n'est pas qu'il soit méchant mais c'est qu'il veut toujours avoir raison !

Attention ! Quand plusieurs subordonnées de même nature se suivent, la deuxième et les suivantes doivent être introduites par la conjonction que. La dernière proposition est coordonnée à la précédente par et.
Les Français se sentent seuls parce que, aujourd'hui, les familles sont souvent éclatées, que la vie urbaine est moins conviviale et que les nouveaux moyens de communication ont favorisé l'indépendance de chacun.

– après une préposition

+ un nom, un pronom	+ un infinitif
En raison de (cause souvent matérielle ou administrative) ; à cause de (cause négative) ; grâce à (cause positive) ; par (+ un nom abstrait sans article) ; étant donné, vu (cause administrative, officielle) ; faute de (cause inexistante = parce que... ne pas) ; à force de (idée de quantité concrète ou abstraite) ; sous prétexte de	Pour (+ infinitif passé) ; faute de ; à force de

Il a dit cela par colère.
Pour avoir conduit trop vite, il a dû payer une forte amende.
– par des mots de liaison : *car* (jamais en tête de phrase), *en effet* (qui donne une explication) :
Les vacances hors de chez soi ne sont pas encore un droit pour tout le monde. En effet, 25 à 30% de Français ne partent jamais.
– par la ponctuation. Les deux points introduisent également une explication :
L'Europe s'agrandit toujours : en janvier 2007, deux nouveaux pays ont rejoint l'Union.
par la juxtaposition :
Il faut rentrer, il pleut.
– par un participe ou un gérondif :
Travaillant trop, elle est tombée malade.
En voulant faire mieux, il a fait pire.

– par une proposition participe :
Le tourisme se développant, certaines îles perdent leur authenticité.
(Le participe et le verbe principal ont des sujets différents.)

3. L'expression de la conséquence

a. La conséquence.

Elle est le résultat logique d'une cause exprimée dans la première partie de la phrase. La cause et la conséquence sont les deux facettes de la même médaille. On parle d'ailleurs de rapport de cause à effet. On oppose aussi souvent la conséquence (résultat obtenu → verbe à l'indicatif) au but (résultat recherché, espéré → verbe au subjonctif).

La conséquence s'exprime :
– **après des conjonctions**, dans des phrases subordonnées à l'indicatif généralement :

Sans idée d'insistance	Avec une idée d'insistance
Au point que ; si bien que ; de sorte que ; de manière que ; de façon que	Verbe + tellement que/tant que tellement + adjectif/ adverbe + que si + adjectif/adverbe + que tellement de + nom + que tant de + nom + que un tel/de tels/de telles + nom + que à tel point que de telle sorte que

Ils ont acheté une maison de sorte qu'ils ne sont plus dérangés par le bruit des voisins.
Ils parlent tous tellement fort que plus personne se comprend.
Elle a fait de tels *progrès en français* que *ses professeurs sont d'accord pour l'envoyer en France finir ses études.*
Faites bien attention à la construction de la subordonnée de conséquence : un des éléments de la conjonction se trouve dans la proposition précédente, avant *que* :
Elles ont tellement *chanté hier soir* qu'*elles ont la gorge enrouée ce matin.*
La guide était si *gentille avec chacun d'entre nous* que *nous l'avons invitée à venir nous voir, dans notre pays.*

Attention ! Quand plusieurs subordonnées de même nature se suivent, la deuxième et les suivantes doivent être introduites par la conjonction *que*. La dernière proposition est coordonnée à la précédente par *et*.
La réunion a été si longue qu'il n'a pas eu le temps de dîner, qu'il est rentré à son hôtel et qu'il s'est couché immédiatement.

– **après *au point de* + un infinitif :**
C'est incroyable, il est amoureux au point d'oublier tous ses autres rendez-vous !

– **par des mots de liaison :** *donc, alors, c'est pourquoi, par conséquent, en conséquence.*
Le climat est très doux et ensoleillé dans cette région, c'est pourquoi les maisons ont des toits presque plats et de grandes fenêtres.

– **par la ponctuation.** Les deux points peuvent introduire une conséquence :
ici, vous avez un quartier historique : il est impossible d'y construire des tours.
Quelquefois, dans un contexte simple, la juxtaposition de deux événements suffit à exprimer un rapport de cause à effet :
Il pleut, il faut rentrer.

b. L'expression de la conséquence au subjonctif.

Il arrive que la conséquence dépende d'une appréciation subjective qui la présente non plus comme réalisée mais comme seulement possible car soumise à une condition, d'où l'usage du subjonctif. C'est le cas avec des locutions conjonctives comme :
– *assez/trop* + verbe ou adjectif ou adverbe + *pour que* + verbe au subjonctif :
Cette salle est trop petite pour qu'on y tienne l'assemblée générale (condition non remplie, résultat négatif : l'assemblée générale ne se tiendra pas dans cette salle).
– *assez de/trop de* + nom + *pour que* + verbe au subjonctif :
Il y a eu assez d'inscrits pour que le cours puisse avoir lieu (condition remplie, résultat positif : le cours a eu lieu).

Attention ! Les conjonctions *au point que, si... que, tellement/ tant... que* peuvent être suivies d'un verbe au subjonctif quand la proposition principale est négative ou interrogative :
Est-il dangereux d'escalader ce sommet au point qu'on doive en interdire l'accès ?
L'exercice n'est pas si difficile que vous soyez obligés d'y passer tout le week-end.

4. L'expression du but

Le but est un résultat recherché, désiré mais qui n'est pas encore réalisé. C'est pourquoi, le subjonctif est le mode de la proposition subordonnée de but.

La conséquence s'exprime :
– **après des conjonctions suivies d'une subordonnée au subjonctif :** *de sorte que, de façon que, de manière que* (attention, ces conjonctions peuvent être utilisées pour exprimer une conséquence et à ce moment-là, elles sont suivies d'un verbe à l'indicatif), *pour que, afin que, de peur que* :
Ils ont décidé d'acheter une maison de sorte qu'ils ne soient plus dérangés par le bruit des voisins.

Attention ! Quand plusieurs subordonnées de même nature se suivent, la deuxième et les suivantes doivent être introduites par la conjonction que. La dernière proposition est coordonnée à la précédente par et.

J'ai acheté plusieurs billets de concert pour qu'on aille voir Johnny Halliday, qu'on puisse inviter Max qui est un fan et qu'on soit placés ensemble.

Attention ! Quand la subordonnée a le même sujet que la principale, vous devez remplacer la proposition par un infinitif :

*J'aimerais beaucoup apprendre l'arabe pour que je puisse travailler dans un des pays du Maghreb → J'aimerais beaucoup apprendre l'arabe pour pouvoir travailler dans un des pays du Maghreb.

– après des prépositions

+ un nom	+ un infinitif (sujet principal est le même que le sujet subordonné)
Pour ; en vue de ; de peur de ; de crainte de	Pour, afin de ; de peur de ; de crainte de ; de manière à, de façon à

Il vérifie tout de peur d'une erreur.
Elle met toujours plein de petits mots partout dans la maison pour être sûre que ses enfants n'oublient rien.

5. L'expression de l'opposition et de la concession

Il n'est pas toujours facile de distinguer l'opposition de la concession. C'est souvent une question de contexte et particulièrement de contexte argumentatif. Ce qui est une simple opposition (contraste entre deux faits) : *Il n'a plus vingt ans mais il se conduit comme un jeune homme,* peut devenir une concession (un argument de stratégie argumentative) : *c'est vrai, il n'a plus vingt, pourtant, il se conduit comme un jeune homme.*

Ce sont souvent les mêmes mots qui servent à introduire l'opposition et la concession. Mais la concession « s'annonce » souvent par un verbe : *convenir, reconnaître,* une expression verbale : *c'est vrai que* ou un mot comme *certes ;* avant d'être réfutée :

Se loger à Paris est un vrai casse-tête, j'en conviens, c'est de plus en plus difficile, néanmoins ce n'est pas une raison pour vouloir construire des tours de plus de 50 m.

L'opposition et la concession s'expriment généralement :
– après des conjonctions, dans une proposition subordonnée :

À l'indicatif	Au subjonctif	Au conditionnel
Tandis que, alors que, même si	Bien que, quoique ; si (aussi) + adjectif/ adverbe + que quel que + être	Quand bien même

Pendant les repas, les Anglais gardent un bras sur les genoux tandis que les Français doivent mettre les deux mains sur la table.
Ne jetez plus vos jeans, même s'ils sont déchirés ou salis, c'est la grande mode !
Quelles que soient les explications, la situation reste confuse et tendue.
Bien qu'il y ait de moins en moins de paysans, les Français restent très attachés aux paysages et aux activités de la campagne.
Si doucement qu'ils avancent, ils ne peuvent pas empêcher le chien de se réveiller.

Attention

Quand plusieurs subordonnées de même nature se suivent, la deuxième et les suivantes doivent être introduites par la conjonction que. La dernière proposition est coordonnée à la précédente par et.
Même si la mode est au noir , que les jupes doivent être très courtes et que tous les mannequins portent des bottes, on voit toutes sortes de style dans la rue.

– après des prépositions :

+ un nom	+ un infinitif
Malgré, en dépit de, à défaut de, faute de	Au lieu de, à défaut de, faute de, quitte à

Il continue à planter des arbres malgré les difficultés climatiques.
Les Français veulent gagner plus d'argent quitte à travailler plus.

– après des mots de coordination et des adverbes : mais, or, au contraire, par contre, à l'inverse, pourtant, néanmoins, cependant, quand même (après le verbe ou en fin de phrase) :
Ce n'est pas un acteur très connu, il a quand même reçu un prix d'interprétation à Cannes.
Cette femme me salue chaque jour, or, je ne la connais pas.

Attention à or. Généralement, il signifie mais. Cependant, parfois, il veut dire : il se trouve que :
J'avais un portable tout neuf, or on me l'a volé hier.

– avec l'expression avoir beau : très fréquente à l'oral, elle se place toujours en tête de phrase.
Le journaliste a beau insister, le ministre refuse de dire ce qu'il pense de ce scandale.

6. L'expression de l'hypothèse et de la condition

Comme l'opposition et la concession, l'hypothèse et la condition sont traitées ensemble car, bien souvent, elles sont introduites par les mêmes mots.
Cependant, on peut distinguer l'hypothèse de la condition. La première est une supposition (souvent en tête de phrase) qui n'induit pas de conséquence

directe, la seconde (souvent après la principale) est nécessaire à la réalisation de l'action principale.

> *Si un jour j'ai des enfants, je leur ferai apprendre une ou deux langues étrangères.*
>
> *J'apprendrai une ou deux langues étrangères si c'est indispensable pour trouver du travail.*

L'hypothèse et la condition s'expriment souvent :

– **après la conjonction *si***

Attention aux temps utilisés dans les subordonnées de condition et d'hypothèse. Généralement, la concordance des temps est la suivante mais il y a des variables suivant le contexte, le registre de langue et les intentions du locuteur :

- *Si* + présent → présent ou futur dans la principale
  S'il fait beau, je sors me promener (idée d'habitude)
  S'il fait beau demain, je sortirai me promener
- *Si* + imparfait → imparfait ou conditionnel présent dans la principale
  S'il faisait beau, je sortais me promener (idée d'habitude dans un contexte passé)
  S'il faisait beau, je sortirais me promener.
- *Si* + plus-que-parfait → conditionnel passé dans la principale
  S'il avait fait beau, je serais sorti me promener

Ce qui est certain c'est que le « si » d'hypothèse ou de condition ne peut jamais être suivi d'un verbe au futur, au conditionnel ou au subjonctif. (Ne le confondez pas avec le « si » de l'interrogation indirecte. Voir plus haut).

Quand la proposition par « si » exprime une hypothèse non réalisable, on dit qu'il s'agit d'un irréel du présent ou du passé suivant le temps du verbe :

Si j'étais un garçon, je porterais des cheveux longs (éventualité improbable, hypothèse irréalisable) → irréel du présent

Si j'avais été élu, j'aurais aussitôt augmenté les bas salaires (éventualité non réalisée, hypothèse irréalisable désormais) → irréel du passé

– **par deux propositions au conditionnel :**

> *Vous auriez écouté le débat, vous auriez appris quels sont les enjeux du XXIᵉ siècle (= si vous aviez écouté le débat, vous auriez appris quels sont les enjeux du XXIᵉ siècle)*

– **après d'autres conjonctions + une subordonnée :**

à l'indicatif	au subjonctif	au conditionnel
Sauf si, excepté si	**Registre standard :** à condition que, pourvu que, à moins que, en admettant que, en supposant que, à supposer que (idée de condition peu probable) **Registre soutenu :** pour peu que (idée de condition minimale) ; si tant est que (idée de condition et de doute)	Au cas où (idée d'éventualité)

> *La RATP prévoit des protections du réseau au cas où la Seine déborderait à nouveau.*
>
> *Beaucoup de jeunes sont prêts à partir à l'étranger à condition que ce soit pour travailler dans l'humanitaire.*

> *Tu nous rejoins en métro, à moins que tu (ne) veuilles prendre ta voiture pour pouvoir rentrer tranquillement après.*

– **après des prépositions :**

+ un nom	+ un infinitif
Avec, sans, à moins de, en cas de	À condition de, à moins de

> *Je partirai vers trois heures à condition d'avoir fini la rédaction de mon rapport.*
>
> *Sans une pièce d'identité, je ne peux pas vous remettre cette lettre.*

– **avec un gérondif ou (plus rarement) un participe présent :**

> *En écoutant mieux les gens avec qui on vit, on éviterait bien des disputes.*
>
> *Partant à 8 heures au lieu de 8 heures et demie, tu serais toujours à l'heure à tes cours.*

– **avec *sinon, sans ça* ou *autrement* qui permettent d'introduire une condition sans répéter les idées déjà exprimées :**

> *Il faut diversifier les sources d'énergie, sinon nous allons à la catastrophe (= Il faut diversifier les sources d'énergie, si nous ne les diversifions pas, nous allons à la catastrophe).*

7. L'expression de la comparaison

On peut comparer des choses semblables (avec *même, autant*) ou des choses différentes (avec *plus, moins*). La comparaison peut porter sur des adjectifs, des noms, des verbes ou des adverbes.

On utilise des comparatifs :

La France est plus petite que l'Allemagne.
L'Union européenne regroupe plus d'habitants que les États-Unis.
Elle mange autant que son frère.
Il est plus souvent en province qu'à Paris.

On peut comparer :

- des qualités équivalentes, supérieures ou inférieures : *aussi / plus / moins* + adjectif ou adverbe + *que* + nom ou pronom :
  La ville de Marseille est plus peuplée que Bordeaux.
- des quantités équivalentes, supérieures ou inférieures : autant de / plus de / moins de + nom + que
  Il a autant de chats que sa voisine.
- des actions ou des états équivalents, supérieurs ou inférieurs : verbe + autant que / plus que / moins que :
  Ils ont raté l'examen : ils ont moins travaillé que leurs copines.
- une progression :
  de plus en plus / de moins en moins + un adjectif ou un adverbe

Cet enfant est de plus en plus éveillé.

de plus en plus de / de moins en moins de + un nom
L'automne arrive, il y a de moins en moins de feuilles dans les arbres.

verbe + de plus en plus / de moins en moins
C'est décevant : les gens votent de moins en moins.

– une progression parallèle :

plus / moins + verbe, plus / moins + verbe
Plus j'écoute les nouvelles, plus je suis pessimiste.
Moins j'écoute les nouvelles, plus je suis optimiste.

autant + proposition… autant + proposition
Autant j'aime la mer, autant je ne supporte pas la montagne.

Attention aux comparatifs irréguliers :

bon → meilleur → bien → mieux

mal → pire (plus mauvais existe aussi)

petit → plus petit (par la taille) ; → moindre (par la valeur)

On utilise les superlatifs quand on veut mettre en évidence un élément par rapport à un ensemble ou un certain degré de qualité.

– *le plus/le moins* + adjectif / + adverbe
   C'est le plus grand musée du monde.
   Attendez grand-père, c'est lui qui marche le plus lentement.
– *le plus de /le moins de* + nom
– verbe + *le plus/le moins*
   2002, c'est l'année où il a plu le moins en France.

Les superlatifs irréguliers correspondent aux comparatifs irréguliers :

meilleur → le/la/les meilleur(es)   mieux → le/la/les mieux

moindre → le/la/les moindre(s)   pire → le/la/les pire(s)

La comparaison peut aussi s'exprimer :

– **après des conjonctions,** dans une subordonnée à l'indicatif : *comme, ainsi que, de même que* + faire (anaphorique), *comme si* (+ verbe à l'imparfait)
   Ils se conduisent comme le font les héros des jeux vidéo.
   Ma mère me parle comme si j'avais dix ans !

– **avec la conjonction** *comme*
   • + un nom ou un pronom
     Il est gentil comme son père. Je prendrai un café, comme lui.
   • + une conjonction de temps : *comme quand*
     Tu es tout rouge comme quand tu as couru longtemps.
   • + une préposition : *comme pour* + un nom ou un infinitif, *comme par* + un nom, *comme avec*
   • + un nom
     Tu t'étourdis de travail comme pour oublier ton chagrin.
     Il a surgi devant moi comme par magie.

• + un adverbe : *comme toujours*
   C'est parfait comme toujours.

– après *ainsi que, de même que* + nom
   La Bulgarie ainsi que la Roumanie ont rejoint l'Union européenne en 2007.

– **avec des adjectifs :** *pareil à, semblable à, tel que* (= comme)
   Ses inquiétudes sont semblables aux tiennes/ telles que les tiennes.

Attention à l'adjectif *tel* : il prend le genre et le nombre du mot qui le suit dans des phrases comme :
J'aime les matériaux nobles, tel le bois.

– **avec l'adverbe** davantage (= plus)
   Si tu veux garder ta ligne, tu dois manger moins et bouger davantage.

9. Attention à quelques connecteurs logiques

Vous avez certainement remarqué que quelques mots de liaison ont plusieurs sens ou des usages difficiles. Ces connecteurs logiques sont très utilisés dans le discours argumentatif. Ne les confondez pas.

a. d'ailleurs / par ailleurs

• *d'ailleurs* : idée de cause supplémentaire qui renforce la première cause exprimée
   Je ne peux pas t'accompagner car je n'ai pas le temps et d'ailleurs tu ne me l'as pas demandé.
• *par ailleurs* : idée d'addition
   J'ai prévu de déménager en avril. Par ailleurs, j'ai démissionné de mon poste pour entrer dans une plus grosse boîte.

b. en fait / en effet

• *en fait* : en réalité. On revient sur ce qu'on a dit précédemment.
   Je devais partir en Inde en janvier, en fait ce sera seulement en mars.
• *en effet* : valeur explicative. On donne des raisons supplémentaires ou on apporte des preuves qui renforcent ce qui a été dit précédemment.
   La gestion mondiale de l'eau est très importante. En effet, de nombreux pays souffrent d'une pénurie d'eau qui nuit gravement à la santé des habitants.

c. du moment que, au moment où

• *du moment que* : valeur causale, synonyme de *puisque* plus une idée de temps. Placé en tête de phrase, il est utilisé pour introduire un argument de preuve.
   Du moment que les promesses électorales ne sont pas tenues, les gens n'ont plus confiance en ceux qui font de la politique.

- *au moment où* : valeur de temps. Indique un moment précis.
  Au moment où l'émission commençait, il y a eu une panne d'électricité.

d. aussi, ainsi

- *aussi* : également, lorsqu'il est placé après le verbe. Il permet d'ajouter un élément d'information dans la phrase.
  Ils ont visité de nombreux musées et vu aussi des marchés en plein air.
- *aussi* : donc, lorsqu'il est placé en tête de phrase. Il a alors une valeur de conséquence. Surtout utilisé à l'écrit, il entraîne une inversion du sujet.
  Le bonheur est une notion difficile à définir, aussi suscite-t-elle de nombreux débats passionnés.
- *ainsi* : aussi, donc
  Placé en tête de phrase, il oblige également à l'inversion du sujet.
  La Tunisie offre des séjours peu chers. Ainsi, les retraités français peuvent-ils passer plusieurs mois au soleil.

- *ainsi* : de cette façon
  Ils se marièrent et eurent beaucoup d'enfants. Ainsi se terminent les contes.
- *ainsi* : par exemple, tel
  Les révolutionnaires croyaient au bonheur collectif. Ainsi Saint-Just.

e. tant que, tant … que

- *tant que* : idée de temps, de durée (= aussi longtemps que)
  Tant que l'orage grondera, nous resterons dans la voiture.
- *tant … que* : idée de conséquence
  Il a tant marché que ses chaussures se sont trouées.

f. pourvu que + subjonctif : condition ou souhait suivant le contexte
  Je croirai en votre innocence pourvu que vous m'en donniez la preuve.
  C'est un rendez-vous important, pourvu qu'il se passe bien !

IV
Tableaux de conjugaison

ÊTRE					
Présent	**Imparfait**	**Passé simple**	**Futur**	**Passé composé**	**Plus-que-parfait**
je suis	j'étais	je fus	je serai	j'ai été	j'avais été
tu es	tu étais	tu fus	tu seras	tu as été	tu avais été
il est	il était	il fut	il sera	il a été	il avait été
nous sommes	nous étions	nous fûmes	nous serons	nous avons été	nous avions été
vous êtes	vous étiez	vous fûtes	vous serez	vous avez été	vous aviez été
ils sont	ils étaient	ils furent	ils seront	ils ont été	ils avaient été

Subjonctif	**Subjonctif passé**	**Conditionnel présent**	**Conditionnel passé**	**Impératif**
que je sois	que j'aie été	je serais	j'aurais été	
que tu sois	que tu aies été	tu serais	tu aurais été	Sois !
qu'il soit	qu'il ait été	il serait	il aurait été	
que nous soyons	que nous ayons été	nous serions	nous aurions été	Soyons !
que vous soyez	que vous ayez été	vous seriez	vous auriez été	Soyez !
qu'ils soient	qu'ils aient été	ils seraient	ils auraient été	

Infinitif	**Participe présent**	**Gérondif**	**Participe passé**
être avoir été	étant	en étant	été

Tableaux de conjugaison

AVOIR

Présent	Imparfait	Passé simple	Futur	Passé composé	Plus-que-parfait
j'ai	j'avais	J'eus	j'aurai	j'ai eu	j'avais eu
tu as	tu avais	tu eus	tu auras	tu as eu	tu avais eu
il a	il avait	il eut	il aura	il a eu	il avait eu
nous avons	nous avions	nous eûmes	nous aurons	nous avons eu	nous avions eu
vous avez	vous aviez	vous eûtes	vous aurez	vous avez eu	vous aviez eu
ils ont	ils avaient	ils eurent	ils auront	ils ont eu	ils avaient eu

Subjonctif	Subjonctif passé	Conditionnel présent	Conditionnel passé	Impératif
que j'aie	que j'aie été	j'aurais	j'aurais eu	
que tu aies	que tu aies été	tu aurais	tu aurais eu	Aie !
qu'il ait	qu'il ait été	il aurait	il aurait eu	
que nous ayons	que nous ayons été	nous aurions	nous aurions eu	Ayons !
que vous ayez	que vous ayez été	vous auriez	vous auriez eu	Ayez !
qu'ils aient	qu'ils aient été	ils auraient	ils auraient eu	

Infinitif	Participe présent	Gérondif	Participe passé
avoir avoir eu	ayant	en ayant	eu

AIMER

Présent	Imparfait	Passé simple	Futur	Passé composé	Plus-que-parfait
j'aime	j'aimais	j'aimai	j'aimerai	j'ai aimé	j'avais aimé
tu aimes	tu aimais	tu aimas	tu aimeras	tu as aimé	tu avais aimé
il aime	il aimait	il aima	il aimera	il a aimé	il avait aimé
nous aimons	nous aimions	nous aimâmes	nous aimerons	nous avons aimé	nous avions aimé
vous aimez	vous aimiez	vous aimâtes	vous aimerez	vous avez aimé	vous aviez aimé
ils aiment	ils aimaient	ils aimèrent	ils aimeront	ils ont aimé	ils avaient aimé

Subjonctif	Subjonctif passé	Conditionnel présent	Conditionnel passé	Impératif
que j'aime	que j'aie aimé	j'aimerais	j'aurais aimé	
que tu aimes	que tu aies aimé	tu aimerais	tu aurais aimé	Aime !
qu'il aime	qu'il ait aimé	il aimerait	il aurait aimé	
que nous aimions	que nous ayons aimé	nous aimerions	nous aurions aimé	Aimons !
que vous aimiez	que vous ayez aimé	vous aimeriez	vous auriez aimé	Aimez !
qu'ils aiment	qu'ils aient aimé	ils aimeraient	ils auraient aimé	

Infinitif	Participe présent	Gérondif	Participe passé
aimer avoir aimé	aimant	en aimant	aimé

Tableaux de conjugaison

SE LEVER

Présent	Imparfait	Passé simple	Futur	Passé composé	Plus-que-parfait
je me lève	je me levais	je me levai	je me lèverai	je me suis levé	je m'étais levé
tu te lèves	tu te levais	tu te levas	tu te lèveras	tu t'es levé	tu t'étais levé
il se lève	il se levait	il se leva	il se lèvera	il s'est levé	il s'était levé
nous nous levons	nous nous levions	nous nous levâmes	nous nous lèverons	nous nous sommes levés	nous nous étions levés
vous vous levez	vous vous leviez	vous vous levâtes	vous vous lèverez	vous vous êtes levés	vous vous étiez levés
ils se lèvent	ils se levaient	ils levèrent	ils se lèveront	ils se sont levés	ils s'étaient levés

Subjonctif	Subjonctif passé	Conditionnel présent	Conditionnel passé	Impératif
que je me lève	que je me sois levé	je me lèverais	je me serais levé	
que tu te lèves	que tu te sois levé	tu te lèverais	tu te serais levé	Lève-toi !
qu'il se lève	qu'il se soit levé	il se lèverait	il se serait levé	
que nous nous levions	que nous nous soyons levés	nous nous lèverions	nous nous serions levés	Levons-nous !
que vous vous leviez	que vous vous soyez levés	vous vous lèveriez	vous vous seriez levés	Levez-vous !
qu'ils se lèvent	qu'ils se soient levés	ils se lèveraient	ils se seraient levés	

Infinitif	Participe présent	Gérondif	Participe passé
se lever s'être levé	se levant	en se levant	levé

ALLER

Présent	Imparfait	Passé simple	Futur	Passé composé	Plus-que-parfait
je vais	j'allais	j'allai	j'irai	je suis allé	j'étais allé
tu vas	tu allais	tu allas	tu iras	tu es allé	tu étais allé
il va	il allait	il alla	il ira	il est allé	il était allé
nous allons	nous allions	nous allâmes	nous irons	nous sommes allés	nous étions allés
vous allez	vous alliez	vous allâtes	vous irez	vous êtes allés	vous étiez allés
ils vont	ils allaient	ils allèrent	ils iront	ils sont allés	ils étaient allés

Subjonctif	Subjonctif passé	Conditionnel présent	Conditionnel passé	Impératif
que j'aille	que je sois allé	j'irais	je serais allé	
que tu ailles	que tu sois allé	tu irais	tu serais allé	Va !
qu'il aille	qu'il soit allé	il irait	il serait allé	
que nous allions	que nous soyons allés	nous irions	nous serions allés	Allons !
que vous alliez	que vous soyez allés	vous iriez	vous seriez allés	Allez !
qu'ils aillent	qu'ils soient allés	ils iraient	ils seraient allés	

Infinitif	Participe présent	Gérondif	Participe passé
aller être allé	allant	en allant	allé

Tableaux de conjugaison

DEVOIR

Présent	Imparfait	Passé simple	Futur	Passé composé	Plus-que-parfait
je dois	je devais	je dus	je devrai	j'ai dû	j'avais dû
tu dois	tu devais	tu dus	tu devras	tu as dû	tu avais dû
il doit	il devait	il dut	il devra	il a dû	il avait dû
nous devons	nous devions	nous dûmes	nous devrons	nous avons dû	nous avions dû
vous devez	vous deviez	vous dûtes	vous devrez	vous avez dû	vous aviez dû
ils doivent	ils devaient	ils durent	ils devront	ils ont dû	ils avaient dû

Subjonctif	Subjonctif passé	Conditionnel présent	Conditionnel passé	Impératif
que je doive	que j'aie dû	je devrais	j'aurais dû	
que tu doives	que tu aies dû	tu devrais	tu aurais dû	Dois !
qu'il doive	qu'il ait dû	il devrait	il aurait dû	
que nous devions	que nous ayons dû	nous devrions	nous aurions dû	Devons !
que vous deviez	que vous ayez dû	vous devriez	vous auriez dû	Devez !
qu'ils doivent	qu'ils aient dû	ils devraient	ils auraient dû	

Infinitif	Participe présent	Gérondif	Participe passé
devoir avoir dû	devant	en devant	dû

Attention à l'accent circonflexe sur le u du participe passé : j'ai dû…

FAIRE

Présent	Imparfait	Passé simple	Futur	Passé composé	Plus-que-parfait
je fais	je faisais	je fis	je ferai	j'ai fait	j'avais fait
tu fais	tu faisais	tu fis	tu feras	tu as fait	tu avais fait
il fait	il faisait	il fit	il fera	il a fait	il avait fait
nous faisons	nous faisions	nous fîmes	nous ferons	nous avons fait	nous avions fait
vous faites	vous faisiez	vous fîtes	vous ferez	vous avez fait	vous aviez fait
ils font	ils faisaient	ils firent	ils feront	ils ont fait	ils avaient fait

Subjonctif	Subjonctif passé	Conditionnel présent	Conditionnel passé	Impératif
que je fasse	que j'aie fait	je ferais	j'aurais fait	
que tu fasses	que tu aies fait	tu ferais	tu aurais fait	Fais !
qu'il fasse	qu'il ait fait	il ferait	il aurait fait	
que nous fassions	que nous ayons fait	nous ferions	nous aurions fait	Faisons !
que vous fassiez	que vous ayez fait	vous feriez	vous auriez fait	Faites !
qu'ils fassent	qu'ils aient fait	ils feraient	ils auraient fait	

Infinitif	Participe présent	Gérondif	Participe passé
faire avoir faire	faisant	en faisant	fait

Attention à la forme irrégulière : vous faites et à la prononciation : nous faisons = [nufəzɔ̃] ;
il faisait = [ilfəzɛ].

Tableaux de conjugaison

FINIR

Présent	Imparfait	Passé simple	Futur	Passé composé	Plus-que-parfait
je finis	je finissais	je finis	je finirai	j'ai fini	j'avais fini
tu finis	tu finissais	tu finis	tu finiras	tu as fini	tu avais fini
il finit	il finissait	il finit	il finira	il a fini	il avait fini
nous finissons	nous finissions	nous finîmes	nous finirons	nous avons fini	nous avions fini
vous finissez	vous finissiez	vous finîtes	vous finirez	vous avez fini	vous aviez fini
ils finissent	ils finissaient	ils finirent	ils finiront	ils ont fini	ils avaient fini

Subjonctif	Subjonctif passé	Conditionnel présent	Conditionnel passé	Impératif
que je finisse	que j'aie fini	je finirais	j'aurais fini	
que tu finisses	que tu aies fini	tu finirais	tu aurais fini	Finis !
qu'il finisse	qu'il ait fini	il finirait	il aurait fini	
que nous finissions	que nous ayons fini	nous finirions	nous aurions fini	Finissons !
que vous finissiez	que vous ayez fini	vous finiriez	vous auriez fini	Finissez !
qu'ils finissent	qu'ils aient fini	ils finiraient	ils auraient fini	

Infinitif	Participe présent	Gérondif	Participe passé
finir avoir fini	finissant	en finisssant	fini

Se conjuguent comme finir : bâtir, choisir, fleurir, guérir, obéir, punir, réfléchir, remplir, réunir, réussir…

POUVOIR

Présent	Imparfait	Passé simple	Futur	Passé composé	Plus-que-parfait
je peux	je pouvais	je pus	je pourrai	j'ai pu	j'avais pu
tu peux	tu pouvais	tu pus	tu pourras	tu as pu	tu avais pu
il peut	il pouvait	il put	il pourra	il a pu	il avait pu
nous pouvons	nous pouvions	nous pûmes	nous pourrons	nous avons pu	nous avions pu
vous pouvez	vous pouviez	vous pûtes	vous pourrez	vous avez pu	vous aviez pu
ils peuvent	ils pouvaient	ils purent	ils pourront	ils ont pu	ils avaient pu

Subjonctif	Subjonctif passé	Conditionnel présent	Conditionnel passé	Impératif
que je puisse	que j'aie pu	je pourrais	j'aurais pu	
que tu puisses	que tu aies pu	tu pourrais	tu aurais pu	
qu'il puisse	qu'il ait pu	il pourrait	il aurait pu	
que nous puissions	que nous ayons pu	nous pourrions	nous aurions pu	
que vous puissiez	que vous ayez pu	vous pourriez	vous auriez pu	
qu'ils puissent	qu'ils aient pu	ils pourraient	ils auraient pu	

Infinitif	Participe présent	Gérondif	Participe passé
pouvoir avoir pu	pouvant	en pouvant	pu

Attention, ce verbe est très irrégulier : présent : je peux, tu peux, il peut ; futur : je pourrai ; subjonctif irrégulier ; pas d'impératif.

Tableaux de conjugaison

PRENDRE

Présent	Imparfait	Passé simple	Futur	Passé composé	Plus-que-parfait
je prends	je prenais	je pris	je prendrai	j'ai pris	j'avais pris
tu prends	tu prenais	tu pris	tu prendras	tu as pris	tu avais pris
il prend	il prenait	il prit	il prendra	il a pris	il avait pris
nous prenons	nous prenions	nous prîmes	nous prendrons	nous avons pris	nous avions pris
vous prenez	vous preniez	vous prîtes	vous prendrez	vous avez pris	vous aviez pris
ils prennent	ils prenaient	ils prirent	ils prendront	ils ont pris	ils avaient pris

Subjonctif	Subjonctif passé	Conditionnel présent	Conditionnel passé	Impératif
que je prenne	que j'aie pris	je prendrais	j'aurais pris	
que tu prennes	que tu aies pris	tu prendrais	tu aurais pris	Prends !
qu'il prenne	qu'il ait pris	il prendrait	il aurait pris	
que nous prenions	que nous ayons pris	nous prendrions	nous aurions pris	Prenons !
que vous preniez	que vous ayez pris	vous prendriez	vous auriez pris	Prenez !
qu'ils prennent	qu'ils aient pris	ils prendraient	ils auraient pris	

Infinitif	Participe présent	Gérondif	Participe passé
prendre avoir pris	prenant	en prenant	pris

Se conjuguent comme prendre : **les verbes** apprendre, comprendre, surprendre.

SAVOIR

Présent	Imparfait	Passé simple	Futur	Passé composé	Plus-que-parfait
je sais	je savais	je sus	je saurai	j'ai su	j'avais su
tu sais	tu savais	tu sus	tu sauras	tu as su	tu avais su
il sait	il savait	il sut	il saura	il a su	il avait su
nous savons	nous savions	nous sûmes	nous saurons	nous avons su	nous avions su
vous savez	vous saviez	vous sûtes	vous saurez	vous avez su	vous aviez su
ils savent	ils savaient	ils surent	ils sauront	ils ont su	ils avaient su

Subjonctif	Subjonctif passé	Conditionnel présent	Conditionnel passé	Impératif
que je sache	que j'aie su	je saurais	j'aurais su	
que tu saches	que tu aies su	tu saurais	tu aurais su	Sache !
qu'il sache	qu'il ait su	il saurait	il aurait su	
que nous sachions	que nous ayons su	nous saurions	nous aurions su	Sachons !
que vous sachiez	que vous ayez su	vous sauriez	vous auriez su	Sachez !
qu'ils sachent	qu'ils aient su	ils sauraient	ils auraient su	

Infinitif	Participe présent	Gérondif	Participe passé
savoir avoir su	sachant	en sachant	su

Attention au subjonctif et à l'impératif irréguliers : que je sache - sache, sachons, sachez.

Tableaux de conjugaison

VENIR

Présent	Imparfait	Passé simple	Futur	Passé composé	Plus-que-parfait
je viens	je venais	je vins	je viendrai	je suis venu	j'étais venu
tu viens	tu venais	tu vins	tu viendras	tu es venu	tu étais venu
il vient	il venait	il vint	il viendra	il est venu	il était venu
nous venons	nous venions	nous vînmes	nous viendrons	nous sommes venus	nous étions venus
vous venez	vous veniez	vous vîntes	vous viendrez	vous êtes venus	vous étiez venus
ils viennent	ils venaient	ils vinrent	ils viendront	ils sont venus	ils étaient venus

Subjonctif	Subjonctif passé	Conditionnel présent	Conditionnel passé	Impératif
que je vienne	que je sois venu	je viendrais	je serais venu	
que tu viennes	que tu sois venu	tu viendrais	tu serais venu	Viens !
qu'il vienne	qu'il soit venu	il viendrait	il serait venu	
que nous venions	que nous soyons venus	nous viendrions	nous serions venus	Venons !
que vous veniez	que vous soyez venus	vous viendriez	vous seriez venus	Venez !
qu'ils viennent	qu'ils soient venus	ils viendraient	ils seraient venus	

Infinitif	Participe présent	Gérondif	Participe passé
venir être venu	venant	en venant	venu

Se conjuguent comme venir les verbes : devenir, parvenir, prévenir, revenir, se souvenir, tenir, appartenir, obtenir, soutenir.

VOULOIR

Présent	Imparfait	Passé simple	Futur	Passé composé	Plus-que-parfait
je veux	je voulais	je voulus	je voudrai	j'ai voulu	j'avais voulu
tu veux	tu voulais	tu voulus	tu voudras	tu as voulu	tu avais voulu
il veut	il voulait	il voulut	il voudra	il a voulu	il avait voulu
nous voulons	nous voulions	nous voulûmes	nous voudrons	nous avons voulu	nous avions voulu
vous voulez	vous vouliez	vous voulûtes	vous voudrez	vous avez voulu	vous aviez voulu
ils veulent	ils voulaient	ils voulurent	ils voudront	ils ont voulu	ils avaient voulu

Subjonctif	Subjonctif passé	Conditionnel présent	Conditionnel passé	Impératif
que je veuille	que j'aie voulu	je voudrais	j'aurais voulu	
que tu veuilles	que tu aies voulu	tu voudrais	tu aurais voulu	
qu'il veuille	qu'il ait voulu	il voudrait	il aurait voulu	
que nous voulions	que nous ayons voulu	nous voudrions	nous aurions voulu	
que vous vouliez	que vous ayez voulu	vous voudriez	vous auriez voulu	Veuillez !
qu'ils veuillent	qu'ils aient voulu	ils voudraient	ils auraient voulu	

Infinitif	Participe présent	Gérondif	Participe passé
vouloir avoir voulu	voulant	en voulant	voulu

Attention, ce verbe est très irrégulier : présent : je veux, tu veux, il veut ; futur : je voudrai ; subjonctif irrégulier ;
à l'impératif, une seule forme utilisée.

Tableaux de conjugaison

VOIR

Présent	Imparfait	Passé simple	Futur	Passé composé	Plus-que-parfait
je vois	je voyais	je vis	je verrai	j'ai vu	j'avais vu
tu vois	tu voyais	tu vis	tu verras	tu as vu	tu avais vu
il voit	il voyait	il vit	il verra	il a vu	il avait vu
nous voyons	nous voyions	nous vîmes	nous verrons	nous avons vu	nous avions vu
vous voyez	vous voyiez	vous vîtes	vous verrez	vous avez vu	vous aviez vu
ils voient	ils voyaient	ils virent	ils verront	ils ont vu	ils avaient vu

Subjonctif	Subjonctif passé	Conditionnel présent	Conditionnel passé	Impératif
que je voie	que j'aie vu	je verrais	j'aurais vu	
que tu voies	que tu aies vu	tu verrais	tu aurais vu	Vois !
qu'il voie	qu'il ait vu	il verrait	il aurait vu	
que nous voyions	que nous ayons vu	nous verrions	nous aurions vu	Voyons !
que vous voyiez	que vous ayez vu	vous verriez	vous auriez vu	Voyez !
qu'ils voient	qu'ils aient vu	ils verraient	ils auraient vu	

Infinitif	Participe présent	Gérondif	Participe passé
voir avoir vu	voyant	en voyant	vu

NAÎTRE

Présent	Imparfait	Passé simple	Futur	Passé composé	Plus-que-parfait
je nais	je naissais	je naquis	je naîtrai	je suis né	j'étais né
tu nais	tu naissais	tu naquis	tu naîtras	tu es né	tu étais né
il naît	il naissait	il naquit	il naîtra	il est né	il était né
nous naissons	nous naissions	nous naquîmes	nous naîtrons	nous sommes nés	nous étions nés
vous naissez	vous naissiez	vous naquîtes	vous naîtrez	vous êtes nés	vous étiez nés
ils naissent	ils naissaient	ils naquirent	ils naîtront	ils sont nés	ils étaient nés

Subjonctif	Subjonctif passé	Conditionnel présent	Conditionnel passé	Impératif
que je naisse	que je sois né	je naîtrais	je serais né	
que tu naisses	que tu sois né	tu naîtrais	tu serais né	Nais !
qu'il naisse	qu'il soit né	il naîtrait	il serait né	
que nous naissions	que nous soyons nés	nous naîtrions	nous serions nés	Naissons !
que vous naissiez	que vous soyez nés	vous naîtriez	vous seriez nés	Naissez !
qu'ils naissent	qu'ils soient nés	ils naîtraient	ils seraient nés	

Infinitif	Participe présent	Gérondif	Participe passé
naître être né	naissant	en naissant	né

Tableaux de conjugaison

CONNAÎTRE

Présent	Imparfait	Passé simple	Futur	Passé composé	Plus-que-parfait
je connais	je connaissais	je connus	je connaîtrai	j'ai connu	j'avais connu
tu connais	tu connaissais	tu connus	tu connaîtras	tu as connu	tu avais connu
il connaît	il connaissait	il connut	il connaîtra	il a connu	il avait connu
nous connaissons	nous connaissions	nous connûmes	nous connaîtrons	nous avons connu	nous avions connu
vous connaissez	vous connaissiez	vous connûtes	vous connaîtrez	vous avez connu	vous aviez connu
ils connaissent	ils connaissaient	ils connurent	ils connaîtront	ils ont connu	ils avaient connu

Subjonctif	Subjonctif passé	Conditionnel présent	Conditionnel passé	Impératif
que je connaisse	que j'aie connu	je connaîtrais	j'aurais connu	
que tu connaisses	que tu aies connu	tu connaîtrais	tu aurais connu	Connais !
qu'il connaisse	qu'il ait connu	il connaîtrait	il aurait connu	
que nous connaissions	que nous ayons connu	nous connaîtrions	nous aurions connu	Connaissons !
que vous connaissiez	que vous ayez connu	vous connaîtriez	vous auriez connu	Connaissez !
qu'ils connaissent	qu'ils aient connu	ils connaîtraient	ils auraient connu	

Infinitif	Participe présent	Gérondif	Participe passé
connaître	connaissant	en connaissant	connu
avoir connu			

Se conjuguent comme connaître : les verbes reconnaître, paraître, apparaître, disparaître.

DIRE

Présent	Imparfait	Passé simple	Futur	Passé composé	Plus-que-parfait
je dis	je disais	je dis	je dirai	j'ai dit	j'avais dit
tu dis	tu disais	tu dis	tu diras	tu as dit	tu avais dit
il dit	il disait	il dit	il dira	il a dit	il avait dit
nous disons	nous disions	nous dîmes	nous dirons	nous avons dit	nous avions dit
vous dites	vous disiez	vous dîtes	vous direz	vous avez dit	vous aviez dit
ils disent	ils disaient	ils dirent	ils diront	ils ont dit	ils avaient dit

Subjonctif	Subjonctif passé	Conditionnel présent	Conditionnel passé	Impératif
que je dise	que j'aie dit	je dirais	j'aurais dit	
que tu dises	que tu aies dit	tu dirais	tu aurais dit	Dis !
qu'il dise	qu'il ait dit	il dirait	il aurait dit	
que nous disions	que nous ayons dit	nous dirions	nous aurions dit	Disons !
que vous disiez	que vous ayez dit	vous diriez	vous auriez dit	Dites !
qu'ils disent	qu'ils aient dit	ils diraient	ils auraient dit	

Infinitif	Participe présent	Gérondif	Participe passé
dire	disant	en disant	dit
avoir dit			

Se conjugue comme dire : interdire.
Sauf : – Vous interdisez (présent). – Interdisez ! (impératif). **Attention** à la forme irrégulière : vous dites.

TRANSCRIPTION DES EXERCICES D'ÉCOUTE

UNITÉ 1

Leçon 1

Page 10

Document 1 • Stephen G., 46 ans, que les Britanniques ont baptisé « le marcheur nu » a été arrêté hier à Édimbourg. Ainsi s'est achevée, au moins provisoirement et aux deux tiers de son parcours, l'odyssée de cet ancien soldat qui tentait pour la seconde fois de traverser la Grande-Bretagne, soit près de 1 400 km, dans le plus simple appareil.

Stephen G. ne voyageait pas seul : il était accompagné d'une jeune femme de 33 ans, Mélanie R., qui, elle, n'a pas été poursuivie par la justice. Tous deux étaient partis de la pointe de Cornouailles, au sud-ouest de l'Angleterre, vêtus seulement d'un sac à dos et de grosses chaussures de marche. Ils tentaient d'atteindre la pointe nord-est de l'Écosse.

Raté pour cette fois ! Stephen G., qui a comparu devant le tribunal d'Édimbourg toujours en tenue d'Adam, s'est retrouvé derrière les barreaux pour quinze jours, bien décidé, semble-t-il, à reprendre la route dès qu'il aura été libéré.

Document 2 • Tout le monde se souvient du thème développé par Étienne Chatiliez dans son film *La vie est un long fleuve tranquille* : deux bébés venus de deux familles que tout oppose sont échangés à la naissance dans une maternité et on ne découvre cette erreur que douze ans plus tard. Eh bien ! c'est ce qui est arrivé à deux enfants thaïlandais, un garçon et une fille, nés le même jour dans une maternité de la province de Trang. À la suite d'une confusion, que personne n'explique, chaque enfant est reparti avec la famille de l'autre. C'était il y a dix ans.

Comment s'est-on aperçu de cette erreur ? Les enfants, qui fréquentent la même école, ne ressemblaient absolument pas à leurs « parents » et ceux-ci ont fini par se poser des questions. Dans le doute, ils ont demandé à ce que les enfants fassent un test ADN. Et c'est ainsi que le pot aux roses a été découvert !

Leçon 2

Page 14

Savez-vous ce qu'est un rémouleur ? un rétameur ? un cantonnier ? un vannier ? un sabotier ? un charbonnier ? Non ? Pas de panique ! C'est normal que vous ne le sachiez pas car ces métiers ont disparu depuis longtemps.

Les rémouleurs sont ceux qui aiguisaient sur une grosse pierre très dure les couteaux, les ciseaux, etc. Les rétameurs sont ceux qui réparaient les casseroles, les marmites, les chaudrons bref, tout ce qui était en métal. Attention, il ne faut pas confondre le rétameur avec le chaudronnier qui, lui, fabriquait des ustensiles de cuisine ou des outils.

Quant au cantonnier, il s'occupait des routes et des chemins. C'était un dur métier car il était dehors par tous les temps. Une chanson très célèbre lui a été consacrée :
Sur la route de Louviers *(bis)*
Il y avait un cantonnier *(bis)*
Et qui cassait *(bis)*
Des tas d'cailloux *(bis)*
Et qui cassait des tas d'cailloux
Pour mettre sur l'passage des roues

Les vanniers fabriquaient des paniers avec du rotin ou de l'osier. Parmi les gens du voyage, il y a encore aujourd'hui beaucoup de vanniers. Les hommes tressent les paniers que les femmes vont vendre de village en village.

Le sabotier, comme son nom l'indique, fabriquait des sabots. Il vivait souvent dans la forêt, comme le charbonnier qui faisait du charbon avec le bois qu'il laissait brûler très lentement dans un grand four, la charbonnière.

Beaucoup d'autres métiers ont disparu : le cordier, le crieur public, le vitrier, le porteur d'eau, l'allumeur de réverbères, le matelassier, le tonnelier, la marchande des quatre saisons, le marchand d'habits, le marchand de peaux de lapins…

Dans la plupart des régions, il existe des écomusées, ce qui nous permet de mieux comprendre, le temps d'une visite, la vie quotidienne des siècles passés.

Leçon 3

Page 18

LA GUIDE : Bon, alors, nous voici arrivés place Alma Marceau. Nous allons maintenant remonter l'avenue Montaigne jusqu'au rond-point des Champs-Élysées. Nous longeons le quartier qu'on appelle « le triangle d'or ». Avant que nous ne partions, une petite question : Pourquoi « le triangle d'or » ? Quelqu'un a une idée ? Qui peut répondre ?

VOIX 1 : Euh… C'est le quartier des joailliers, des bijoutiers ?

LA GUIDE : Non, le quartier des joailliers, c'est plutôt la place Vendôme, près de l'Opéra. Une autre idée ?

VOIX 2 : C'est un quartier chic ?

LA GUIDE : Oui, bonne réponse ! En effet, c'est le quartier où sont concentrées les plus grandes boutiques de haute couture. Alors… Qui peut me citer quelques grands couturiers français ? Vous en connaissez ? Madame ?

VOIX 3 : Christian Dior, Yves Saint-Laurent, Christian Lacroix…

LA GUIDE : Bravo. Allons-y. Restez groupés, s'il vous plaît. On prend le trottoir de gauche. À votre gauche, Emmanuel Ungaro et, un peu plus haut, l'hôtel Montaigne, très chic mais bien sûr pas autant que le Plaza Athénée. Le Plaza Athénée, on le verra un peu plus haut. Avancez, s'il vous plaît.

Au 10, vous avez Prada, puis Inès de la Fressange, qui a été top model chez Chanel pendant des années avant de monter sa propre boutique. Giorgio Armani, qui est au 18. Au 22, vous avez Dolce et Gabbana et Louis Vuitton puis Christian Lacroix au 26 et, au 30, Christian Dior. Alors… Pourquoi Christian Dior s'est installé avenue Montaigne ? Vous le savez ?

VOIX 1 : Pour être près des Champs-Élysées ?

VOIX 4 : Pour être en face du théâtre des Champs-Élysées ?

LA GUIDE : Non, c'était pour être en face du Plaza Athénée, juste à côté du théâtre. C'est l'hôtel que vous voyez là, au 25. On va rester sur ce trottoir pour que vous puissiez bien le voir. C'est un vrai bijou ! Il existe depuis 1911 et il a été entièrement rénové en 2000. Le grand chef Alain Ducasse y a installé son restaurant à ce moment-là. Bon nombre de grands de ce monde ont mangé ou dormi là un jour ou l'autre, des rois et des reines, des hommes politiques, mais aussi des acteurs…

VOIX 2 : C'est très très cher ?

LA GUIDE : Plutôt, oui ! Surtout la suite royale qui existe depuis 2005. Il faut dire qu'elle mesure à peu près 500 m² et qu'elle donne sur la tour Eiffel. Mais vous pouvez toujours aller boire un verre au bar du Plaza. Allez, on continue… Alors, au 36-38, Céline et un peu plus haut, au 42, Chanel.

Leçon 4

Page 22

Voilà, c'est la fin de la présentation des collections de prêt-à-porter féminin de l'automne prochain. Comme je vous le disais déjà hier, les derniers défilés de mode ont confirmé une tendance qui s'accentue au fil des saisons : la mode « grunge ». Laissez-vous aller, déchirez, décousez mais avec art.

Un jean sera encore plus cher s'il a été artificiellement sali, usé, délavé, taché, tatoué même. Eh ! oui, la mode, la création ne reculent pas devant la contradiction : dans un monde où tous les signes de vieillissement sont refusés, on préfère ce qui est usagé à ce qui est neuf. Certains créateurs et journalistes de mode y voient un hommage à la rue, au monde du travail manuel. Sans doute à l'origine. Rappelez-vous cette créatrice anglaise issue du mouvement punk, Vivienne Westwood, dont les collections avaient pour but de dénoncer la rigidité et l'étroitesse d'esprit de ses aînés. Aujourd'hui, on est loin de ces motivations « révolutionnaires ». Mais… la rue reste cependant une source d'inspiration et de récupération : après John Galliano qui avait imaginé un défilé Dior haute couture tendance « clochards », sous les ponts, c'est Louis Vuitton qui s'est inspiré des colifichets hip-hop pour sa dernière collection de bijoux.

Aujourd'hui tout est donc possible ! Le mélange des genres, comme la mixité des populations, a gagné ses lettres de noblesse. Nous verrons, dans la rue, si le succès est au rendez-vous.

C'était Maîténa Gautier pour « Défilés et collections ». À bientôt. Au revoir.

Vers le Delf B1

Page 27

Compréhension orale

Pour la première fois aux États-Unis, un État, la Floride, va indexer les salaires des professeurs sur les résultats de leurs élèves. Précisons qu'il ne s'agit pas des salaires à proprement parler mais d'une bonne partie de ces salaires, à savoir les augmentations et les primes qui seront désormais calculées en fonction des résultats des élèves aux examens. Cette réforme sera appliquée dès la rentrée prochaine.

Il faut rappeler que la Floride a déjà mis en place un examen de contrôle des connaissances, le FCAT, pour déterminer si les élèves ont en fin d'année le niveau requis. Les écoles les plus « performantes » entre guillemets reçoivent des primes annuelles pouvant aller jusqu'à 1 000 dollars par an.

Alors, pourquoi cette nouvelle mesure qui tend elle aussi à soumettre les établissements scolaires aux mêmes exigences de compétitivité que n'importe quelle entreprise privée ?

Pour ceux qui défendent cette réforme, il est tout à fait normal que les enseignants soient payés en fonction des résultats qu'ils obtiennent et non pas, comme c'était le cas auparavant, en fonction de leurs diplômes ou de leur ancienneté dans la carrière. « C'est une simple question de bon sens, déclare le gouverneur de Floride. Où est le mal ? Je ne vois pas pourquoi on ne paierait pas davantage quelqu'un qui fait bien son travail. »

Les syndicats d'enseignants ne l'entendent pas de cette oreille, pas plus que bon nombre de spécialistes des sciences de l'éducation. Pour eux, l'école et l'entreprise sont deux choses bien différentes et il est absurde d'évaluer la qualité de l'enseignement en prenant pour seul critère la réussite ou non aux examens.

Ce qu'un enfant apprend, disent-ils, ce qu'il a retiré d'un cours, ce qu'un professeur a pu lui apporter, tout cela dépasse largement les limites d'un examen, qui, en plus, est presque toujours ultra-standardisé et favorise donc un bachotage assez stérile. Ils ajoutent qu'il est stupide, dangereux et, à leurs yeux, immoral d'introduire une dimension financière dans la relation élèves-professeurs.

UNITÉ 2

Leçon 5

Page 30

LE PRÉSENTATEUR : Bonjour, vous avez été très nombreux à nous demander des conseils pour fleurir votre balcon. Alors, je laisse la parole à notre spécialiste. On vous écoute Nicolas.

NICOLAS : Bonjour, c'est vrai que le printemps approche et l'envie de jardiner vous démange. Je vous comprends. Alors, en quatre questions, voici mes conseils et mes astuces pour économiser du temps, de l'argent et réussir un joli jardin en pots.

D'abord, À quel moment planter ?

Eh bien, il est possible de planter en avril si votre balcon est bien exposé et abrité du vent. Sinon, vous devez patienter jusqu'à la mi-mai. Vous connaissez le proverbe*... Il y a encore de belles gelées jusqu'à fin avril. Mais si votre terrasse est orientée plein sud, cet été, à côté de votre hamac, vous pourrez avoir toutes les fleurs que vous voulez à condition de les arroser souvent.

Le seul danger pour vos plantes, c'est le vent. Alors, il faudra peut-être que vous les protégiez en attendant l'été.

Maintenant, quels bacs et jardinières allez-vous acheter ?

Il n'est plus nécessaire de courir les brocantes pour récupérer les vieilles bassines en zinc ou les poteries artisanales, Toutes les jardineries en proposent. Pensez à les choisir ni trop étroites du haut, il est difficile d'y arranger les plantes, ni trop étroites du bas pour des raisons d'équilibre.

Après, où et comment pouvez-vous les disposer ?

Placez-les à différents niveaux : sur le sol, accrochés au balcon, sur un support mais ne les suspendez pas à l'extérieur, côté rue, c'est interdit par la loi.

Enfin, comment planter dans les règles de l'art ?

Premièrement, vérifiez que le fond de votre pot est bien percé d'un ou deux trous pour l'évacuation de l'eau, puis remplissez-le avec de la terre à laquelle vous mélangez un peu d'engrais.

Et ensuite, faites-vous plaisir, choisissez de mélanger les fleurs ou privilégiez-en une seule. Les goûts et les couleurs, ça ne se discute pas !

LE PRÉSENTATEUR : Merci Nicolas. À samedi prochain, cette fois pour apprendre à composer un carré de plantes aromatiques bonnes pour la cuisine et utiles pour les estomacs fragiles.

Je vous rappelle que tous les samedis matin, sur France Inter, après le bulletin d'information de 8 heures, vous pouvez écouter cette émission qui s'intitule : *La main verte*. Bon week-end à tous.

Leçon 6

Page 34

VOIX 1 : Bonjour, alors je vous appelle parce que je ne sais plus quoi faire. Tous les week-ends, mes voisins font des sardines grillées et des merguez sur leur barbecue dans leur petit bout de jardin, ils sont au rez-de-chaussée et moi au premier. Je ne peux plus ouvrir mes fenêtres. Ce n'est pas que je sois snob mais les odeurs, ça me dégoûte. Je leur en ai parlé mais ils ne m'écoutent pas ! Qu'est-ce que je peux faire ?

VOIX 2 : Bonjour, je m'appelle Sandra et j'habite dans un petit village pas loin de Paris, enfin, j'y vais seulement le week-end et pendant les vacances, pour me reposer avec mon mari et notre bébé. Mais maintenant, ce n'est plus possible, notre nouveau voisin tond sa pelouse ou tronçonne du bois tous les samedis matin si bien qu'on ne peut même plus faire la grasse matinée. Mon mari a eu des mots avec lui, alors maintenant il fait exprès de travailler dans son jardin dès 8 heures ! Est-ce qu'on va devoir déménager à cause de lui ?

VOIX 3 : Bonjour, voilà, moi j'ai un parking en bas de chez moi avec mon numéro et depuis huit jours, tous les soirs quand j'arrive, un voisin a garé sa voiture sur mon emplacement. Je sais qui c'est, je l'ai attendu un matin pour lui dire qu'il exagérait et qu'il devait se garer ailleurs. Il m'a ri au nez et il est parti.

VOIX 4 : Bonjour, moi, c'est le chien du voisin. Enfin, je veux dire que c'est le chien du voisin qui me cause des problèmes. Ils le laissent vagabonder sous prétexte qu'il ne supporte pas d'être attaché, alors il passe sous mon portail et il vient abîmer mes plantations. Il est gentil ce toutou mais ce n'est pas une raison. L'autre jour, je l'ai surpris en flagrant délit et comme j'étais en train de parler avec son maître, celui-ci n'a pas pu nier. Il a rappelé son chien mais hier, ça a recommencé. J'en ai vraiment marre !

Leçon 7

Page 38

Dialogue 1

ALIX : Bon, ça y est ! Maintenant que j'ai le code, je voudrais savoir quand je pourrai passer la conduite. Et... vous pouvez me dire comment ça se passe exactement ?

LE MONITEUR : Oh là là, vous n'allez pas commencer. Paniquer, ce n'est pas votre genre. Vous verrez, ça se passera très bien. Vous allez conduire une bonne vingtaine de minutes avec l'inspecteur à côté. Moi, je serai derrière mais je ne pourrai rien dire. Pas la peine de me regarder dans le rétroviseur, hein ! Et puis après, il vous demandera des petits trucs pratiques.

ALIX : Qu'est-ce qu'il va me demander par exemple ?

LE MONITEUR : Oh, les trucs habituels :le gonflage des pneus, les phares, vérifier le niveau d'huile...

ALIX : Et on a le résultat tout de suite ?

LE MONITEUR : Ah non, ça, vous le recevez chez vous, plus tard.

ALIX : Ah bon ? Pourquoi pas tout de suite ? L'inspecteur a peur qu'on lui casse la figure si on est collé ?

LE MONITEUR : Oui, il y a un peu de ça ! Il y a eu pas mal de problèmes de ce genre.

Trois semaines plus tard.

LILIANE : Alors, ça s'est passé comment ? Qu'est-ce qu'il t'a demandé ?

ALIX : La ruse classique : il m'a demandé si je pouvais tourner à droite et, bien sûr, c'était un sens interdit. Ça m'a rendue nerveuse. Il m'a dit aussi que je ne roulais pas assez vite. J'étais à 45. En ville, ça va, non ! Ça suffit. Et puis, il m'a demandé pourquoi je regardais tout le temps dans mon rétro. Et après, comme questions pratiques, vérifier les bougies, mettre le warning… Bof, j'ai peur de l'avoir raté. Enfin, ce n'est pas grave, on ne l'a presque jamais du premier coup.

LILIANE : Mais si ! moi, je…

ALIX : OK, OK, mais toi, tu es un génie. On le sait. Ça va !

Leçon 8

Page 42

LE PROFESSEUR : Bonjour, je vous présente Marion. Elle revient d'une île sous le pôle sud qu'on appelle aussi l'Antarctique. Regardez le globe, c'est là. Elle nous a apporté un petit documentaire. On va le regarder et ensuite vous pourrez lui poser toutes les questions que vous voulez.

LE PROFESSEUR : Allez Mateo, vas-y, ne sois pas timide, pose ta question.

MATEO : Pourquoi tu es partie là-bas ?

MARION : D'abord parce que je suis curieuse. À force d'en entendre parler dans mon laboratoire, j'ai voulu voir comment c'était. Et puis, en partant là-bas, j'ai réalisé un rêve : approcher de très près des animaux extraordinaires.

LOLA : Quels animaux tu as vus?

MARION : Des otaries, des orques, des manchots, des albatros, des lions de mer.

LOLA : Tu n'avais pas peur ?

MARION : Non. Comme on ne les agresse pas, ils ne sont pas méchants. Bien sûr, il faut toujours faire attention de crainte d'un accident, mais ce n'est pas dangereux.

LE PROFESSEUR : Oui, Mathilde, tu as une question ?

MATHILDE : Dans le film qu'est-ce que tu fais avec les manchots ? Pourquoi tu les attrapes ?

MARION : Je les attrape, je les endors et je leur prends un petit bout de chair et après je l'analyse pour comprendre certaines choses, c'était mon rôle là-bas.

FARID : Et ils sont morts ?

MARION : Non, pas du tout ! Quand ils sont réveillés, je les remets dans la nature avec leurs copains.

CÉDRIC : Pourquoi tu avais toujours un ciré et des bottes ?

MARION : Tu sais, sur l'île, les vents sont tellement violents et l'air si humide qu'il faut être bien protégé de façon à ne pas avoir froid et donc à travailler correctement. En plus, les animaux que j'attrape sont des animaux marins. Mouillés et serrés contre moi, ils me refroidiraient vite si je n'étais pas bien protégée.

SACHA : Tu es restée longtemps ?

MARION : Je suis partie le premier décembre 2005 et je suis rentrée en février 2007. Ça fait combien de mois à ton avis ?

PAUL : 3 mois !

MARION : Attention, février 2007, pas 2006. Cela fait 14 mois.

SACHA : Est-ce que tout le monde peut y aller ?

MARION : Non, pas exactement. On n'y va pas pour faire du tourisme mais si tu as une formation scientifique ou technique et surtout si tu es volontaire, tu peux poser ta candidature. Après, cela dépend du travail qu'il y a à faire, de ta santé, de ta motivation. Il faut passer des examens, des entretiens. Mais c'est possible. Vous aimeriez y aller ?

TOUS ENSEMBLE : Ouiiiii !

Vers le Delf B1

Page 47

Compréhension orale

L'ANIMATEUR : Pierre Guillemin, bonsoir. Merci d'avoir répondu à notre invitation.

PIERRE GUILLEMIN : Bonsoir, merci à vous.

L'ANIMATEUR : Je rappelle aux auditeurs que nous sommes en direct de Johannesburg, en Afrique du Sud, pour la cinquième émission de « Rencontres insolites ». Ce soir, nous avons le plaisir d'accueillir un homme passionné par les pierres précieuses. Comment est née cette passion, Pierre Guillemin ?

PIERRE GUILLEMIN : Depuis mon enfance, je suis fasciné par la découverte des pierres, peut-être plus encore que par la pierre elle-même. Ces merveilles sont au cœur de la terre, dans des régions souvent inhospitalières, les rechercher, les trouver, c'est toute une aventure.

L'ANIMATEUR : Vous en achetez ?

PIERRE GUILLEMIN : Non, je n'achète pas, je ne vends pas. Je découvre le monde des pierres, je rencontre des gens étonnants, pauvres ou riches, sympathiques ou peu fréquentables.

L'ANIMATEUR : Dangereux ?

PIERRE GUILLEMIN : Oui, ça peut arriver. Les pierres précieuses attirent, tout le monde veut en trouver, on peut devenir millionnaire en quelques minutes mais le marché est très contrôlé localement. Pour moi, chercher les pierres c'est plus important que tout, je recueille toutes les légendes à leur sujet, c'est ma passion.

L'ANIMATEUR : Vous préférez lesquelles ?

PIERRE GUILLEMIN : Elles sont toutes merveilleuses : les saphirs du Cachemire, les rubis de Birmanie, les émeraudes de Colombie sans parler des diamants d'Afrique du Sud !

L'ANIMATEUR : C'est vrai que ces mots font rêver. Mais pourquoi ?

PIERRE GUILLEMIN : Peut-être parce que les pierres viennent du cœur de la terre et du fond des temps. Elles sont composées d'éléments très rares dans la nature. Il a fallu aussi des conditions exceptionnelles pour qu'elles se forment. Et en plus, on leur attribue des pouvoirs magiques, bénéfiques ou maléfiques.

L'ANIMATEUR : Quel est votre souvenir le plus étonnant ?

PIERRE GUILLEMIN : Un jour, en Birmanie, quelqu'un m'a proposé deux belles pierres, des rubis couleur « sang de pigeon », c'est les plus rares ! Il en voulait seulement 100 dollars. Ce prix m'a étonné. En fait, c'était des rubis synthétiques… fabriqués en France ! Beaucoup de touristes se font prendre, ce sont eux les pigeons !

UNITÉ 3

Leçon 9

Page 50

Nous allons aujourd'hui évoquer une femme très célèbre en France, Marianne. Comme vous le savez sans doute, Marianne, c'est le symbole de la République française. Elle est partout, sur les places de nos villages, sur nos timbres-poste, dans les mairies… Vous l'avez tous vue.

D'où vient-elle, notre Marianne nationale ? Elle vient de la Révolution française. C'est en effet en 1792 qu'elle apparaît. C'est alors, je cite « une femme vêtue à l'ancienne tenant dans la main droite une pique surmontée du bonnet phrygien » fin de citation.

Entre 1799 et 1870, ce symbole apparaît et disparaît en fonction des régimes politiques. Napoléon Ier la rejette et les rois aussi, quand ils reviennent au pouvoir en 1814. Marianne réapparaît lors des révolutions de 1830 et de 1848. Napoléon III, en 1851, la condamne à nouveau. C'est après 1870 qu'elle s'impose définitivement. Et après 1882, le modèle se fige : il ne changera plus jamais.

Sous la IIe République, entre 1848 et 1850, un concours de sculpture est lancé et mille projets voient le jour. De ces mille projets émerge d'abord une figure féminine sage, sérieuse, vêtue à la romaine et couronnée de lauriers. Mais à cette Marianne s'oppose immédiatement une autre Marianne, révoltée, guerrière, combative. C'est celle que Delacroix a représentée dans son célèbre tableau,

La liberté guidant le peuple. Ces deux Marianne, la sage et la révolutionnaire, coexistent encore aujourd'hui.

Marianne… Pourquoi ce prénom de Marianne ? Personne ne connaît très exactement son origine mais on sait que Marie-Anne était un prénom très fréquent au XVIIIe siècle dans le peuple. Pendant la Révolution, les royalistes qui haïssaient la République lui donnèrent ce prénom en manière de moquerie.

Au fur et à mesure que la République s'impose, après 1870, Marianne triomphe partout, dans tous les lieux publics, les mairies, les écoles, les tribunaux, les gares… Dans chaque village, vous verrez le même bâtiment dont la construction date des années 1880 : au milieu, la mairie ; à gauche, l'école des garçons ; à droite, l'école des filles. Et très souvent une effigie de Marianne sur la façade. Car Marianne, c'est bien entendu la liberté et la patrie, mais c'est aussi le progrès. Or, le progrès, à la fin du XIXe siècle et au début du XXe, passe toujours par l'instruction publique.

Leçon 10

Page 54

L'ANIMATEUR : Chers auditeurs, bonjour. Je vous rappelle qu'aujourd'hui, nous allons vous donner la parole pour que vous nous parliez de votre région. Mais avant, dans le cadre de l'émission, notre jeu habituel sur les régions de France. Aujourd'hui, il va être question de maisons ! Et, tenez-vous bien, vous allez jouer pour gagner une maison. Oui, vous avez bien entendu, une maison ! Mais attention, à condition de retrouver les régions dont sont originaires les différents amis qui vont nous appeler pour nous décrire les maisons traditionnelles de chez eux. Alors restez à l'écoute. Nous commençons par Magali. Bonjour Magali.

MAGALI : Bonjour. Alors, dans ma région, les maisons traditionnelles ont un toit presque plat en tuile, orange ou ocre. Les volets sont en bois, de couleur vert amande ou bleu lavande. Les fenêtres ne sont pas très grandes parce que le soleil tape dur et qu'on cherche l'ombre et la fraîcheur. Devant la maison, il y a souvent une terrasse en pierre avec de la lavande et des oliviers.

L'ANIMATEUR : Merci Magali. Alors, notre interlocutrice suivante, c'est…

ANNICK : C'est Annick. Bonjour. Chez moi, la plupart des vieilles maisons sont basses, sans étage. Elles sont construites en pierre. Il y a peu d'ouvertures dans la façade. Le toit est recouvert d'ardoises gris-bleu, comme la couleur du ciel. Plus on s'approche de la mer, plus les maisons sont peintes en blanc. On laisse les pierres apparentes autour de la porte et des fenêtres et souvent les volets sont peints en bleu-marine ou bleu-roi. Dans les jardins poussent les hortensias et les rhododendrons.

L'ANIMATEUR : Merci Annick. Nous avons en ligne maintenant Gabrielle et Marc.

GABRIELLE ET MARC : Bonjour. Notre nom c'est Ingelsheim, Gabrielle et Marc Ingelsheim. Nos maisons sont hautes et plutôt étroites. Il y a souvent des fleurs aux balcons, des géraniums rouges ou roses. Le toit est pentu et dépasse les murs de la maison. La façade est souvent consolidée avec des morceaux de bois qui dessinent des figures géométriques. Elle est souvent peinte de couleurs vives.

L'ANIMATEUR : Merci à Gabrielle et à Marc. Et enfin, voici André.

ANDRÉ : Bonjour, je suis André Terraz. Chez moi, les maisons traditionnelles sont en bois, on les appelle des chalets. Les toits sont très larges et pentus. Il y a beaucoup de fenêtres sur la façade et sur les côtés. Au sol, il y a des murs en pierre sur lesquels on construit le chalet et à côté, on garde des gros tas de bois pour l'hiver, parce qu'ici, l'hiver, on gèle ! Il y a souvent un balcon de bois sculpté qui fait presque le tour de la maison.

L'ANIMATEUR : Merci André. Merci à tous. Je rappelle à ceux qui veulent jouer qu'ils doivent nous envoyer comme toujours, leurs réponses sur une carte postale au Jeu France-Régions – BP 56 – 75 123 Paris, en indiquant en face du prénom de nos amis le nom de la région d'où ils appelaient. Que le meilleur gagne ! Et maintenant, retour en Normandie avec notre guide de la semaine passée…

L'ANIMATEUR : Bonjour. Pour la dernière séance de notre séminaire « Qu'est-ce qu'être français ? », j'ai invité les nouveaux étudiants à se joindre à nous. Ils ont beaucoup de questions mais avant de leur donner la parole, je voudrais que vous qui êtes là depuis un an, vous leur fassiez part de vos impressions sur les Français. Qui commence ? Toi Mary ?

MARY : D'accord. Moi, ce qui m'a le plus frappée, parce que c'est très différent de chez moi, en Californie, c'est que les Français ne sourient jamais dans la rue ou le métro. On dirait qu'ils sont tristes ou fâchés, mais quand même, si on leur demande quelque chose, je ne sais pas moi, une adresse ou un renseignement, ils sont très serviables. Alors, c'est bizarre pour moi. Pas pour toi, Mieko ?

MIEKO : Non, moi, ce que je trouve le plus curieux c'est dans les grands magasins. Ce n'est pas comme au Japon. Ici, dans les grands magasins, on doit tout faire soi-même. On poireaute souvent et on perd un temps fou entre le rayon, la caisse et le comptoir où se font les paquets cadeaux. Tout est toujours dispersé. Et puis, le dimanche, les jours fériés, les magasins sont fermés. Dans la semaine, à 7 heures le soir, il n'y a presque plus rien d'ouvert !

L'ANIMATEUR : Toi Mustapha, tu as eu une expérience de travail ici, c'était comment ?

MUSTAPHA : Oui, j'ai travaillé pour Gap. C'est un magasin américain mais ici la direction est française. Au travail, c'est chacun pour soi. Et puis, les Français discutent et argumentent à tout bout de champ. Ils sont jamais contents de leur sort. Pourtant, ce ne sont pas des paresseux. C'est vrai qu'ils prennent de longues vacances et qu'ils en parlent tout le temps mais ils travaillent de manière plus concentrée, en tout cas davantage concentrée que nous, en Turquie.

FINA : Moi, je n'ai pas beaucoup étudié ici mais j'ai adoré vivre à Paris. Il y a toujours quelque chose à faire mais ce que je regrette c'est que les Français restent entre eux. Moi je suis beaucoup sortie avec mon groupe d'amis français, j'ai adoré ça mais en boîte, on restait entre nous, c'est toujours le même petit groupe d'amis qui se retrouve pour sortir et faire la fête. En Espagne, on est plus « fêtards », on commence avec un groupe et on continue avec un autre, et comme ça jusqu'au petit matin même si on ne connaît pas les gens, c'est mieux, je trouve.

MAREK : Moi, je suis d'accord avec Mustapha, les Français râlent tout le temps et ils font grève facilement. Comme quand je suis arrivé par exemple. Ça faisait une semaine que j'étais arrivé de Varsovie quand j'ai vu ma première manif, je n'en revenais pas, je croyais qu'il y avait une grande fête dans les rues, en pleine journée ! Il y avait de la musique, c'était sympa. Pour moi, c'est extraordinaire que des gens puissent s'exprimer comme ça et influencer le gouvernement.

L'ANIMATEUR : Allez, un dernier témoignage. Jallil ?

JALLIL : Oui. Moi, ce que j'ai trouvé de plus sympathique ici, c'est les gens qui s'embrassent dans la rue sans se soucier des autres. On n'a de comptes à rendre à personne. Au début, avec mes amis je ne savais pas comment faire : embrasser, pas embrasser et combien de bises ! Certains en font une, d'autres deux ou trois et même quelquefois quatre ! Tu as beau faire attention, tu te trompes tout le temps. Mais j'ai remarqué que même les Français ne savent pas toujours combien il faut en faire et ça les fait rire alors je fais comme eux, c'est très amusant pour un Iranien.

Leçon 12

Page 62

Bonsoir. La semaine dernière, nous avons abordé la question des invitations : à quelle heure arriver, que peut-on offrir, etc. Dans notre émission d'aujourd'hui, je vous propose de parler des manières de table. Qu'est-ce qu'il faut faire et qu'est-ce qu'il faut éviter de faire à table ?

Le repas, vous le savez, est un moment important pendant lequel les bonnes manières de chacun, vos bonnes manières, vont être testées. À table, on mange, bien sûr, mais pas seulement : on se parle, on s'écoute, on s'observe… À vous de vous présenter sous votre meilleur jour.

Attention, en France, même si c'est un peu moins vrai aujourd'hui, les règles de savoir-vivre à table sont strictes et on les enseigne très tôt aux enfants.

Voici quelques règles essentielles. Vous remarquerez que, le plus souvent, ce sont des interdits : ne pas faire ceci, éviter de faire cela…

Ne pas s'asseoir avant qu'on ne vous y invite. Placez votre serviette à moitié dépliée sur vos genoux, comme ça, et ne la mettez jamais autour du cou, bien sûr ! Vous devez mettre vos mains (mais attention, pas les coudes !) sur la table, pas sur vos genoux…

Regardez ! Vous trouverez toujours la fourchette à gauche, le couteau et la cuillère à soupe à droite. Et deux verres, un grand pour l'eau, un plus petit pour le vin.

Attention ! Ne parlez jamais la bouche pleine et bien sûr, fermez la bouche en mangeant.

Ne jamais couper la salade, les pâtes, l'omelette avec un couteau. Toujours rompre son pain avec les doigts. Il est interdit d'utiliser son couteau pour le poisson. Et, bien entendu, ne portez jamais votre couteau à la bouche.

Ne jamais rien prendre dans son assiette ou, *a fortiori*, dans le plat, avec les doigts, bien sûr !

Quand vous avez terminé de manger, n'essuyez jamais votre assiette avec du pain, même si la sauce était délicieuse. Placez couteau et fourchette sur votre assiette, comme ça, parallèlement, sans les croiser.

Attention, se curer les dents à table, même discrètement, est absolument défendu ! D'ailleurs, vous ne verrez jamais de cure-dents sur une table française.

Que faire si on déteste un plat ? Faites un effort, il serait très impoli de refuser.

« Est-ce que je dois finir ce que j'ai dans mon assiette ou laisser quelque chose ? » Terminez, sinon la maîtresse de maison pensera que vous n'avez pas aimé le plat.

Dans notre émission de la semaine prochaine, nous aborderons les règles de la conversation.

Vers le Delf B1

Page 67

COMPRÉHENSION ORALE

Ah bon, vous, l'été dernier, vous êtes partis en Finlande ? Il paraît que c'est très beau mais vous n'avez pas dû avoir chaud !

Nous ? On était vers Biarritz. Vous connaissez ? En juillet, avec mon mari, on avait loué une superbe villa par là, sur la côte basque, tout près de Biarritz. Le village où on était, exactement, c'est Chiberta. Vous ne connaissez pas ? Ah, c'est superbe, Chiberta. Très chic. Très chic, vraiment. Ça serait un peu comme l'île de Ré, si vous voulez, comme genre mais c'est mieux, à mon avis. D'ailleurs, il y a plein de gens célèbres qui ont des maisons par là-bas. Tenez, sans aller plus loin, vous vous rappelez, Mitterrand… Mais si, vous vous souvenez, Latché. On en a assez parlé, dans le temps ! Eh bien, on y est allés pour voir, avec Jean-Claude et les enfants et c'était pas mal du tout, Latché, chic et simple à la fois…

Notre maison à nous, elle était plus près de Chiberta, c'était à deux minutes de la plage. Vous pensez si j'étais ravie, moi qui adore lézarder au soleil ! Et les enfants aussi, ils étaient dans l'eau du matin au soir. Et après, ils allaient danser toute la nuit ! C'est increvable, à cet âge-là ! Ah, pour Jean-Claude, par contre, la plage, ça non, il déteste. Mais comme il s'est mis au golf il y a deux ans, il est passionné, complètement enragé[1] de golf, eh bien, il a passé tous ses après-midi à taper des balles. C'était juste à côté et ça lui a fait du bien, un peu de sport. Il rentrait ravi, crevé mais ravi ! Et puis, il s'est fait plein d'amis. On s'est beaucoup invités, les uns chez les autres. Et…

La maison, pour dire la vérité, c'était hors de prix mais ça valait le coup, on n'a vraiment pas regretté. Elle était impeccable, absolument nickel, il y avait tout le confort, un super jardin hyper bien entretenu, avec des fleurs partout, des arbres… il y avait même une piscine ! Et très bien placée ! Du premier étage, on avait une

vue superbe sur la mer. Moi, j'adore l'Atlantique, surtout par là, avec les rochers et les vagues, c'est magnifique. L'année avant, on avait loué sur la Côte[2] mais j'aime moins. C'est vrai que c'est beau, c'est vrai qu'il fait chaud, c'est vrai que là-bas, l'eau est à 25 ou 26° toute l'été mais c'est bourré de monde, on est les uns sur les autres, faut se battre pour mettre sa serviette… Et pour les courses, avec les embouteillages, c'est l'enfer. Ah, c'est sûr qu'au Pays basque, l'eau est moins chaude et qu'il ne fait pas toujours aussi beau mais c'est beaucoup plus tranquille et plus chic… Finalement, moi, je préfère.

1. Enragé : passionné.
2. La Côte : la Côte d'Azur.

Leçon 13

Page 70

LE PROFESSEUR : Bon, aujourd'hui, nous allons parler des conditions climatiques. Alors, qui peut me…

UN LYCÉEN 1 : Monsieur, monsieur ! on a dit hier à la télé qu'avec toute l'eau qui est tombée depuis une semaine, c'était possible qu'il y ait des inondations. Vous y croyez, vous ? Vous pensez que notre lycée pourrait vraiment être inondé ?

LE PROFESSEUR : Oui, ce n'est pas impossible. Ça peut arriver. Vous savez, la Seine sort souvent de son lit. C'est assez régulier. Prenez 1910, par exemple ; on a eu une inondation comme on n'en avait jamais vu à Paris. Et on n'a jamais revu ça depuis. C'était vraiment incroyable ! Vous avez peut-être déjà vu des photos ou des cartes postales : les gens qui se déplaçaient en barque, la panique, les dames avec leurs jupes longues, en chapeau, des messieurs en habit que l'on porte pour les… pour les évacuer, si vous voulez. On dit même que les députés sont allés à l'Assemblée nationale en barque.

UNE LYCÉENNE : Oui mais ça, c'était il y a longtemps. Avec le progrès…

LE PROFESSEUR : Oui, bien sûr. Au fait, vous savez comment on fait pour mesurer le niveau de la Seine ? Ou plutôt comment on faisait. Parce que maintenant, c'est au pont d'Austerlitz qu'on mesure. Non ? Vous connaissez les bateaux-mouches ? Oui. Bon, alors, vous avez peut-être remarqué juste sous le pont de l'Alma une grande statue de 10 m de haut à peu près qui représente un militaire… un zouave exactement. Eh bien, sur ce zouave, il y a des marques. C'est comme ça qu'on sait à quel niveau est la Seine. En temps normal, il a les pieds au sec. Quand l'eau lui couvre les doigts de pied, à 3,30 m, hop ! on ferme les voies sur berge. Quand ça lui arrive à la cheville, les bateaux ne peuvent plus naviguer. Eh bien ! Imaginez-vous qu'en 1910, l'eau, elle lui est arrivée à l'épaule. Plus de 8 m et demi de haut ! C'est dur à imaginer ! Même pendant les inondations de 1982, ça n'avait guère dépassé 6 m. Mais c'était déjà énorme, énorme !

UNE LYCÉENNE : Oui mais nous, dans le 12e, si ça arrivait maintenant… Qu'est-ce qu'on risque ?

LE PROFESSEUR : Ah, ça, c'est sûr que nous, au lycée, on est dans une zone inondable. Mais vous savez, faut pas trop vous inquiéter. L'eau, ça ne monte pas comme ça du jour au lendemain. En 1910, par exemple, il a fallu plusieurs jours… Et puis, maintenant, on surveille quand même tout ça de très près…

Leçon 14

Page 74

UN VOISIN : Tiens, monsieur Morteau ! Bonjour ! Quel froid, hein ! Alors, ça y est ? Bientôt la retraite ?

M. MORTEAU : En juin prochain. Dans six mois. Ça va me faire tout drôle. Vous pensez, ça fait quarante ans que je suis dans la même boîte, quarante ans que je me lève à six heures et demie, que je prends mon bus au même arrêt, que je vois les mêmes gens… Pendant quarante ans ! Vous imaginez ça ! Alors, forcément, j'appréhende un peu.

UN VOISIN : Mais vous allez pouvoir vous reposer, prendre votre temps…

M. Morteau : Ouais… J'ai surtout peur de m'ennuyer. Quand on n'a plus de raison de se lever… Surtout que je suis tout seul maintenant. J'ai peur de tourner en rond.

Un voisin : Moi, je vous envie. Vous pourrez voyager, partir en vacances, vous balader…

M. Morteau : Oui, on n'est jamais content. Quand on est jeune, on a du temps mais pas d'argent. Quand on travaille, on a de l'argent mais pas de temps… Et maintenant, je vais avoir du temps, à peu près assez d'argent… C'est plutôt l'envie qui n'est plus là. En réalité, moi, mon rêve, ce serait de vivre en Grèce dans une île.

Un voisin : Dans une île ! Tiens ! Drôle d'idée !

M. Morteau : Oui, une île. À Paros, par exemple. Je m'y vois très bien : là, juste en plein milieu de l'île, en haut d'une colline… On voit la mer de tous les côtés. J'aurais une petite maison toute blanche, un bout de jardin avec deux ou trois figuiers, un peu de vigne sur la terrasse. Peut-être un chat…

Un voisin : Vous en parlez… On dirait que vous y êtes déjà allé.

M. Morteau : Oui, ça fait au moins vingt ans ! Ça m'avait emballé ! Et je m'étais juré d'y retourner. C'est un bon endroit pour finir ses jours. Je n'y suis jamais retourné mais j'y repense souvent.

Un voisin : Mais… Mais dites-moi, monsieur Morteau… vous parlez grec ?

M. Morteau : Non, mais ça ne doit pas être si difficile… J'ai acheté des livres de conversation, des cassettes, des cédéroms… mais je n'ai jamais le temps de m'y mettre.

Leçon 15

Page 78

Le Palais de la Découverte organise, en plus de ses démonstrations habituelles qui attirent chaque jour une foule de visiteurs, trois à quatre expositions temporaires par an. Ce mois-ci, c'est le mois des dinosaures animés, grandeur nature pour certains, à l'échelle 1/2 pour d'autres. Il y a la queue à l'entrée du musée, tous visiteurs confondus.

Le gardien : Avancez messieurs dames, les expositions permanentes c'est par là-bas, les dinosaures, c'est par ici. Les tickets, s'il vous plaît. Merci… merci…

Thierry : Arthur, attends !

Le gardien : Vas-y mon bonhomme, sauf si tu as plus de quatre ans. Non ? Alors, c'est gratuit pour toi.

Arthur : Papa, papa, j'ai vu un tyrannosaure là-bas.

Thierry : On y va, on y va.

Édith : Arthur, viens voir là le diplodocus et là un tri, un tricératops. Oh et là-bas Arthur ? Arthur ? Thierry, où est Arthur ? Où est-il passé ?

Thierry : Je n'en sais rien !

Édith : Pourtant, il était là, y a un instant.

Thierry : Écoute Édith, calme-toi. Au lieu de s'affoler, cherchons-le. Il ne peut pas être très loin. Je refais le chemin jusqu'à la sortie. Toi, tu devrais retourner dans la salle du tyrannosaure, il avait l'air fasciné tout à l'heure. On se retrouve ici.

Édith : Alors ?

Thierry : Alors rien. Il n'est pas sorti, j'ai demandé au gardien.

Édith : Pourvu qu'il ne lui soit rien arrivé !

Thierry : Ne t'affole pas voyons, je suis sûr qu'il n'est pas loin.

Édith : Je lui avais dit pourtant de me donner la main.

Thierry : Tu sais bien qu'Arthur n'aime pas être tenu, il faut toujours qu'… (en chœur) qu'il grimpe partout !

Édith : Le tyrannosaure !

Thierry : Arthur, descends de là tout de suite. C'est interdit de faire ça !

Leçon 16

Page 82

L'animateur : Bonsoir ! Pour participer à ce débat sur les défis du xxie siècle, j'ai, autour de moi, des scientifiques, des sociologues, des écrivains, des journalistes. Allez, un premier tour de table pour déterminer quelle est, selon chacun d'entre vous, la grande question à laquelle sera confronté le monde de demain. Oui ? Qui commence ? Qui se jette à l'eau ?

Voix 1 : Eh bien, moi, justement, je pense que c'est l'eau qui sera au cœur des enjeux géopolitiques. Sa propreté, sa distribution, Il faut très vite améliorer l'irrigation sinon de nombreuses régions du monde seront en état de « stress hydrique ». On n'a plus le choix !

Voix 2 : Pour moi, l'urgence c'est la préservation de la biodiversité. C'est d'elle que dépend à terme notre survie. La déforestation, l'urbanisation, l'industrialisation, l'agriculture intensive, voilà les responsables du massacre. Sans une prise de conscience de la nécessité absolue de protéger le vivant, on peut dire adieu à notre avenir sur terre.

Voix 3 : Un des grands défis, à mon avis, c'est le développement de l'internet. Et il se pose à nous en ces termes : est-ce que le réseau sera le futur modèle d'une démocratie universelle ou au contraire est-ce que ce sera une espèce de monstre qui sera là pour centraliser et surveiller toutes les activités humaines ? À supposer bien sûr que tout le monde en dispose, sinon, on va voir apparaître sur le net, une élite branchée qui manipulera et dominera le monde.

Voix 4 : Moi, je pense qu'avec l'allongement de la durée de la vie – parce que je vous rappelle quand même que les plus de 60 ans représenteront presque un quart de la population en 2050 et presque un tiers à la fin du xxie siècle – le monde va devenir vieux. Nous allons y faire face comment ? Il est urgent d'arriver à mieux maîtriser la croissance démographique, à mieux gérer et à mieux répartir les ressources, autrement, c'est la survie de l'humanité qui est en jeu.

L'animateur : Mais dites-moi, si la planète devient trop petite et invivable, nous pourrions peut-être nous installer sur Mars ?

Voix 2 : Oh ! Ne plaisantez pas. Nous irons, certainement ! Les hommes ne résisteront pas à un tel défi, mais ce sera pour le sport, pour la gloire !

Vers le Delf B1

Page 87

Compréhension orale

Je me souviens d'un élève. Attendez… Il s'appelait… Daniel, oui, c'est ça Daniel. Il n'avait aucun intérêt pour l'école et il pouvait même être violent avec ses camarades au point de devenir dangereux. Il est arrivé un jour dans ma classe parce que plus personne n'en voulait. Il était d'un niveau assez faible, c'était surtout les cours de mathématiques et de français qu'il n'aimait pas. Mais, au début, il n'a pas eu l'air plus intéressé par les expériences scientifiques que j'avais l'habitude de faire avec mes élèves. Je m'arrachais les cheveux pour trouver quelque chose qui le sorte de son indifférence. Et puis un jour, comme ça, tout d'un coup, il a posé une question. Ça semblait lui tenir drôlement à cœur. Je m'en souviens encore. C'était : « Comment ça se fait qu'un sous-marin, ça peut couler et après remonter ? » J'ai sauté sur l'occasion vous pensez bien et pendant les séances suivantes toute la classe a exploité sa curiosité. On a fabriqué des ludions, vous savez, ces objets qui montent et qui descendent dans l'eau quand on modifie la pression du bocal dans lequel ils se trouvent. On a utilisé un morceau de paille rempli de pâte à modeler et fermé à chaque extrémité par un trombone. Il nous a fallu aussi des bouteilles en plastique et une bassine remplie d'eau. Rien de très compliqué, vous voyez. Nous avons vérifié la flottaison, chacun y allait de ses remarques et de ses constatations. Les enfants ont effectué différents essais en plongeant un ludion dans une bouteille de plastique fermée. Ils étaient tout excités de constater les effets produits en appuyant sur leurs bouteilles pour en réduire le volume.

Très vite, Daniel s'est passionné pour l'expérience et a pris des initiatives. Il voulait écrire tout ce qu'il faisait et voyait. Il a même essayé de dessiner certaines démonstrations. Bon, ce n'était pas vraiment réussi mais ce n'était pas ça le plus important. Le plus important c'est qu'il ne parlait plus de quitter l'école et à la fin de l'année, il a été admis à entrer au collège. J'ai revu ses parents dernièrement. Sa scolarité se déroule normalement. Oh ! Il n'obtiendra sans doute pas le prix Nobel, mais l'école ne lui fait plus peur. Il a découvert le plaisir d'apprendre et je suis sûre qu'il n'aura aucun problème pour s'insérer dans la société. Je ne me fais aucun souci pour son avenir. Daniel, c'est un de mes plus jolis souvenirs.

Leçon 17

Page 90

L'amitié

Ça fleurit comme une herbe sauvage,
N'importe où, en prison, à l'école,
Tu la prends comme on prend la rougeole
Tu la prends comme on prend un virage
C'est plus fort que les liens de famille
Et c'est moins compliqué que l'amour
Et c'est là quand t'es rond comme une bille
Et c'est là quand tu cries au secours
C'est le seul carburant qu'on connaisse
Qui augmente à mesure qu'on l'emploie
Le vieillard y retrouve sa jeunesse
Et les jeunes en ont fait une loi
C'est la banque de toutes les tendresses
C'est une arme pour tous les combats
Ça réchauffe et ça donne du courage
Et ça n'a qu'un slogan : « On partage ».

Au clair de l'amitié
Le ciel est plus beau
Viens boire à l'amitié
Mon ami Pierrot
L'amitié, c'est un autre langage,
Un regard et tu as tout compris
Et c'est comme SOS Dépannage
Tu peux téléphoner jour et nuit
L'amitié, c'est le faux témoignage
Qui te sauve dans un tribunal
C'est le gars qui te tourne les pages
Quand t'es seul dans un lit d'hôpital
C'est la banque de toutes les tendresses
C'est une arme pour tous les combats
Ça réchauffe et ça donne du courage
Et ça n'a qu'un slogan : « On partage ».

Paroles et musique : G. Lombardi, J. Barnel, H. Pagani,
1975, éditions L.E.M.

Leçon 18

Page 94

Trois collègues, Annick , Myriam et Ben discutent devant la machine à café.

ANNICK : Salut, Myriam. Ça va ? Qu'est-ce que tu prends ? Un express ?

MYRIAM : Oui. Sans sucre, s'il te plaît. Dis donc, t'as regardé l'émission sur les fans à la télé, hier ? C'était incroyable, non ! Surtout cette femme qui racontait comment elle avait transformé tout son appart en espèce de… de temple pour Michael Jackson. Son mari a eu drôlement raison de la quitter. Moi, je n'aurais pas attendu cinq ans ! Elle était complètement cinglée !

ANNICK : Ouais, c'est sûr ! Et celui qui disait que Dalida revenait et lui parlait toutes les nuits, il était vraiment tapé, lui aussi ! Moi, ça m'étonne toujours, ces gens qui deviennent fous ou pour un chanteur ou pour un acteur… Pour un savant ou un écrivain, je comprendrais, mais…

BEN : Non, ce n'est pas mieux, c'est pareil. En fait, c'est comme une espèce de… d'identification. Regarde toutes ces gamines de cinq ou six ans qui sont folles de Lorie ou de je ne sais pas qui.

MYRIAM : Ça, c'est vrai. J'ai une nièce, c'est de la folie. Elle en parle toute la journée avec ses copines. Pour ses six ans, elle en avait invité quatre ou cinq et elles ont passé l'après-midi à chanter des trucs de Lorie au karaoké. Elles connaissent ça par cœur. Ça fait rire sa mère, moi, je trouve ça nul.

ANNICK : Oui mais les psychiatres disent que c'est normal, que c'est bien pour la construction du moi ou quelque chose comme ça. Regarde, moi, quand j'étais petite, j'adorais Dorothée, je rêvais qu'elle soit ma copine. Pas toi ? Moi, si ! Je lui écrivais des lettres, à la télé. Un jour, on m'a répondu. J'étais aux anges ! Ça devait

être une secrétaire qui a répondu mais moi, j'ai cru que c'était elle. Et j'ai dormi avec la lettre sous l'oreiller pendant huit jours !

MYRIAM : OK mais quand ça dure… Ma mère avait une amie qui a habité longtemps boulevard Exelmans, dans le 16ᵉ, juste à côté de…, de chez Claude François. Eh bien ! elle lui a raconté que jour et nuit il y avait des filles complètement hystériques devant chez lui. Elles campaient là, les filles ! Et dès qu'il entrait ou qu'il sortait, elles se jetaient sur lui, même pas pour un autographe. Non, même pas. Juste pour le toucher. Quand il est mort, il y en a même qui se sont suicidées. Moi, ça me fait peur. Pas toi ?

ANNICK : Si. Et cette femme, hier, qui racontait comment elle avait arraché un bout de chemise de Johnny Hallyday… un jour, après un concert… et qu'elle le portait toujours sur elle. Elle l'a même montré à la télé. Et elle en était toute fière !

MYRIAM : Ah oui, celle qui disait qu'elle dépensait une fortune en CD, en concerts…, qu'elle n'en ratait pas un…, que tout son fric ou presque y passait… Mais ce que je ne comprends pas, c'est pourquoi il y a plus de filles fans que de garçons fans ?

ANNICK : Tu crois ? Regarde tous ceux qui sont fous de Mylène Farmer… ou de…, je ne sais pas, moi…

Leçon 19

Page 98

LE PÈRE : Bonjour.

MATHIEU : Bonjour.

LE PÈRE : Tu en fais une tête ! Qu'est-ce que tu as ?

MATHIEU : On a perdu.

LE PÈRE : Combien ?

MATHIEU : Trois à zéro.

LE PÈRE : Ouh là là !

MATHIEU : Bon, ça va, on ne va pas en faire une histoire.

LE PÈRE : Dans quelques années, ça ira mieux, tu seras plus fort, plus rapide.

MATHIEU : Ouais, mais je serai déjà trop vieux. Aujourd'hui, les futurs champions, ils n'ont même pas 18 ans. À 12 ans, ils entrent au centre de préformation et là, tu te rends compte, ils s'entraînent au moins une fois par jour. La chance ! J'aurais adoré ça, shooter dans le ballon tous les jours.

LE PÈRE : Mais ils tiennent le coup physiquement ?

MATHIEU : C'est des bêtes ! Tiens par exemple Lukas Podolski, l'Allemand, il a déjà marqué 10 buts pour son club. Tu sais comment on l'appelle ?

LE PÈRE : Euh, non.

MATHIEU : « Prinz Poldi ». Y a même une chaussure à son nom ! Et Lionel Messi, le futur Maradona, j'adore comment il dribble. Trop fort ! Il a 19 ans.

LE PÈRE : Tu sais, ça demande beaucoup de travail, l'entraînement ce n'est pas toujours rigolo. Toi-même tu râles assez souvent pour y aller. Pour être sélectionné, il faut réussir des tests physiques très durs, avoir une hygiène de vie…

MATHIEU : Peut-être mais ça vaut le coup, c'est des dieux ces mecs-là quand ils ont un ballon entre les pieds. Ils sont extraordinaires sur la pelouse. Tu verrais leur vitesse !

LE PÈRE : Ton idole, c'est lequel déjà ?

MATHIEU : Robinho.

LE PÈRE : Robinho, qui c'est ?

MATHIEU : Tu ne connais pas ? Mais, j'hallucine ! Mais tout le monde dit que c'est le futur Pelé ; il a un avenir en or.

LE PÈRE : Excuse-moi mais le ballon ce n'est pas mon truc, je préfère la balle. À ce propos, je regarde la finale de Roland-Garros ce soir. Alors, si tu veux voir la télé, tu la regardes dans ta chambre s'il te plaît , sauf si tu veux me tenir compagnie bien sûr.

MATHIEU : OK, papa.

Leçon 20

Page 102

Bonjour. Le sujet que nous allons aborder aujourd'hui dans notre émission *Français d'ici, Français d'ailleurs* est celui de ce qu'on appelle communément les « mariages interculturels » ou encore « mariages mixtes ». C'est une situation qui se généralise, qui se banalise, en raison bien sûr de la mondialisation.

Si l'on peut dire que toute union peut être considérée comme un défi, un « challenge », bref une aventure pleine de risques, c'est encore plus vrai pour les couples mixtes, qui sont confrontés à des obstacles bien spécifiques. Et c'est surtout vrai quand le couple s'installe dans le pays de l'un des conjoints. Pourquoi ? Examinons ce premier cas de figure.

Pour la personne qui se retrouve hors de chez elle, le changement est à l'évidence considérable ; changement de langue, changement de culture, changement de cuisine, changement de climat, parfois de religion…, autant d'obstacles qu'il va falloir surmonter, autant de nouveautés auxquelles il va falloir s'adapter. Et ce n'est pas rien !

La personne « expatriée » se retrouve sur le territoire de l'autre. Et l'entourage quotidien, ce sera la famille de l'autre, les amis de l'autre, les collègues de l'autre….

On ne peut nier qu'au départ la présence de la « belle-famille » est sans doute une aide pour mieux comprendre les codes et les usages du nouveau pays. D'autant plus qu'en général, le conjoint autochtone, si je puis dire, doit travailler dès son retour au pays et n'a donc guère de temps pour aider l'autre à s'acclimater. C'est donc un peu comme une bouée de sauvetage.

Mais attention, cette présence de la belle-famille risque de paraître assez vite pesante, voire importune et donc entraîner quelques tensions au sein du couple.

La naissance des enfants est un moment difficile : chacun désire, et c'est bien normal, transmettre ses valeurs, faire prévaloir sa conception de l'éducation, etc.

Bien sûr, inévitablement, les enfants seront plus marqués par les valeurs du pays dans lequel ils sont, dans lequel ils grandissent. Pour le parent « expatrié » , ce sera souvent difficile de maintenir sa langue et sa culture à côté de la langue et de la culture dominantes. Le risque de frustration n'est donc pas mince. On craint que les enfants ne s'éloignent à jamais de la culture « seconde ».

Alors, quels conseils pourrait-on donner, qui iraient au-delà des vœux pieux et des évidences du type : Soyez tolérants, soyez compréhensifs, discutez avec votre conjoint avant que la situation ne s'envenime…

Au moins deux conseils.

Le premier. On ne cesse de le répéter : il faut le plus tôt possible trouver un emploi ou au moins une activité extérieure. Le déracinement sera beaucoup plus facile à vivre si le conjoint « expatrié » a un travail correspondant à ses capacités et à ses goûts, bref s'il ou si elle peut s'épanouir à l'extérieur de la maison.

Second conseil : avec les enfants, vous devez maintenir dès la naissance et même avant ! les deux langues et les deux cultures. Si, par exemple, dans un couple mixte franco-japonais, la mère est japonaise, eh bien, qu'elle ne parle à ses enfants que le japonais, qu'elle leur chante des berceuses ou des comptines en japonais, qu'elle célèbre les fêtes japonaises… Le bilinguisme, la bi-culturalité sont des atouts précieux. Ce serait vraiment dommage d'en priver vos enfants.

Quant au second cas de figure…

Vers le Delf B1 +

Page 107

Mettre des mots sur ses maux

Connaissez-vous SOS Amitié ? Cette association loi 1901 est déjà ancienne : elle est née en 1960 et a été reconnue d'utilité publique dès 1967 ; elle offre, exclusivement par téléphone et totalement gratuitement, une aide morale et psychologique à tous ceux qui en ont besoin, à tous ceux qui ont mal, à tous ceux qui vont mal.

Cette association, qui ne fonctionne qu'avec des écoutants bénévoles, permet à tous ceux qui souffrent de pouvoir mettre des mots et cela, de manière anonyme, sur leur désespoir, leurs angoisses, leurs douleurs physiques ou morales ou encore, cela leur permet d'échapper pour quelques instants à leur sentiment d'isolement, d'exclusion.

Chaque année, SOS Amitié reçoit 600 000 appels, dont certains, réellement dramatiques, proviennent de personnes au bord du suicide. Au bout du fil, il y aura toujours quelqu'un, une personne prête à tout entendre, sans jamais porter de jugement moral, une personne qui laissera libre place à la parole de celui ou de celle qui appelle et qui lui permettra ainsi d'y voir plus clair, de prendre un peu de recul, en un mot de mettre des mots sur ses maux. Et l'on connaît l'extrême importance de la parole dans ces cas-là.

Quelques données plus techniques.

SOS Amitié-France, c'est une fédération de 43 associations réparties dans toute la France ; c'est près de 2 000 bénévoles très bien formés, qui, à tour de rôle et gratuitement, vingt-quatre heures sur vingt-quatre et tous les jours de l'année, sont à l'écoute.

Pourquoi pas vous ? Si vous avez des qualités d'accueil, de tolérance, de neutralité bienveillante, si vous êtes équilibré émotionnellement, vous aussi, vous pouvez devenir écoutant bénévole. Mais attention, cela ne s'improvise pas, cela suppose une réelle compétence et donc une formation.

La formation initiale, qui est de 80 heures au total, s'échelonne sur plusieurs mois ; elle est faite par des psychologues, des psychanalystes, des écoutants déjà très expérimentés. Mais au-delà de cette formation initiale, les écoutants sont tenus de suivre une formation continue chaque mois au cours de laquelle ils peuvent faire part des difficultés rencontrées.

SOS Amitié est une main tendue à tous ceux qui souffrent. Nous avons besoin de vous. Rejoignez-nous. Vous pouvez adresser votre candidature à l'association la plus proche de chez vous. Merci.

UNITÉ 6

Leçon 21

Page 110

L'ANIMATEUR : Messieurs, mesdames, s'il vous plaît, un peu de silence. Messieurs ! Messieurs ! La parole est à Marc Noisel, groupe Verts. Monsieur Noisel, vous avez la parole.

M. NOISEL : Non ! Ni 100 m ni 150 ! Vous savez que nous sommes absolument opposés à la construction, dans Paris, d'immeubles de plus de 50 m de haut. C'est un vrai non-sens, une absurdité totale ! Vous savez ce qui va arriver ? Ce n'est pas dur à deviner. Ça va inciter les promoteurs immobiliers à construire des immeubles de bureaux. Et qui dit immeubles de bureaux dit spéculation foncière ! Non, ce dont on a besoin, à Paris, c'est de plus de logements sociaux. Les bureaux, ça suffit. D'ailleurs, vous le savez bien, les Parisiens n'en veulent pas, de vos tours. En 2003, quand vous leur avez proposé un questionnaire là-dessus, vous vous souvenez bien, ils étaient contre ! Ils voulaient qu'on maintienne la loi de 1974 sur la hauteur maximum des nouvelles constructions. 37 m maximum ! Et voilà que vous remettez ça sur le tapis ! Vous ne comprenez pas que personne n'en veut, de vos tours !

MME MOULIN : Permettez ! Permettez ! Je ne vous suis pas. Christine Moulin, apparentée PS. Vous savez bien que Paris est une ville très dense, il y a peu de superficie et beaucoup d'habitants. On manque de mètres carrés, c'est clair , non ! Construire des tours, ça permettrait de résoudre ce problème. On construirait des immeubles de logements et…

M. NOISEL : Attention ! Attention ! C'est illusoire, ce que vous dites là et vous le savez très bien ! Faut distinguer les immeubles de bureaux et les immeubles d'habitation. Ceux-là, on ne peut pas les construire trop près les uns des autres, on est obligé de les espacer. C'est évident ! Comme vous dites, Paris, c'est une ville très dense. Vos tours, qu'est-ce qu'elles auraient comme espace autour d'elles ? Rien ! C'est des cages à lapins que vous voulez ? Ou alors…. ou alors, ça voudrait dire que ce qu'on gagnerait en hauteur, on le perdrait au sol. En fait, on ne gagnerait rien ! En plus…

MME MOULIN : Mais enfin, monsieur Noisel, à Paris, des tours de plus de 50 m, il y en a déjà ! Le 13e, le Front de Seine, dans le 15e… Faut bien loger les gens, quand même !

M. NOISEL : Ah oui, merci ! C'est bien ce que je disais ! Ah ça, c'est un bel exemple ! Bravo ! Ce que vous voulez nous construire, c'est des cages à lapins ! Mais ça, les cages à lapins, on a déjà donné ! Merci !

L'ANIMATEUR : Oui. Merci, merci… Monsieur Philippe Abel, de l'UMP, a demandé la parole. Monsieur Abel, s'il vous plaît…

M. ABEL : Merci. Bien sûr, il faut faire attention à ne pas défigurer Paris, et surtout bien entendu le centre historique de Paris. Tout le monde s'accorde là-dessus, évidemment. Mais de là à rejeter toute idée de changement…euh…pas dans le centre, naturellement, mais dans les quartiers un peu excentrés, à la périphérie, quoi, moi, je serais plutôt pour. En plus, je voudrais faire remarquer à Monsieur Noisel qu'un peu partout en Europe, eh bien, depuis des années, il existe des tours écologiques. Vos amis écologistes, monsieur Noisel, ils l'ont bien soutenue, et en Allemagne et en Angleterre, la construction de ces tours écologiques… Alors ? Pourquoi, vous, vous n'en voudriez pas ici ? Bref, en deux mots, moi je pense que le problème est mal posé…

Leçon 22

Page 114

SONNERIE DE PORTABLE N° 1

STAN : Ah ! Benoît. T'es où là ?

BENOÎT : …

STAN : Moi, je suis avec ma copine au « Mex and co ».

BENOÎT : …

STAN : Oui, mais pas longtemps, hein. On est pressés.

BENOÎT : …

STAN : OK, je te les apporte demain matin. Tu auras le temps de les recopier pendant le week-end ? Parce que je te préviens, j'en ai besoin lundi pour le cours. Je compte sur toi. Bon, allez, j'espère que tu iras mieux la semaine prochaine.

BENOÎT : …

STAN : Pas de quoi. À plus. Excuse-moi Julie. Tu disais quoi pour ce soir ?

JULIE : Qu'on pourrait aller au ciné. Ils passent le dernier film d'Almodovar. Je crois que…

SONNERIE DE PORTABLE N° 2

STAN : Ah ! Manu, c'est toi, comment tu vas ?

MANU : …

STAN : Merde ! Comment tu vas faire ?

MANU : …

STAN : Tu veux que je vienne avec toi ?

MANU : …

STAN : Ok. Pas de problème. À 2 heures devant le secrétariat de l'UFR d'histoire. Désolé Julie mais on a volé la sacoche de Manu avec son portefeuille, ses papiers…

JULIE : Qu'est-ce qu'il va faire ?

STAN : Porter plainte bien sûr, mais le plus urgent c'est ses exams. Sa convoc était avec tous ses papiers.

JULIE : Stan, si tu veux mon avis…

SONNERIE DE PORTABLE N° 3

STAN : Ah ! Maman, euh… Excuse-moi… euh, je ne peux pas te parler là, je suis avec Julie. Euh !

LA MÈRE : …

STAN : Oui, oui, ça va très bien.

LA MÈRE : …

STAN : Oui, oui, je l'ai fait.

LA MÈRE : …

STAN : Euh… ce week-end, je ne sais pas, peut-être.

LA MÈRE : …

STAN : Tu diras à grand-mère que je suis très occupé, je dois réviser. Bon, maman, excuse-moi mais… Julie, Julie, attends, tu vas où là ?

Leçon 23

Page 118

1. L'« Union européenne » a été créée en 1945.
2. « Unie dans la diversité », c'est la devise de l'Union européenne.
3. L'anglais est la seule langue officielle de l'Union européenne.
4. Le Parlement européen est élu au suffrage universel direct.
5. Le drapeau de l'Union européenne a aujourd'hui 12 étoiles. Il en aura bientôt beaucoup plus.
6. La Commission européenne et le Conseil de l'Union européenne sont une seule et même institution.
7. Les États membres de l'Union ont donné tout pouvoir aux institutions européennes.
8. Il existe une carte européenne d'assurance maladie.
9. « TransEurope direct » est le nom de la ligne de TGV qui relie Londres à Varsovie.
10. L'Union a réglementé le transport des hydrocarbures par bateaux pour éviter de nouvelles marées noires.
11. Le LMD est le sigle d'un cursus universitaire européen.
12. « Eurodyssée » est le nom du futur programme spatial européen.
13. L'Europe des 27 compte 384 millions d'habitants.
14. Il n'y a pas d'hymne européen.
15. Le 9 mai est le jour de la fête de l'Europe dans tous les pays de l'Union.

Leçon 24

Page 122

L'ANIMATEUR : Vous vous souvenez de Bernard Pivot qui terminait toujours son émission « Apostrophes » par des questions comme : « Qu'est-ce que le bonheur parfait pour vous ? » Eh bien ! ce soir, j'aimerais juste que vous qui avez très simplement accepté de participer à ce débat sur le moral des Français, vous nous disiez quelles sont, selon vous, les principales composantes du bonheur ?

VOIX 1 : Oh si vous voulez. Pour moi, c'est la santé, sans aucun doute, le facteur principal. Sans la santé, vous ne pouvez rien faire, tous vos projets, vos rêves tombent à l'eau.

VOIX 2 : Oui, mais la santé sans amour… Moi, je préférerais avoir quelques ennuis de santé, oh ! bien sûr, rien de grave et vivre un grand amour. « Le bonheur, c'est d'avoir quelqu'un à perdre », comme l'a dit très justement l'écrivain Philippe Delerm.

VOIX 3 : L'amour ! l'amour ! À deux, vous en avez vite fait le tour ou alors c'est se regarder dans le blanc des yeux toute la journée, c'est bien égoïste. Le bonheur, c'est d'avoir des enfants, de fonder une famille. D'ailleurs, si vous interrogez les gens, c'est ce qu'ils vous disent en premier.

VOIX 2 : Pas forcément ! Ça peut être d'avoir des amis, des amis très proches. Les amis, on les choisit. Rappelez-vous… « Qu'un ami véritable est une douce chose ! » Tout le monde connaît ça.

VOIX 4 : Qu'est-ce que vous faites de la liberté ? C'est bien joli, la santé, une grande famille, des amis mais vivre dans la peur et n'avoir aucune liberté, c'est affreux, c'est tout sauf le bonheur.

VOIX 5 : Et être au chômage alors, vous croyez que c'est être libre ? Même si vous avez l'amour et la santé, vous avez un profond sentiment d'impuissance et de désespoir.

L'ANIMATEUR : Pas de recette du bonheur donc. Chacun a la sienne, mais comment faire pour le trouver ce bonheur?

VOIX 2 : Je crois que le bonheur, c'est un but dans la vie. On est sur terre pour être heureux, il faut tout faire pour le trouver, pour le créer. Quand on le perd, il faut recommencer.

VOIX 5 : Moi, je trouve qu'il se mérite, c'est une récompense, la récompense de beaucoup d'efforts.

VOIX 1 : Je ne suis pas d'accord. Il y a des gens très heureux qui ne font rien pour ça. Pour moi, c'est un état d'esprit. Il y a des gens qui ne seront jamais heureux même s'ils ont tout pour l'être et d'autres qui ont le goût du bonheur, la joie de vivre.

VOIX 3 : Je trouve que vous êtes très personnels, très centrés sur votre petit bien-être personnel. Le bonheur, ce n'est pas seulement pour soi, c'est aussi une conquête sociale. C'est un droit.

VOIX 4 : Ouh là là ! je ne laisserai jamais la politique décider de mon bonheur.

L'ANIMATEUR : Sur ce cri du cœur, je vous dis bonsoir et à la semaine prochaine.

Vers le Delf B1+

Page 127

Compréhension orale

Interview de Mme Paratti, psychologue pour enfants.

L'ANIMATEUR : Madame Paratti, bonjour, vous êtes ici en tant que psychologue, spécialisée dans la petite enfance et vous allez nous éclairer sur un débat qui agite tous les Français depuis plusieurs mois : « Peut-on faire passer des tests à de jeunes enfants pour prévoir lequel risque de devenir délinquant plus tard ? » D'abord pouvez-vous nous rappeler l'origine de toute cette affaire ?

MME PARATTI : Eh bien ! oui, c'était en septembre 2005, je crois. L'Inserm a rendu publique…

L'ANIMATEUR : Pardonnez-moi de vous couper, je rappelle aux auditeurs qui ne le savent pas que l'Inserm est l'Institut national de la santé et de la recherche médicale. Voilà je vous en prie, continuez.

MME PARATTI : Oui, donc, je disais que l'Inserm a rendu publique une de ses nombreuses expertises dans laquelle il était recommandé de dépister des troubles de conduite chez les tout petits, troubles de conduite qui étaient considérés comme des signes d'une possible délinquance future.

L'ANIMATEUR : En quoi ce rapport vous choque-t-il ?

MME PARATTI : Ce rapport absurde n'envisage le problème que sous l'angle du trouble à l'ordre social et jamais sous l'angle de la souffrance qu'un enfant peut exprimer en se comportant de telle ou telle manière.

L'ANIMATEUR : Mais ce ne serait pas une bonne chose, quand même de pouvoir, grâce à des dépistages scientifiques de ce genre, prévenir la délinquance juvénile ?

MME PARATTI : Scientifiques ? ! Mais, ces tests n'ont aucune valeur scientifique. Je ne vois pas comment on peut établir des tests sérieux pour évaluer quelque chose qui n'est pas défini. Vous savez comme moi que, sous ce mot de « trouble », les « fameux » experts de l'Inserm mettent aussi bien la désobéissance que la violence physique ou la colère. Or, tous ceux qui travaillent avec de jeunes enfants savent très bien qu'entre 24 et 36 mois, les manifestations d'opposition font partie de la construction de la personnalité, que la violence physique diminue dès que l'enfant est capable de s'exprimer.

L'ANIMATEUR : Vous ne pensez pas, malgré tout, que la prévention peut permettre d'éviter des drames.

MME PARATTI : Mais il ne s'agit pas de prévention ! Il s'agit de prédiction. Sur la base d'observations qui peuvent être justes, on établit un pronostic qui vise non pas à soulager la douleur de l'enfant mais à faire disparaître les symptômes de sa douleur sous prétexte qu'ils annoncent un comportement futur dangereux pour la communauté. C'est stupide !

L'ANIMATEUR : Et dangereux ?

MME PARATTI : Bien entendu, dangereux ! Plus on regarde un enfant avec inquiétude, plus il va intérioriser cette inquiétude. Autrement dit, si on considère un enfant comme un futur délinquant, on augmente les risques qu'il le devienne !

L'ANIMATEUR : Merci Danielle Paratti et pardonnez-moi de m'être fait l'avocat du diable.

MINI-PORTFOLIO

Vous voici arrivé à la fin de *Festival 3*. Vous avez appris beaucoup de choses
et vous êtes maintenant capable de bien vous débrouiller dans cette langue !
Ce mini-portfolio va vous permettre de faire le point sur les progrès que vous avez faits
et sur les diverses compétences que vous maîtrisez aujourd'hui.

MES RELATIONS À LA LANGUE FRANÇAISE

Pendant cette année, qu'est-ce que j'ai fait pour améliorer encore mon niveau de langue en français et mes connaissances sur la culture française ?

EN INTERACTION

J'ai parlé français avec les enseignants, les assistants et/ou les étudiants français ou francophones de mon lycée (ou université).

J'ai recherché le contact et parlé français avec des Français ou des personnes avec qui la langue française était la seule langue de communication, soit résidant dans mon pays, soit de passage (touristes, par exemple).

J'ai entretenu une correspondance, par e-mail ou par SMS avec des correspondants français ou francophones.

J'ai participé à des forums de discussion sur Internet.

J'ai assisté à des événements culturels organisés par l'Institut français, les Alliances françaises, le Centre culturel français (expositions, conférences, spectacles…).
et, le cas échéant, j'ai participé aux discussions

Je suis allé(e) en France ou dans un pays francophone.

EN MÉDIATION

J'ai systématiquement proposé mon aide à des personnes francophones en visite dans ma ville (aide à l'orientation, au déchiffrage des indications, conseils de visite…).

J'ai traduit de ma langue maternelle en français des explications écrites pour des locuteurs francophones (dans les musées, par exemple).

J'ai traduit du français dans ma langue maternelle des textes.

COMMENT J'AI TRAVAILLÉ TOUT(E) SEUL(E)

J'ai travaillé seul(e) avec un livre d'exercices, une grammaire et un dictionnaire.

J'ai lu des journaux en français.

Je me suis exercé(e) à traduire des articles brefs, à faire de petits résumés.

J'ai complété cette lecture des journaux par des informations sur Internet (infos lemonde, par exemple).

J'ai regardé TV5 assez régulièrement ou écouté une radio en français (RFI par exemple).

J'ai téléphoné à cette radio pour exposer un point de vue.

J'ai écouté des chansons en français.

J'ai vu des films français ou francophones en version originale.

J'ai lu une nouvelle, un roman, des poèmes en français.

J'ai fait des recherches sur des sites français ou francophones d'Internet.

À la fin de *Festival 3*, quelles sont mes compétences communicatives ?
Qu'est-ce que je sais faire ?

A – en compréhension orale

Quand on parle en français, je comprends…	un peu	assez bien	bien
• une conversation entre francophones si elle n'est pas trop rapide ou trop technique	☐	☐	☐
• des explications sur un mode d'emploi, sur l'utilisation d'un appareil, sur une démarche à effectuer…	☐	☐	☐
• les informations à la radio si le sujet m'est assez familier	☐	☐	☐
• un reportage à la radio ou à la télévision, un témoignage concret, une interview	☐	☐	☐
• un exposé s'il est bien articulé, s'il n'est pas trop long et si le sujet m'est déjà un peu familier	☐	☐	☐
• un récit, un conte à condition qu'il soit assez bref	☐	☐	☐
• l'intention de communication (les sentiments de la personne qui parle, l'implicite, l'humour…)	☐	☐	☐

B – en expression orale

Quand je parle, je peux…	un peu	assez bien	bien
• me débrouiller lorsque je voyage (dans une agence de voyages, dans un magasin, à l'hôtel, à la poste, à la banque…)	☐	☐	☐
• décrire ce que je fais, ce que j'ai fait (études, travail…)	☐	☐	☐
• raconter un événement, une expérience personnelle	☐	☐	☐
• expliquer mes sentiments, exprimer mon avis sur quelque chose ou quelqu'un, exposer les raisons d'un choix ou d'une décision	☐	☐	☐
• discuter d'un projet et apporter ma contribution en argumentant	☐	☐	☐

C – en compréhension écrite

Quand je lis, je peux comprendre…	un peu	assez bien	bien
• des modes d'emplois, des publicités, des descriptifs, des prospectus…	☐	☐	☐
• des articles de presse s'ils ne sont pas trop spécialisés et trop longs (quotidiens, magazines…)	☐	☐	☐
• une lettre familière (y compris l'implicite)	☐	☐	☐
• des messages sur un Forum de discussion Internet	☐	☐	☐
• l'essentiel d'une lettre administrative (même si je ne connais pas tous les mots)	☐	☐	☐
• un récit (s'il n'est pas trop long ou difficile et en m'aidant d'un dictionnaire)	☐	☐	☐
• l'argumentation générale d'un texte (un éditorial, par exemple, ou un texte polémique)	☐	☐	☐

D – en expression écrite

Quand j'écris, je peux…	un peu	assez bien	bien
• écrire une lettre assez longue et circonstanciée à des amis (en racontant des événements, en exprimant mes sentiments)	☐	☐	☐
• rédiger une lettre officielle (protestation, réclamation…)	☐	☐	☐
• prendre des notes pendant un exposé et pouvoir les remettre en forme plus tard	☐	☐	☐

- donner mon point de vue personnel sur un événement ☐ ☐ ☐
- faire la critique d'un film, d'une pièce de théâtre, d'une expo ☐ ☐ ☐
- résumer les idées principales d'un texte ☐ ☐ ☐

MES CONNAISSANCES SUR LA FRANCE

Je saurais parler…	un peu	assez bien	bien
• de la presse en France	☐	☐	☐
• de la France d'avant, de l'histoire de France	☐	☐	☐
• des institutions européennes	☐	☐	☐
• des questions d'écologie, de risques majeurs pour la planète	☐	☐	☐
• de l'environnement, de l'architecture	☐	☐	☐
• de l'univers de la mode, des modes	☐	☐	☐
• des régions françaises et de leurs caractéristiques	☐	☐	☐
• du goût des Français pour l'habitat individuel, de leur passion pour les jardins	☐	☐	☐
• du comportement des Français (à table, par exemple)	☐	☐	☐

MES STRATÉGIES EN COMMUNICATION

Je sais…	un peu	assez bien	bien
• demander une précision, un complément d'information, un éclaircissement	☐	☐	☐
• reformuler ce qu'a dit quelqu'un pour vérifier que j'ai bien compris	☐	☐	☐
• manifester mon accord, mon adhésion	☐	☐	☐
• exprimer une réticence, un doute	☐	☐	☐
• exprimer mon désaccord avec politesse	☐	☐	☐
• justifier mon opinion, la défendre, argumenter	☐	☐	☐
• demander la parole et la garder	☐	☐	☐

**Il y a encore tant d'autres choses que vous savez faire en français !
Rire, vous amuser, plaisanter, par exemple !**

Essayez de compléter ce petit document très librement. Racontez avec fierté vos succès (il y en a eu certainement beaucoup !) et avec humour vos échecs (c'est grâce aux erreurs qu'on progresse, vous le savez : vos professeurs vous l'ont dit mille fois). Certaines erreurs sont très amusantes, c'est celles-ci qu'il faut garder en mémoire !

Attention, vous avez terminé ce manuel mais l'apprentissage d'une langue n'est jamais fini. Il vous reste bien des merveilles à découvrir. L'aventure continue !

page 26

1. dont (1) qui (2) qui (3) dont (4) dont (5) où (6) qu'(7) qu'(8).

2. a. qui, ceux qui, ce qui ;
b. ce que, ce que, qui, ce que, ceux qui ;
c. ceux qui, qui, que, ce que.

3. Par exemple :

Attention : les verbes des propositions complétives doivent être au subjonctif.

a. Je souhaite qu'il y ait moins de guerres.
b. J'aimerais que mon fils réussisse son bac.
c. Je voudrais que mon voisin soit plus aimable.
d. Mon plus grand désir ce serait que mon mari (ma femme) et moi, nous allions à Venise.

4. a. Finalement, Marc admet qu'il a eu tort.
b. L'accusé affirme qu'il est innocent.
c. Tout le monde regrette que Paul ne puisse pas venir.
d. Le directeur exige que tout le monde soit là à 8 heures précises.
e. Il me rappelle qu'il m'a déjà envoyé un courrier le 16 octobre dernier.
f. Les leaders syndicaux demandent que les étudiants soient aussi invités à la réunion.

page 46

1. Par exemple :

– Alors Monsieur, à quelle heure est arrivé l'accident et où exactement ?

– Il était 21 heures exactement. C'était au carrefour de l'église.

– À quelle vitesse rouliez-vous ?

– Pas vite, à 50 à l'heure, il pleuvait.

– Qu'est-ce qui s'est passé ?

– Il y a eu un choc énorme et ma voiture s'est arrêtée.

– Vous avez été blessé ?

– Non pas du tout, ma ceinture m'a protégé.

– Qu'est-ce que vous avez fait alors ?

– Je suis sorti et j'ai vu qu'une statue était tombée sur mon capot. J'ai essayé de la dégager mais impossible.

– Vous avez appelé des secours ?

– Non, impossible, je n'avais pas mon portable.

2. … que Mme Budimir *ait* gain de cause ; qu'elle *perde* ; qu'elle n'*ait* pas *suivi* ; que celle-ci *soit* ; que mon amie se *soit embarquée* ; qu'elle *ait mesuré* ; qu'elle *prenne*.

3. cause : comme ; grâce à ; guidée par ; à force de ; me connaissant.

conséquence : si dense que ; si bien que ; alors.

but : pour, de peur de.

4. fut rédigé ; fit ; participa ; l'écrivirent ; l'adoptèrent.

5. a ; d ; e.

page 66

1. a. Je n'ai plus rien raconté.
b. Personne n'a jamais rien su.
c. Je ne l'ai plus jamais rencontré.
d. Elle ne veut jamais rien faire.

2. a. vrai ; b. vrai ; c. faux.

3. a. à côté desquels ; b. avec lesquelles ; c. auxquels ;
d. auxquelles ; e. pour laquelle ; f. à laquelle.

4. a. Bien qu'elle ait vécu trente ans aux États-Unis, elle a toujours un accent français très fort.
b. Je voudrais bien t'aider même si je ne sais pas faire grand chose.
c. J'ai beau avoir cherché mon sac partout, je ne l'ai pas trouvé.
d. Mes parents ne veulent pas mais j'irai quand même au Canada cet été.

5. Dans la capitale de mon pays (X), il y a davantage de voitures qu'à Paris ; il y a autant d'habitants qu'à Paris ; il y a moins de pollution qu'à Paris ; on peut visiter de nombreux monuments historiques, comme à Paris.

6. a. de magnifiques yeux bleu lavande ;
b. une robe bleu-roi ;
c. les volets sont vert amande ou bleu marine.

page 86

1. b. et d. pour insister sur le résultat de l'action plus que sur le responsable de l'action.

2. a. sans quoi ; b. grâce à quoi ; c. faute de quoi ;
d. après quoi ; e. … par quoi.

3. a. en étant naïf…
b. Descends immédiatement, sinon tu seras puni.
c. Avec ton aide, il pourra s'en sortir.
d. Au cas où le temps s'améliorerait, nous pourrions pique-niquer.
e. Sans des mesures immédiates Paris sera inondé.
f. Achetons-lui ce CD sauf s'il l'a déjà.

4. a. 6 ; b. 4 ; c. 3 ; d. 1 ; e. 5 ; f. 2.

5. a. en un éclair ; b. pour longtemps ;
c. pendant longtemps ; d. dans longtemps

6. a. obligation ; b. obligation.

page 106

1. a. ce dont ; b. ce à quoi ; c. ceux chez qui ;
d. avec laquelle.

2. b.

3. a. d'ailleurs ; b. va voir ailleurs ; c. D'ailleurs ;
d. Par ailleurs.

4. a. idée de passivité ; b. idée de décision.

5. a ; d.

6. a. provoquant ; b. convaincant.

7. a. fini ; b. finit ; c. choisie ; choisi ;
d. fâchés et réconciliés ; e. rapporté, prêtés.

page 126

1. Reprises grammaticales : il (tentait) ; lui ; ses (bagages) ; il (a saisi) ; il (transportait) ; sa (valise) ; son (arme) ; il (a tiré) ; lui ; ce dernier ; il.

Reprises lexicales : le jeune homme, ce voyageur suspect, le mort.

2. a. la cause ; b. la conséquence ; c. l'opposition ;
d. le temps ; e. l'hypothèse ; f. la concession ;
g. le but.

3. ordre logique : c, a, d, b.

4. ordre croissant de modalisation : b, c, a.

5. 6 adjectifs : jaunâtres, blanchâtre, sales, vilains, salie, ignoble. adverbe : misérablement. un nom : la crasse.

Les mots sont classés par nature (nom, adjectif, verbe, mot invariable) et suivis du numéro de la leçon où ils apparaissent pour la première fois dans les pages « Écoutez et répondez » et « Lisez et écrivez ».

Nom

A
1 accès (un) 6
2 accessoire (un) 3
3 accueil (un) 18
4 adhésion (une) 23
5 affaire (une) 24
6 amende (une) 16
7 amitié (l') 17
8 armée (une) 9
9 arrière-plan (un) 19
10 assiette (une) 12
11 atout (un) 20
12 attitude (une) 11
13 auditeur(trice) (un/e) 10
14 aveugle (un) 15

B
15 barque (une) 13
16 bâton (un) 5
17 bien-être (le) 24
18 bijoutier (un) 3
19 bise (une) 11
20 boîte (une) (une entreprise) 14
21 bout (un) de qqch 8
22 brigand (un) 1
23 bureau (un) (lieu) 21
24 but (un) (au foot) 19,
25 but (un) (un objectif) 24

C
26 cadre (un) (profession) 18
27 carte postale (une) 10
28 casserole (une) 2
29 casse-tête (un) 12
30 catastrophe (une) 1
31 chaîne (une) 6
32 chalet (un) 10
33 charbon (du) 2
34 charme (le) 10
35 chaussée (la) 16
36 cheville (une) 13
37 choix (un) 17
38 chômage (le) 24
39 ciseaux (des) 2
40 client(e) (un/e) 4
41 cloche (une) 2
42 code (le) (de la route) 7
43 collègue (un/e) 12
44 combat (un) 17
45 concert (un) 18
46 confiance (la) 11
47 confidence (une) 17
48 confusion (une) 1
49 conjoint(e) (un/e) 17
50 conquête (la) 24
51 construction (une) 21
52 contact (un) 22
53 continent (un) 8
54 contraste (le) 1
55 controverse (une) 15
56 coq (un) 9

57 coton (du) 4
58 cou (un) 12
59 coude (un) 12
60 courage (le) 17
61 couronne (une) 3
62 couteau (un) 2
63 couturier (un) 3
64 cuillère (une) 12
65 créateur (un) 3
66 crime (un) 1
67 crise (une) 13

D
68 débat (un) 16
69 décision (une) 21
70 découverte (une) 8
71 défi (un) 20
72 défilé (un) 3
73 dégât (un) 6
74 député(e) (un/e) 13
75 désespoir (le) 24
76 désillusion (une) 20
77 détail (un) 1
78 devis (un) 7
79 doigt (un) 12
80 domicile (un) 7
81 doute (un) 1
82 drapeau (le) 9

E
83 échec (un) 15
84 écrivain (un) 18
85 effet (un) 1
86 emblème (un) 9
87 employé(e) (un/e) 12
88 endroit (un) 5
89 engrais (un) 16
90 enjeu (un) 8
91 ennui (un) 24
92 enquête (une) 17
93 enseignant(e) (un/e) 12
94 entourage (l') 24
95 envie (une) 5
96 environnement (l') 8
97 équipe (une) 10
98 estomac (un) 5
99 État (un) 23
100 étoile (une) 23
101 étranger(ère) (un/e) 11
102 événement (un) 1
103 exploit (un) 19

F
104 façade (la) 10
105 fait divers (un) 1
106 fan (un/e) 18
107 fiction (une) 13
108 figuier (un) 14
109 fleuve (un) 1
110 forêt (une) 2
111 fortune (la) 24
112 foulard (un) 3
113 frais (des) 6

114 friche (une) 21
115 frontière (une) 23

G
116 garde-robe (une) 4
117 générosité (la) 19
118 génie (un) 7
119 geste (un) 9
120 gloire (la) 16
121 grisaille (la) 14
122 guerre (la) 19

H
123 hauteur (la) 21
124 héros (un) 19
125 hommage (un) 4
126 hospitalité (l') 11
127 hôte (un) 11
128 huile (de l') de moteur 7
129 humour (l') 17
130 hygiène (l') 19

I
131 idéologie (une) 19
132 île (une) 8
133 impartialité (l') 19
134 impuissance (l') 24
135 incident (un) 1
136 inégalité (l') 19
137 initiative (une) 15
138 inondation (une) 13
139 inspecteur (un) 7
140 inspiration (l') 4
141 institution (une) 23
142 instrument (un) (de musique) 2
143 interdit (un) 12
144 intervalle (un) 24
145 invention (une) 15
146 invitation (une) 12

J
147 jeu de mot (un) 9
148 joaillier (un) 3
149 justice (la) 1

L
150 légèreté (la) 17
151 lien (un) 19
152 lit (le) (de la rivière) 13
153 logement (le) 11
154 loi (la) 5
155 luxe (le) 3

M
156 mairie (la) 9
157 maison de retraite (une) 18
158 malchance (la) 24
159 malheur (un) 1
160 manifestation (une) 11
161 marchand(e) (un/e) 2
162 marin (un) 4
163 marque (faire une) 13
164 méfait (un) 1
165 mesure (une) (gouverne mentale) 7
166 métal (le) 2
167 métier (un) 2
168 militaire (un) 13
169 milliard (un) 19
170 mixité (la) 4

N
171 mobilier (le) 10
172 modèle (un) 16
173 moquerie (une) 9
174 mur (un) 10
175 mythe (un) 17

176 naissance (la) 1
177 négociation (une) 23
178 neige (la) 19
179 nièce (une) (un neveu) 18
180 niveau (un) 5
181 non-sens (un) 21
182 nostalgie (la) 18
183 nourriture (la) 11

O
184 objectif (un) 10
185 obstacle (un) 20
186 odeur (une) 6
187 ombre (l') 10
188 omelette (une) 12
189 opportunité (une) 3

P
190 panier (un) 2
191 panique (la) 2
192 papier (un) (un document) 7
193 parcours (un) 1
194 parfum (un) 3
195 pâtes (des) 12
196 patrie (la) 9
197 pelouse (une) 6
198 permis (le) (de conduire) 7
199 permission (une) 5
200 peuple (le) 9
201 phare (un) 7
202 pied (un) 19
203 pierre (en) 10
204 plaisir (un) 24
205 plantation (une) 6
206 pneu (un) 7
207 polémique (une) 21
208 pompe (une) 13
209 portail (un) 6
210 pouce (le) 5
211 précision (une) 1
212 prénom (un) 9
213 presse (la) 1
214 prêt-à-porter (le) 3
215 prison (une) 17
216 progrès (le) 8
217 projet (un) 24
218 propreté (la) 16
219 province (une) 1
220 psychiatre (un) 18

Q
221 queue (une) (file d'attente) 15

R
222 récompense (une) 24
223 récupération (la) 4
224 refrain (un) 2
225 regard (un) 17
226 règle (une) 12
227 règne (le) 22

228 reine (une) 3
229 relation (une) 22
230 repos (un) 5
231 respect (le) 9
232 réticence (une) 23
233 rétro(viseur) (un) 7
234 réussite (une) 15
235 réverbère (un) 2
236 rez-de-chaussée (un) 6
237 rhumatisme (un) 14
238 risque (un) 20
239 rond-point (un) 3
240 rougeole (la) 17
241 rubrique (une) (de journal) 1
242 ruse (une) 7
S 243 sabots (des) 2
244 sac à dos (un) 1
245 santé (la) 24
246 sardine (une) 6
247 sauce (de la) 12
248 savant (un) 18
249 savoir-faire (un) 10
250 savoir-vivre (le) 12
251 scie (une) 2
252 séance (une) 11
253 seau (un) 16
254 séisme (un) 3
255 séminaire (un) 11
256 sens interdit (un) 7
257 serviette (une) 12
258 sexualité (la) 4
259 signature (une) 7
260 sigle (un) 23
261 signe (un) 4
262 sincérité (la) 17
263 site (un) 21
264 slogan (un) 7
265 soldat (un) 1
266 solidité (la) 4
267 sort (le) 24
268 souci (un) 3
269 spéculation (la) 21
270 stade (un) 9
271 stress (un) 14
272 suffrage (le) universel 23
273 superficie (la) 21
274 symbole (un) 9
T 275 tableau (un) (une peinture) 9
276 tarif (un) 14
277 temple (un) 18
278 tendance (une) 4
279 tendresse (la) 17
280 tension (une) 20
281 tentative (une) 15
282 territoire (un) 21
283 textile (le) 3
284 timbre-poste (un) 9
285 toit (un) 10
286 tour de table (un) 16
287 trafic (le) (des trains, des voitures) 13
288 traité (un) 8
289 triangle (un) 2
290 tribunal (un) 1
291 troupeau (un) 5

292 truc (un) (= qqch) 7
293 tyran (un) 17
U 294 urgence (l') 16
295 ustensile (un) (de cuisine) 2
296 utilité (une) 22
V 297 veille (la) 4
298 victime (une) 16
299 vieillissement (le) 4
300 vigne (la) 14
301 village (un) 2
302 visiteur(se) (un/e) 15
303 vitesse (la) 19
304 vitrine (une) 3
305 voisinage (le) 6
306 voix (la) 22
307 volet (un) 10
308 volume (un) (= livre) 2
309 zone (une) 21
Z

Adjectifs

A 310 absolu(e) 16
311 angoissant(e) 18
312 anormal(e) 6
313 aristocratique 2
314 arrogant(e) 9
315 artificiel(le) 15
316 astucieux(se) 10
B 317 bas(se) (#haut) 10
318 branché(e) (fam) 16
C 319 célèbre 1
320 chaleureux(se) 18
321 cher(ère) (sentiment) 22
322 cinglé(e) (fam) 18
323 collectif(ve) 19
324 curieux(se) 8
325 curieux (= bizarre) 11
D 326 décontracté(e) 4
327 dense 21
328 desservi (bien ou mal) 21
329 drôle (comique/bizarre) 14
330 dur(e) (# mou) 2
331 dur (= difficile) 2
E 332 égoïste 24
333 essentiel(le) 12
334 étroit(e) 5
335 évident(e) 21
336 expansif(ve) 20
F 337 faible 19
338 fasciné(e) 15
339 fier(ère) 18
340 fortuné(e) 4
G 341 généreux(se) 24
342 grave (= important) 7
343 grillé(e) 6
H 344 habituel(le) 7
345 heureux(se) 24
346 hostile 11
347 humide 8
I 348 illustre 1
349 impoli(e) (# poli) 12
350 incroyable 13
351 individuel(le) 21
352 insolite 1
353 intensif(ve) 16

354 invisible 16
M 355 malin(igne) 9
356 méchant(e) 8
357 médiocre 18
358 mouillé(e) 8
N 359 névrotique 17
360 nombreux(ses) 3
361 nu(e) 1
O 362 obscur(e) 18
P 363 paresseux(se) 11
364 particulier(ère) 1
365 passionnant(e) 10
366 permanent(e) 15
367 personnel(le) 24
368 pesant(e) 20
369 plat(e) 10
370 populaire (# aristocratique) 2
371 précieux(se) 20
372 prestigieux(se) 3
373 profond(e) 24
374 propre (personnel) 3
R 375 réduit(e) 8
376 régulier(ère) 13
377 renommé(e) 6
378 réservé(e) 20
379 résistant(e) 4
380 révoltant(e) 19
381 révolutionnaire 9
S 382 sain(e) 10
383 sali(e) 4
384 sauvage 17
385 sensationnel(le) 1
386 sérieux(se) 1
387 serviable 11
388 snob 6
389 social(e) 24
390 spontané(e) 11
391 superflu(e) 11
392 strict(e) 12
393 temporaire 6
394 timide 8
T 395 tolérant(e) 20
396 triomphant(e) 19
U 397 usagé(e) 4
V 398 vague (# précis) 1
399 vaniteux(se) 9
400 vital(e) 18
401 vivant(e) 19

Verbes

A 402 abandonner qqn, qqch 6
403 aborder qqn, un sujet 12
404 achever (s') 1
405 accompagner qqn 9
406 accorder(s') avec qqn sur qqch 21
407 accuser qqn de qqch, de faire qqch 3
408 adapter (s') à qqch 20
409 adopter qqn, qqch 4
410 affaiblir qqch 24
411 affoler (s') 15
412 agiter (s') 9
413 agresser qqn 8
414 apercevoir (s') de qqch 1
415 appartenir à qqn, qqch 23

416 appuyer (s') sur qqch 19
417 arracher qqch 18
418 arrêter qqn 1
419 arroser qqch 5
420 atteindre qqn ou qqch 1
421 avancer 3
B 422 balader (se) (fam) 14
423 bénéficier de qqch 14
424 boucher qqch 2
425 bouger 23
426 bricoler 6
427 brûler 2
C 428 camper 18
429 choquer qqn 4
430 citer qqn, qqch 3
431 compter sur qqn 22
432 conclure 3
433 condamner qqn 6
434 conduire 7
435 confirmer qqch 4
436 confondre qqn, qqch avec qqn, qqch 2
437 conquérir qqch, qqn 18
438 consacrer qqch à qqn 2
439 considérer que + ind. 6
440 construire qqch 16
441 contenter (se) de qqch, de faire qqch 2
442 coucher (se) 5
443 créer qqch 24
D 444 déchirer qqch 4
445 découdre qqch 4
446 défendre qqn, qqch 10
447 défendre (se) contre qqn 9
448 dégoûter qqn 6
449 dénoncer qqn, qqch 4
450 dépendre de qqn, qqch 8
451 détruire qqch 22
452 diminuer 3
453 disputer qqch à qqn 3
454 distribuer qqch à qqn 16
455 diviser (se) 23
456 dormir 18
E 457 échanger qqch avec qqn 1
458 économiser qqch 5
459 élire qqn 23
460 éloigner (s') d'un lieu ou de qqn 20
461 embrasser(s') 11
462 employer qqch, qqn 17
463 ennuyer(s') 14
464 entendre(s') (bien ou mal) avec qqn 20
465 énumérer qqch 2
466 envahir qqch 22
467 envier qqn 14
468 épanouir (s') 20
469 essayer de faire qqch 6
470 estimer que + ind. 6
471 être confronté(e) à qqch, qqn 20
472 être du côté de qqn 9
473 être fâché(e) 11
474 être persuadé que + ind. 8
475 être synonyme de 3
476 évacuer (un lieu) 13

	477 éviter qqn, qqch / que + subj. 12	513 plaire à qqn 18	S 549 sauver qqn, qqch 9	584 autour de + nom 16
	478 évoquer qqn, qqch 9	514 planter qqch 5	550 servir (se) de qqch 22	585 autrement dit 22
	479 examiner qqch 5	515 polluer 16	551 soucier (se) de qqn, qqch 11	B 586 bien entendu 9
	480 exister 19	516 poursuivre qqch, qqn 1	552 soulever qqch (d'abstrait) 23	587 bref 2
F	481 faire l'objet de 1	517 préciser que + ind. 9	553 soutenir qqn, qqch 21	C 588 cruellement 19
	482 fabriquer qqch 2	518 privilégier qqn, qqch 6	554 subir qqn, qqch 17	D 589 de crainte de 8
	483 fleurir 17	519 protéger qqn, qqch 5	555 suffire 9	590 d'emblée 11
	484 fonder (une famille) 24	520 protester 16	556 suicider (se) 18	591 derrière 7
	485 fumer 5	521 prouver qqch 17	557 surmonter (un obstacle) 20	592 désormais 10
G	486 garer (une voiture) 6	522 provenir de qqch 16	558 surprendre qqn 1	593 discrètement 12
	487 gâter qqn 20	523 provoquer qqch, qqn 3	559 surveiller qqn, qqch 13	594 du jour au lendemain 13
	488 grandir 20	Q 524 quitter (un lieu ou qqn) 9	560 suspendre qqch 5	E 595 en matière de 21
	489 grimper 15	R 525 râler 19	T 561 tenir compagnie à qqn 19	596 environ 16
	490 gronder (un enfant) 20	526 rassurer qqn 21	562 terminer qqch 24	597 exprès 6
H	491 haïr qqn 9	527 rater qqch 7	563 trouver qqch 24	F 598 faute de 6
I	492 imaginer 19	528 recevoir qqch, qqn 7	V 564 valoriser qqch, qqn 17	599 fortement 3
	493 informer qqn de qqch 10	529 réchauffer qqch 17	565 vérifier qqch / que + ind. 5	G 600 gentiment 18
	494 insister 5	530 récupérer qqch 5		H 601 hélas 14
	495 inspirer (s') de qqch 4	531 réduire qqch 24	**Mots invariables**	N 602 nettement 17
	496 interroger qqn 24	532 refuser qqch 9	A 566 à cause de 6	P 603 par cœur 18
	497 isoler (s') 22	533 refuser que + subj. 21	567 à demi-mot 17	604 parfois 9
	498 jeter qqch 16	534 rejeter qqn, qqch 9	568 à domicile 16	605 partout 15
J	499 joindre qqn (communiquer avec qqn) 22	535 relier qqch à qqch 23	569 afin de 1	606 pourtant 15
	500 jurer (se) de faire qqch 14	536 rembourser (de l'argent à qqn) 7	570 à moitié 19	607 pourvu que + subj. 15
L	501 libérer qqch, qqn 1	537 remplacer qqn, qqch 22	571 à satiété 19	Q 608 quand même 11
	502 maintenir qqch 20	538 remplir qqch 5	572 à travers + nom 19	609 quant à 2
	503 mesurer 3	539 rénover qqch 3	573 au cœur de + nom 16	S 610 sans cesse 23
	504 mettre (se) à qqch, à faire qqch 14	540 renseigner (se) 6	574 au contraire 16	611 sans précédent 19
N	505 naviguer 13	541 réparer qqch 2	575 au cours de 23	612 selon 24
	506 nier qqch 6	542 reprocher qqch à qqn 5	576 au-delà de + nom 19	613 sinon 16
O	507 organiser qqch 15	543 ressembler à qqn 1	577 au départ 20	614 sous le nom de (connu) 15
P	508 paniquer 7	544 résister à qqch, à qqn 13	578 au fil de 4	615 sous peine de + nom 6
	509 partager qqch avec qqn 17	545 résoudre (un problème, une difficulté) 21	579 au fur et à mesure que + ind. 9	616 sous prétexte que + ind. 6
	510 passer de qqch à qqch 3	546 réussir qqch 5	580 au hasard de 11	617 voire 22
	511 passer pour 17	547 risquer 13	581 au lieu de + inf. 15	
	512 patienter 5	548 rouler 7	582 au profit de 6	
			583 au risque de + inf. 16	

GLOSSARY

The words are classified according to their nature (noun, adjective, verb, invariable word) and followed by the number of the lesson in which they appear for the first time in the pages "Écoutez et répondez" et "Lisez et écrivez".

Nouns

1 access (an) 6	20 office (an) (a company) 14	40 client (a) 4	60 courage (the) 17
2 accessory (an) 3	21 bit (a) of something 8	41 bell (a) 2	61 crown (a) 3
3 reception (a) 18	22 crook (a) 1	42 code (the) (highway) 7	62 knife (a) 2
4 membership (a) 23	23 office (an) (place) 21	43 colleague (a) 12	63 fashion designer (a) 3
5 matter (a) 24	24 goal (a) (in football) 19	44 combat (a) 17	64 spoon (a) 12
6 fine (a) 16	25 goal (a) (an objective) 24	45 concert (a) 18	65 creator (a) 3
7 friendship (a) 17	26 executive (an) (profession) 18	46 confidence (the) 11	66 crime (a) 1
8 army (an) 9	27 postcard (a) 10	47 secret (a) 17	67 crisis (a) 13
9 background (a) 19	28 (sauce)pan (a) 2	48 confusion (a) 1	68 debate (a) 16
10 plate (a) 12	29 headache (a) 12	49 husband/wife (a) 17	69 decision (a) 21
11 advantage (an) 20	30 catastrophe (a) 1	50 conquest (the) 24	70 discovery (a) 8
12 attitude (an) 11	31 chain (a) 6	51 construction (the) 21	71 challenge (a) 20
13 listener (a) 10	32 chalet (a) 10	52 contact (a) 22	72 (fashion) show (a) 3
14 blind man/woman (a) 15	33 coal (some) 2	53 continent (a) 8	73 damage (a) 6
15 (small) boat (a) 13	34 charm (the) 10	54 contrast (the) 1	74 delegate (member of parliament) (a) 13
16 stick (a) 5	35 roadway (the) 16	55 controversy (a) 15	75 despair (the) 24
17 well-being (the) 24	36 ankle (a) 13	56 cock (a) 9	76 disillusion (a) 20
18 jeweller (a) 3	37 choice (a) 17	57 cotton (some) 4	77 detail (a) 1
19 kiss (a) 11	38 unemployment (the) 24	58 neck (a) 12	78 estimate (a) 7
	39 scissors (some) 2	59 elbow (an) 12	

368 heavy 20
369 flat 10
370 of the working class 2
371 precious 20
372 prestigious 3
373 profound 24
374 own 3
375 reduced 8
376 regular 13
377 renowned 6
378 reserved 20
379 resistant 4
380 revolting 19
381 revolutionary 9
382 healthy 10
383 soiled 4
384 wild 17
385 sensational 1
386 serious 1
387 helpful 11
388 snobbish 6
389 social 24
390 spontaneous 11
391 superfluous 11
392 strict 12
393 temporary 6
394 timid 8
395 tolerant 20
396 triumphant 19
397 worn 4
398 vague 1
399 vain 9
400 vital 18
401 living 19

Verbs

402 to abandon 6
403 to tackle (to approach) 12
404 to end 1
405 to accompany someone 9
406 to agree with someone on something 21
407 to accuse someone of something 3
408 to adapt oneself 20
409 to adopt 4
410 to weaken something 24
411 to panic 15
412 to become agitated 9
413 to attack someone 8
414 to realize something 1
415 to belong to someone, something 23
416 to lean on something 19
417 to tear something 18
418 to arrest someone 1
419 to water something 5
420 to reach something or someone 1
421 to advance 3
422 to stroll 14
423 to benefit from 14
424 to fill up something 2
425 to move 23
426 to tinker with (something) 6
427 to burn 2
428 to camp 18
429 to shock someone 4
430 to quote 3
431 to count on someone 22
432 to conclude 3
433 to sentence someone 6
434 to drive 7

435 to confirm something 4
436 to confuse someone/something with someone/something 2
437 to conquer something, someone 18
438 to dedicate something to someone 2
439 to consider that 6
440 to build something 16
441 to be satisfied with doing something 2
442 to go to bed 5
443 to create something 24
444 to tear something 4
445 to unstitch something 4
446 to defend someone, something 10
447 to defend oneself from someone 9
448 to disgust someone 6
449 to denounce someone, something 4
450 to depend on someone, something 8
451 to destroy something 22
452 to diminish 3
453 to quarrel over something with someone 3
454 to distribute something to someone 16
455 to be divided 23
456 to sleep 18
457 to exchange something with someone 1
458 to economize something 5
459 to elect someone 23
460 to distance oneself from something or someone 20
461 to kiss each other 11
462 to use something, someone 17
463 to get bored 14
464 to get along with someone 20
465 to enumerate something 2
466 to invade something 22
467 to envy someone 14
468 to bloom 20
469 to try to do something 6
470 to consider that 6
471 to be confronted by 20
472 to be on someone's side 9
473 to be angry 11
474 to be persuaded that 8
475 to be synonymous with 3
476 to evacuate (a place) 13
477 to avoid someone, something / that 12
478 to evoke someone, something 9
479 to examine something 5
480 to exist 19
481 to be the subject of 1
482 to make something 2
483 flower 17
484 to start a family 24
485 to smoke 5
486 to park (a car) 6
487 to spoil someone 20
488 to grow up 20
489 to climb 15
490 to scold (a child) 20
491 to hate someone 9
492 to imagine 19
493 to inform someone of something 10
494 to insist 5
495 to be inspired by something 4
496 to interrogate someone 24

497 to isolate oneself 22
498 to throw something away 16
499 to join someone (to communicate with someone) 22
500 to swear to do something 14
501 to free something, someone 1
502 to maintain something 20
503 to measure 3
504 to begin something, to begin doing something 14
505 to navigate 13
506 to deny something 6
507 to organise something 15
508 to panic 7
509 to share something with someone 17
510 to switch from one thing to another 3
511 to look like 17
512 to exercise patience 5
513 to please someone 18
514 to plant something 5
515 to pollute 16
516 to prosecute someone 1
517 to specify that 9
518 to privilege something someone 6
519 to protect something, someone 5
520 to protest 16
521 to prove something 17
522 to come from something 16
523 to provoke something, someone 3
524 to leave (a place or someone) 9
525 to groan 19
526 to reassure someone 21
527 to fail something 7
528 to receive something, someone 7
529 to warm (up) something 17
530 to recuperate something 5
531 to reduce something 24
532 to refuse something 9
533 to not accept that 21
534 to reject someone, something 9
535 to connect something to something 23
536 to reimburse (money to someone) 7
537 to take the place of someone, something 22
538 to fill something 5
539 to renovate something 3
540 to find out 6
541 to repair something 2
542 to reproach someone for something 5
543 to look like someone 1
544 to resist something, someone 13
545 to resolve (a problem, a difficulty) 21
546 to make a success of something 5
547 to risk 13
548 to roll (to drive) 7
549 to save something, someone 9
550 to use something 22
551 to worry about someone, something 11
552 to raise something (abstract) 23
553 to support someone, something 21
554 to be submitted to someone, something 17

555 to suffice 9
556 to commit suicide 18
557 to overcome (an obstacle) 20
558 to surprise someone 1
559 to watch (over) someone, something 13
560 to hang something 5
561 to keep somebody company 19
562 to finish something 24
563 to find something 24
564 to valorise something, someone 17
565 to verify something /that 5

Invariable words

566 because of 6
567 (to take) a hint 17
568 at home 16
569 in order to 1
570 half 19
571 more than enough 19
572 throughout 19
573 at the heart of + noun 16
574 on the contrary 16
575 in the course of 23
576 beyond + noun 19
577 at the beginning 20
578 as the (seasons, days) go by 4
579 at the same time as 9
580 by chance 11
581 instead of + gerund 15
582 in benefit of 6
583 at the risk of + gerund 16
584 about + noun 16
585 another words 22
586 of course 9
587 in short 2
588 bitterly 19
589 for fear of 8
590 right away 11
591 behind 7
592 from now on 10
593 discreetly 12
594 overnight 13
595 as far as 21
596 about 16
597 deliberately 6
598 for want of 6
599 strongly, greatly 3
600 nicely 18
601 alas ! 14
602 clearly, plainly 17
603 by heart 18
604 sometimes 9
605 everywhere 15
606 nevertheless, still 15
607 provided that 15
608 even though 11
609 as for, as to 2
610 constantly 23
611 unprecedented 19
612 according to 24
613 otherwise 16
614 under the name 15
615 under the penalty of (+ noun) 6
616 on the pretext that 6
617 and even 22

قاموس

الكلمات مصنفة وفقًا لنوعها (اسم، صفة، فعل، ظرف أو حرف) ويتبع كل منها رقم الدرس الذي ظهرت فيه لأول مرة في صفحات اسمع وأجب إقرأ وأكتب.

أسماء

1 الوصول إلى (مذكر) 6
2 أكسسوار (مذكر) 3
3 استقبال (مذكر)
4 التحاق/ انضمام (مؤنث) 23
5 قضية (مؤنث) 24
6 غرامة (مؤنث) 16
7 صداقة (مؤنث)17
8 جيش (مؤنث) 9
9 خلفية (مؤنث) 9
10 طبق / صحن (مذكر) 12
11 ورقة رابحة (مذكر) 20
12 تصرف (مؤنث) 11
13 مستمعة (مستمعة) 10 (مذكر/ مؤنث)
14 أعمى (مذكر) 15
15 زورق (مؤنث) 13
16 عصا (مذكر) 5
17 رفاهية (مذكر) 24
18 مجوهراتي (مذكر) 3
19 قبلة (مؤنث) 11
20 مكتب (مؤنث)(شركة) 14
21 طرف / نهاية (مذكر) شيء ما 8
22 قاطع طريق (مذكر) 1
23 مكتب (مذكر) (مكان) 21
24 هدف (مذكر) (في كرة القدم) 19
25 هدف (مذكر) (مقصد) 24
26 كادر / موظف في أعلى السلك الوظيفي (مهنة) 18
27 بطاقة بريدية (مؤنث) 10
28 قدر طعام (مؤنث) 2
29 عمل شاق/ مزعج (مذكر) 12
30 كارثة (مؤنث)1
31 سلسلة (مؤنث)
32 شاليه (بيت ريفي خشبي) 10
33 فحم (مذكر) 2
34 سحر/ جاذبية (معرفة، مذكر) 10
35 طريق (مؤنث) 16
36 كاحل/ رسغ القدم (مؤنث) 13
37 خيار (مذكر) 17
38 بطالة (معرفة، مذكر) 24
39 (مقص) (جمع، نكرة) 2
40 زبون (ة) (مذكر/ مؤنث) 4
41 جرس (مؤنث)2
42 قانون (معرفة، مذكر) المرور 7
43 زميل عمل/ زميلة عمل (مذكر/مؤنث) 12
44 معركة (مذكر) 17
45 عرض موسيقي (مذكر) 18
46 ثقة (معرفة، مؤنث) 11
47 بوح / سر (مؤنث) 17
48 خلط / اشتباه (مؤنث) 1
49 رفيق/ رفيقة (شريك/ة حياة) 17
50 فتح (معرفة/ مؤنث) 24
51 بناء (مؤنث) 21
52 اتصال/ صلة (مذكر) 22
53 قارة (مذكر) 8
54 تباين / تضاد (معرفة/ مذكر) 1
55 نزاع / خلاف (مؤنث) 15
56 ديك (مذكر) 9
57 قطن (مذكر) 4
58 عنق (مذكر) 12
59 كوع (مذكر) 12
60 شجاعة (معرفة/ مذكر) 17
61 تاج (مؤنث) 3
62 سكين (مذكر) 2
63 خياط (مذكر) 3
64 ملعقة (مؤنث) 12
65 مبتكر/ مبدع (مذكر) 3
66 جريمة (مذكر) 1
67 أزمة (مؤنث) 13
68 نقاش (مذكر) 16
69 قرار (مؤنث) 21
70 اكتشاف (مؤنث) 8
71 تحدي (مذكر) 20
72 عرض أزياء (مذكر) 3
73 ضرر/ خراب (مؤنث) 6

74 نائب/ نائبة (مذكر/ مؤنث) 13
75 يأس (معرفة، مذكر) 24
76 زوال الوهم (بلا وهم) (مؤنث) 20
77 جزء (مفرد كلمة تفاصيل، مذكر) 1
78 فاتورة مدينية (مذكر) 7
79 أصبع (مذكر) 12
80 سكن (مذكر) 7
81 شك (مذكر) 1
82 علم / راية (معرفة، مذكر) 9
83 فشل (مذكر)15
84 كاتب / كاتبة (مذكر) 18
85 أثر/ تأثير (مذكر)1
86 رمز/ شعار (مذكر) 9
87 موظف / موظفة (مذكر/ مؤنث) 12
88 مكان (مذكر) 5
89 سكن (مذكر) 16
90 رهان (مذكر) 8
91 ملل (مذكر) 24
92 تحقيق (مؤنث) 17
93 معلمة/ معلمة 12
94 وسط محيط (معرف) 24
95 رغبة (مؤنث) 5
96 بينة (معرفة) 8
97 فريق (مؤنث) 10
98 معدة (مذكر) 5
99 دولة (مذكر) 23
100 نجمة (مؤنث) 23
101 أجنبي / أجنبية 11
102 حدث (مذكر) 1
103 إنجاز 19
104 واجهة (معرفة، مؤنث) 10
105 حادث (كما في صفحات الحوادث) (مذكر)
106 معجب/ معجبة (مذكر/ مؤنث) 18
107 قصة / خيال (مؤنث) 13
108 شجرة تين (معرفة) 14
109 نهر (مذكر) 1
110 غابة (مؤنث) 2
111 ثروة (مؤنث) 24
112 منديل (للعنق أو الرأس) (مذكر) 3
113 مصاريف (جمع) 6
114 ارض بور/ مهملة (مؤنث) 21
115 حدود (مؤنث) 23
116 خزانة ثياب (مؤنث) 4
117 قرء (مؤنث) 19
118 عبقرية (مذكر) 7
119 لفتة (مذكر) 9
120 مجد (معرفة، مؤنث) 16
121 جو رمادي/ ضبابي (معرفة، مؤنث) 14
122 حرب (معرفة، مؤنث) 19
123 ارتفاع (معرفة، مؤنث) 21
124 بطل (مذكر)19
125 تكريم / تسجيل (مذكر) 4
126 ضيافة (معرفة) 11
127 ضيف 11
128 زيت (بعض من) للمحرك 7
129 فكاهة/ دعابة (معرفة) 17
130 نظافة (معرفة) 19
131 إديولوجية (مؤنث) 19
132 جزيرة (مؤنث) 8
133 حياد (معرفة) 19
134 عجز (معرفة) 24
135 حادثة (مؤنث) 1
136 لا مساواة (معرفة) 19
137 مبادرة (مؤنث) 15
138 فيضان (مؤنث) 13
139 مفتش (مذكر) 7
140 إلهام (معرفة) 4
141 مؤسسة (مؤنث) 23
142 آلة (مذكر) (موسيقية) 2
143 ممنوع (نكرة، مذكر) 12
144 فاصل/ مسافة (مذكر) 24
145 اختراع (نكرة، مؤنث) 15
146 دعوة (مؤنث) 12
147 تلاعب بالكلمات (مذكر) 9

148 مجوهراتي / صانع (مذكر) 3
149 العدالة (معرفة، مؤنث)1
150 خفة (معرفة، مؤنث) 17
151 صلة (نكرة، مؤنث) 19
152 سرير (معرفة، مذكر) 13
153 سكن (معرفة، مذكر) 11
154 قانون (معرفة، مؤنث) 5
155 ترف (معرفة، مذكر) 3
156 عمودية (معرفة، مؤنث) 9
157 دار للمتقاعدين (مؤنث) 18
158 سوء حظ (معرفة، مؤنث) 24
159 مصيبة (مذكر) 1
160 تظاهرة (مؤنث) 11
161 تاجر/ تاجرة (مؤنث/ مذكر) 2
162 بحار (مذكر) 4
163 علامة (يضع) 13
164 مضرة/ ضرر (مذكر) 1
165 إجراء (مؤنث) (حكومي) 7
166 معدن (معرفة، مذكر) 2
167 مهنة (مذكر) 2
168 عسكري (مذكر) 13
169 مليار (مذكر) 19
170 اختلاط (مؤنث) 4
171 عقاري (مذكر) 10
172 نموذج (مذكر) 16
173 استهزاء (مؤنث) 9
174 حائط (مذكر) 10
175 أسطورة (مذكر) 17
176 ميلاد (معرفة، مؤنث) 1
177 تفاوض (مؤنث) 23
178 جلد (مؤنث) 19
179 ابنة أخت أو أخ (ابن أخ أو أخت) 18
180 مستوى (مذكر) 5
181 لا معنى له (مذكر) 21
182 حنين (مؤنث) 18
183 غذاء (معرفة، مؤنث) 11
184 هدف (مذكر) 10
185 عائق (مذكر) 20
186 رائحة (مؤنث) 6
187 ظل (معرفة) 10
188 بيض بالمقلاة (مؤنث) 12
189 فرصة (مؤنث) 3
190 سلة (مذكر) 2
191 ذعر/ ارتباك (معرفة، مؤنث) 2
192 ذعر (مذكر وظيفة) 7
193 شوط/ مسار (مذكر) 1
194 عطر (مذكر) 3
195 عجائن/ مكرونة (جمع مذكر) 12
196 وطن (معرفة، مؤنث) 9
197 حشائش (مؤنث) 6
198 رخصة (معرفة، مذكر) (قيادة) 7
199 إذن (مؤنث) 5
200 شعب (معرفة، مذكر) 9
201 منار (مذكر) 7
202 قدم (مذكر) 19
203 حجر (من الحجر) 10
204 متعة (مؤنث) 24
205 زرع (مؤنث) 6
206 إطار/ عجلة سيارة (مذكر) 7
207 جدال (مؤنث) 21
208 مضخة / خرطوم مياه (مؤنث) 13
209 عجز (مؤنث) 6
210 الأصبع الإبهام (مذكر) 5
211 دقة (مؤنث) 1
212 الاسم الأول (مذكر) 9
213 صحافة (مؤنث) 1
214 ملابس جاهزة (مفرد مذكر) 3
215 تقدم (مؤنث) 17
216 تقدم (مذكر) 8
217 مشروع (مذكر) 24
218 نظافة (مؤنث) 16
219 إقليم/ ريف (مؤنث) 1
220 طيب نفسي (مذكر) 18
221 طابور/صف انتظار (مؤنث) 15
222 مكافأة/ ثواب (مؤنث) 24

223 استرداد (مؤنث) 4
224 لازمة موسيقية (مذكر) 2
225 نظرة (مذكر) 17
226 قاعدة (مؤنث) 12
227 عهد (مذكر) 22
228 ملكة (مؤنث) 3
229 علاقة (مؤنث) 22
230 راحة (مذكر) 5
231 احترام (مذكر) 9
232 تردد/ تحفظ (مؤنث) 23
233 مرأة (خلفية) (مذكر) 7
234 نجاح (مؤنث) 15
235 مصباح (مذكر) 2
236 طابق أرضي (مذكر) 6
237 روماتيزم (مذكر) 14
238 مخاطرة (مذكر) 20
239 تقاطع طرق (مذكر) 3
240 حصبة (مؤنث) 17
241 عمود ثابت (مؤنث) (في صحيفة) 1
242 حيلة/ خداع (مؤنث) 7
243 قيقاب (حذاء خشبي) (نكرة، جمع) 2
244 حقيبة ظهر (مذكر) 1
245 صحة (مؤنث) 24
246 ساردين (مؤنث) 6
247 صلصة (بعض من، مؤنث) 12
248 عالم (مذكر) 18
249 مهارة(مذكر) 10
250 آداب التعامل (مذكر) 12
251 منشار (مؤنث) 2
252 جلسة (مؤنث) 11
253 دلو (مذكر) 16
254 زلزال (مذكر) 3
255 حلقة بحث (مذكر) 11
256 اتجاه ممنوع للسيارات (مذكر) 7
257 فوطة (مؤنث) 12
258 حياة جنسية (مؤنث) 4
259 توقيع (مؤنث) 7
260 رمز من الأحرف الأولى (مذكر) 23
261 إشارة (مؤنث) 4
262 صدق (مؤنث) 17
263 موقع (مذكر) 21
264 هتاف (مذكر) 7
265 جندي (مذكر) 1
266 صلابة (مؤنث) 4
267 مصير (مذكر) 24
268 قلق (مذكر) 3
269 مضاربة (مالية) (مؤنث) 21
270 سناد (مذكر) 9
271 ضغط نفسي (مذكر) 14
272 اقتراع (مذكر) عام 23
273 مساحة (مؤنث) 21
274 رمز (مؤنث) 9
275 لوحة (رسم) 9
276 تعريفة الأسعار (مذكر) 14
277 معبد (مذكر) 18
278 تيار/ توجه (مؤنث) 4
279 حنان (مؤنث) 17
280 توتر (مؤنث) 20
281 محاولة (مؤنث) 15
282 أراضي (مذكر) 21
283 منسوجات (مذكر) 3
284 طابع بريدي (مذكر) 9
285 سقف (مذكر) 10
286 جولة حديث (مذكر) 16
287 حركة (قطارات، سيارات) 13
288 معاهدة (مذكر) 8
289 مثلث (مذكر) 3
290 محكمة (مذكر) 1
291 قطيع (مذكر) 5
292 شيء (مذكر) (= شيء ما) 7
293 طاغية (مذكر) 17
294 ضرورة عاجلة (معرفة) 16
295 أواني (مطبخ) (مذكر) 2
296 فائدة (مؤنث) 22
297 البارحة (مؤنث) 4

词汇

所有词都按词性(名词、形容词、动词、无词形变化的词)排列，后面的数字表示它们第一次在哪一课的 "听后回答" 或 "朗读并书写" 里出现。

名词

1. 进入、接近 6
2. 服饰、附属品 3
3. 接待、迎接 18
4. 加入 23
5. 事情 24
6. 罚款 16
7. 友谊 17
8. 军队 9
9. 背景、次要地位 19
10. 盘子 12
11. 王牌、有利条件 20
12. 态度 11
13. 听众 10
14. 盲人 15
15. 小船 13
16. 棍子 5
17. 舒适 24
18. 首饰商 3
19. 接吻 11
20. 公司、企业 14
21. 一块、一截 8
22. 强盗 1
23. 办公室 21
24. 球门、进球 19
25. 目的、目标 24
26. 干部 18
27. 明信片 10
28. 带柄平底锅 2
29. 难题 12
30. 灾难 1
31. 链条 6
32. 山区木屋 10
33. 煤、炭 2
34. 魅力 10
35. 马路 16
36. 踝骨 13
37. 选择 7
38. 失业 24
39. 剪刀 2
40. 顾客 4
41. 钟 2
42. 规则、法规 7
43. 同事 12
44. 战斗 17
45. 音乐会 18
46. 信任 11
47. 知心话 17
48. 混淆、搞错 1
49. 配偶 17
50. 征服、战利品、成果 24
51. 建造、建筑 21
52. 接触 22
53. 大陆、洲 8
54. 对比、反差 1
55. 争论 15
56. 雄鸡 9
57. 棉花、棉织物 4
58. 脖子 12
59. 肘部 12
60. 勇气 17
61. 王冠 3
62. 刀 2
63. 服装设计师 3
64. 匙子 12
65. 创作者、设计师 3
66. 罪、重罪 1
67. 危机 13
68. 讨论、争论 16
69. 决定 21
70. 发现 8
71. 挑战 20
72. 鱼贯而行、(时装)表演 3
73. 损害、损失 6
74. 国民议会议员 13

75. 绝望 24
76. 幻灭、失望 20
77. 细节 1
78. 报价 7
79. 指头 12
80. 住所 7
81. 怀疑 1
82. 旗帜 9
83. 失败 15
84. 作家 18
85. 效果 1
86. 标志 9
87. 雇员 12
88. 地方 5
89. 肥料 16
90. 赌注、利害关系 8
91. 麻烦、烦恼 24
92. 调查 17
93. 教员 12
94. 身边亲近的人 24
95. 欲望、愿望 5
96. 环境 8
97. 组、队 10
98. 胃 5
99. 国家(指机构) 23
100. 星 23
101. 外国人 11
102. 发生的事情、大事 1
103. 功勋、出色的成绩 19
104. (建筑物的)正面 10
105. 社会新闻 1
106. 追星族、歌迷 18
107. 假想、虚构 13
108. 无花果树 14
109. 江、河 1
110. 森林 2
111. 财富、命运 24
112. 头巾 3
113. 费用 6
114. 荒地 21
115. 边界 23
116. 衣橱、一个人的全部衣服 4
117. 慷慨 19
118. 天才 7
119. 做法、动作 9
120. 荣誉 16
121. 灰蒙蒙的天气 14
122. 战争 19
123. 高度 21
124. 英雄 19
125. 敬意 4
126. 好客、款待 11
127. 宾客 11
128. (发动)机油 7
129. 幽默 17
130. 卫生 19
131. 思想体系、意识形态 19
132. 岛 8
133. 不偏不倚、公正 19
134. 无能为力 24
135. 意外事故 1
136. 不平等 19
137. 发起、首创 15
138. 水灾 13
139. 检查员、路考考官 7
140. 灵感 4
141. 机构 23
142. 器具、乐器 2
143. 禁止 12
144. 间隙 24
145. 发明 15
146. 邀请 12
147. 文字游戏 9
148. 珠宝商 3
149. 司法机关 1

150. 轻、随便 17
151. 联系 19
152. 床、河床 13
153. 住所 11
154. 法律 5
155. 奢侈、豪华 3
156. 市政府 9
157. 养老院 18
158. 厄运 24
159. 不幸 1
160. 示威游行 11
161. 商人 2
162. 海员 4
163. 记号、标记 13
164. 坏事 7
165. 措施 7
166. 金属 2
167. 职业、行业 2
168. 军人 13
169. 十亿 19
170. 混合 4
171. 家具(总称) 10
172. 模式 16
173. 嘲笑 9
174. 墙 10
175. 神话、传说 17
176. 出生 2
177. 谈判 23
178. 雪 19
179. 侄女、甥女(侄子、外甥) 18
180. 水平、层次 5
181. 无意义的话、荒谬的事 21
182. 怀旧、思乡 18
183. 食物 11
184. 目的 10
185. 障碍、困难 20
186. 气味 6
187. 阴凉处 9
188. 摊鸡蛋 12
189. 机会 3
190. 篮子 2
191. 惊慌 2
192. 文件 7
193. 路线、行程 1
194. 香水 3
195. 面食 12
196. 祖国 9
197. 草坪 8
198. (驾驶)执照 7
199. 许可 5
200. 人民 9
201. (汽车)前灯 7
202. 脚 19
203. 石头、石料 10
204. 乐趣、愉快 24
205. 种植、种的植物 6
206. 轮胎 7
207. 笔战、论战 21
208. 泵 13
209. 大门、正门 6
210. 大拇指 5
211. 确切的情况、详情 1
212. 名字 12
213. 报刊 1
214. 成衣 3
215. 监狱 17
216. 进步 8
217. 计划 24
218. 清洁、干净 16
219. 省、外省 1
220. 精神病科医生 18
221. 行列、队 15
222. 报酬、奖赏 24
223. 恢复、回收 4
224. 副歌、反复句 2

225. 目光、眼神 17
226. 规则 12
227. 统治期、流行 22
228. 王后、女王 3
229. 联系 22
230. 休息 5
231. 尊重 9
232. 保留意见、犹豫 23
233. 反光镜 2
234. 成功、成就 15
235. (有反光镜的)路灯 2
236. 底层、一层 6
237. 风湿病 14
238. 危险、风险 20
239. 圆形交叉路口 3
240. 麻疹 17
241. (报纸)专栏 1
242. 诡计 7
243. 木鞋 2
244. 背包 7
245. 健康 24
246. 沙丁鱼 6
247. 调味汁 12
248. 学者 18
249. 本事、专门技术 10
250. 社交礼节、处世之道 12
251. 锯子 2
252. 会议；一次、一场 11
253. 水桶 16
254. 地震 3
255. 研讨会 11
256. 禁行的方向 7
257. 餐巾 12
258. 性欲 4
259. 签字 7
260. 由首字母组成的缩略词 23
261. 迹象 4
262. 真诚 4
263. 选址、场所 21
264. 口号 7
265. 士兵 1
266. 坚固、结实 4
267. 命运 24
268. 忧虑、操心 3
269. (商业)投机 21
270. 体育场 9
271. 紧张、压力 14
272. 普选 23
273. 面积 21
274. 象征 2
275. (一幅)画 9
276. 价格 14
277. 神庙 18
278. 趋向 4
279. 温柔 17
280. 紧张 5
281. 尝试、企图 15
282. 领土 21
283. 纺织 3
284. 邮票 9
285. 屋顶 10
286. (与会者)逐个发言 16
287. 交通、运输 13
288. 条约 8
289. 三角 3
290. 法院 1
291. 家畜群 5
292. 东西、玩意儿 7
293. 暴君、专横的人 17
294. 紧急、急迫 16
295. (厨房)用具、器皿 12
296. 用途 22
297. 前夕 4
298. 受害者、牺牲品 16
299. 衰老 4

300. 葡萄树 14
301. 村庄 2
302. 参赛者 15
303. 速度 19
304. 橱窗 3
305. 邻居(集体名词) 6
306. 声音 22
307. 百叶窗 10
308. 一本(书) 2
309. 地区 21

形容词

310. 绝对 16
311. 令人恐慌的 18
312. 反常、异常 6
313. 贵族的 2
314. 傲慢的、狂妄自大的 9
315. 人工的、人造的 15
316. 机灵、精巧 10
317. 低 10
318. 赶时髦的 16
319. 著名的 1
320. 热烈的、盛情的 18
321. 珍贵的 22
322. 疯的、神经失常的 18
323. 集体的 19
324. 好奇的 8
325. 奇怪的 11
326. 轻松自在的 4
327. 稠密的 21
328. 受到(公共交通)服务的 21
329. 滑稽的、古怪的 14
330. 硬的 2
331. 困难的、艰苦的 2
332. 自私的、利己主义的 24
333. 基本的、主要的 12
334. 狭窄的 5
335. 明显的、显而易见的 21
336. 感情外露的 20
337. 弱小的、微弱的 19
338. 着迷的 15
339. 骄傲的、自豪的 18
340. 有钱的 4
341. 慷慨的、宽厚的 24
342. 严重的、要紧的 7
343. 烤的 6
344. 习惯的、通常的 7
345. 幸福 24
346. 敌对的、对立的 11
347. 著名的、杰出的 1
348. 不礼貌 12
349. 难以置信的、不可思议的 13
350. 个人的 21
351. 奇特的、怪异的 1
352. 强化的、密集的 16
353. 看不见的 16
354. 恶意的 9
355. 凶恶的 8
356. 平庸的、一般的 18
357. 湿的、湿淋淋的 8
358. 神经(官能)症的 17
359. 众多的、大量的 3
360. 裸体的 1
361. 黑暗的、难理解的 18
362. 懒惰的 11
363. 独特的 1
364. 经常性的、激动人心的 10
365. 经常性的 15
366. 个人的、自私的 24
367. 重的、沉重的、无法忍受的 20
368. 平的、平整的 10
369. 民间的、大众的 2
370. 珍贵的、宝贵的 20
371. 有声誉的 3
372. 深的、内心的 24
373. 自己的 3
374. 缩小的、降低的 8
375. 有规律的、经常的 13
376. 著名的、有名望的 6
377. 谨慎的、持重的 20
378. 抗力强的、结实的 4

380. 令人愤慨的 19
381. 革命的 9
382. 健康的、完好的、有益健康的 10
383. 弄脏的 4
384. 野生的 17
385. 轰动的、骇人听闻的 1
386. 严肃的 1
387. 乐于助人的 11
388. 追求时髦的 6
389. 社会的 24
390. 自然的、率直的 11
391. 多余的 11
392. 严格的 12
393. 临时的、暂时的 6
394. 胆怯、腼腆 8
395. 宽容的 20
396. 正在取胜的 19
397. 用旧了的 4
398. 含混的、不明确的 1
399. 爱虚荣的、自负的 9
400. 有关生命的、极其重要的 18
401. 活着的 19

动词

402. 放弃 6
403. 接近某人与其交谈;(开始)谈论或从事 12
404. 完成、结束 1
405. 陪同、陪随 9
406. 商妥、就某事达成一致意见 21
407. 指责 7
408. 适应 20
409. 收养、采纳、采用 4
410. 削弱、减弱 24
411. 惊恐不安 15
412. 骚动 9
413. 袭击、侵犯 8
414. 发觉、意识到 1
415. 属于 23
416. 依靠 19
417. 撕下、夺走 18
418. 使停下、逮捕 1
419. 浇水 5
420. 抵达、达到 1
421. 往前走 3
422. 溜达 14
423. 享受、从…获得好处 14
424. 堵塞 2
425. 动、移动 23
426. 在家修修弄弄 6
427. 焚烧 2
428. 安营扎寨 18
429. 激化反感 4
430. 列举 2
431. 指望 22
432. 结束、作出结论 3
433. 判决 6
434. 驾车 7
435. 进一步肯定、证实 4
436. 混淆 1
437. 征服、博得欢心 18
438. 献给 2
439. 认为 6
440. 建造、建设 16
441. 满足于 2
442. 躺着 11
443. 创造、设计 24
444. 撕裂、扯破 4
445. 把(缝好的东西)拆开 4
446. 捍卫、维护 10
447. 自卫、抵抗 10
448. 使恶心、使厌恶 6
449. 揭发、揭露 4
450. 依赖、取决于 8
451. 破坏、摧毁 22
452. 减少、缩小 3
453. 争夺 11
454. 分发、分配 16
455. 分裂 23
456. 睡 18
457. 交换 1

458. 节约、节省 5
459. 选举 23
460. 离开、远离 20
461. 相互拥抱 11
462. 使用 17
463. 感到烦恼、感到无聊 14
464. 相处 20
465. 列数、列举 2
466. 入侵、占领 22
467. 羡慕 20
468. 盛开(指花);充分发展、大有作为 20
469. 尽力、试图 6
470. 认为、以为 6
471. 面临 6
472. 站在…的一方 9
473. 生气 11
474. 相信、确信 8
475. 是…的同义词 3
476. 撤出、撤离 13
477. 避免 12
478. 谈及 9
479. 细看、研究 5
480. 存在 19
481. 成为…的对象 1
482. 制造、生产 2
483. 开花 17
484. 建立 24
485. 抽烟 5
486. 停放 6
487. 娇惯、溺爱 20
488. 长大 20
489. 爬、攀登 15
490. 训斥、责骂 20
491. 恨、憎恨 9
492. 设想、想象 19
493. 告诉、通知 10
494. 强调 5
495. 从…汲取灵感,从…得到启发 4
496. 询问、提问 24
497. 自我孤立、同…隔离 22
498. 扔掉、抛弃 16
499. 联系上、同…通话 22
500. 发誓要 14
501. 释放 1
502. 保持、保留 20
503. 尺寸为,面积有 3
504. 着手、开始做 14
505. 航行 13
506. 否认 6
507. 组织 15
508. 惊慌失措 7
509. 平分、分享 17
510. 从…转变成 3
511. 被当成 17
512. 耐心等待 5
513. 使喜爱 18
514. 栽种 5
515. 污染 16
516. 追逐、司法追究 1
517. 明确表达 9
518. 赋予特权、强调 6
519. 保护 5
520. 抗议 16
521. 证实、证明 17
522. 来自、来源于 16
523. 引起、导致 3
524. 离开 9
525. 发牢骚、抱怨 19
526. 使放心 21
527. 未命中、失败 7
528. 收到;接待 7
529. 重新加热 17
530. 回收 5
531. 缩小、减少 24
532. 拒绝 9
533. 拒绝 21
534. 不接受 9
535. 连接 23
536. 偿还、付还 7
537. 代替 22
538. 装满、充满 5

539. 翻新 3
540. 打听情况、了解 6
541. 修理 2
542. 责怪 9
543. 像、同…相像 1
544. 抵挡、经受 13
545. 解决、克服 21
546. 做成功 5
547. 冒…危险 13
548. 行驶(指驾车) 7
549. 救、拯救 9
550. 使用 22
551. 担心、为…操心 11
552. 挑起、引起 23
553. 支持 21
554. 经受、忍受 17
555. 足以、足够 9
556. 自杀 18
557. 克服、战胜 20
558. 使人惊讶 1
559. 监视、照看 13
560. 悬挂 5
561. 陪伴 19
562. 结束、完成 24
563. 找到、发现 24
564. 提高身价、使更看重 17
565. 检查、核实 5

无词形变化的词

566. 因为、由于 6
567. 含蓄地、只听半句话 17
568. 在家里 16
569. 为了、旨在 5
570. 一半、部分地 19
571. 直至令人厌倦 19
572. 经过、穿越 19
573. 处于…的中心 16
574. 相反 16
575. 在…期间、在…过程中 17
576. 在…之外 19
577. 起初、开始 20
578. 沿着、随着 4
579. 随着 9
580. 随…而定、视…情况而定 11
581. 不…而一 5
582. 为…的利益 6
583. 冒着…的风险 16
584. 在…四周、在…周围 16
585. 换言之、换句话说 22
586. 当然 9
587. 总之、简言之 2
588. 残酷地 19
589. 以免 8
590. 一上来就、一下子就 11
591. 在后面 7
592. 今后、从此以后 10
593. 不引人注目地 12
594. 很快地,突然 13
595. 关于、在…方面 21
596. 大约、将近 16
597. 故意地、特地 6
598. 因为没有、由于缺乏 6
599. 大大地 3
600. 和蔼地、亲切地 18
601. 哎!咳!(表示悲叹、遗憾、痛苦等) 14
602. 清楚地、直截了当地 17
603. 靠记忆、记住 18
604. 有时 3
605. 到处 15
606. 然而 15
607. 但愿;只要 15
608. 仍然、还是 11
609. 至于 2
610. 不断 23
611. 空前的、无先例的 19
612. 按照、依…的观点 24
613. 否则、不然的话 16
614. 用…名称 15
615. 一…论处,否则就要 6
616. 借口… 6
617. 甚至 22

単語集

単語は名詞, 形容詞, 動詞及び不変化語に分けられています。単語の後の番語は初めて出た課の番号です。よく聞いて, 答え, 読み書きして下さい。

名詞

1. 入り道 6
2. 二次的なもの 3
3. 歓迎 18
4. 加入 23
5. 問題 24
6. 罰金 16
7. 友情 17
8. 軍隊 9
9. 背景 19
10. 皿 12
11. 切札 20
12. 態度 11
13. 聴衆 10
14. 盲人 15
15. 小舟, ボート 13
16. 棒 5
17. 満足感 24
18. 宝石店 3
19. 軽いキス 11
20. 会社 14
21. 。。。わずかばかりの。。。 8
22. 強盗 1
23. 事務室 21
24. ゴール 19
25. 目的 24
26. 幹部 18
27. 絵葉書 10
28. 柄つき鍋 2
29. 頭を悩ませる仕事 12
30. 大事故 1
31. 鎖 1
32. 山小屋 10
33. 炭, 石炭 2
34. 魅力 10
35. 車道 16
36. 踝(くるぶし)13
37. 選ぶこと 17
38. 失業 24
39. はさみ 2
40. お客 4
41. 鐘 2
42. (交通)法規 7
43. 同僚, 同役, 同職者, 中間 12
44. 戦闘, 戦い 17
45. 音楽会 18
46. 信頼, 信用 11
47. 秘密, 打ち明け話 17
48. 混乱 1
49. 配偶者 17
50. 征服 24
51. 建造, 建設, 建築 21
52. 接触 22
53. 大陸 8
54. 対照 1
55. 議論 15
56. 雄鶏 9
57. 綿 4
58. 首 12
59. 肘(ひじ) 12
60. 勇気 17
61. 冠 3
62. ナイフ 2
63. デザイナー 3
64. スプーン 12
65. デザイナー 3
66. 犯罪 1
67. 危機, 難局 13
68. 討論, 議論 16
69. 決定 21
70. 発見 8
71. チャレンジ 20
72. ファッションショー 3
73. 損害 6
74. 議員 13
75. 絶望 24
76. 失望 20
77. 細部 1
78. 見積り 7
79. 指 12
80. 住所 7
81. 疑い 1
82. 旗 9
83. 失敗 15
84. 作家 18
85. 印象 1
86. 紋章 9
87. 事務員 12
88. 所, 場所 5
89. 肥料 12
90. 儲け 8
91. 心配, 問題 24
92. 調査 17
93. 教員 12
94. 親し人たち 24
95. 切望 5
96. 環境 8
97. チーム 10
98. 胃 5
99. 国家 23
100. 星 23
101. 外人 11
102. 事件 1
103. 好成績 19
104. 正面 10
105. 三面記事 1
106. ファン 10
107. 想像, 作り話 13
108. いちじくの木 14
109. 川（大河） 1
110. 森林 2
111. 財産 19
112. スカーフ, マフラー 3
113. 費用, 経費 6
114. 耕されていない土地 21
115. 国境 23
116. 洋服だんす, 衣装, 着物 4
117. 寛大 19
118. 天才 7
119. 行い 9
120. 名誉 16
121. 灰色の風景, 憂鬱 14
122. 戦争 19
123. 高さ 21
124. 英雄 19
125. 敬意 4
126. もてなし 11
127. 客 11
128. 油, オイル 7
129. ユーモア 17
130. 衛生 19
131. イデオロギー 19
132. 島 8
133. 公平さ 19
134. 無力 24
135. 事件 1
136. 不平等 19
137. 発意, 発議 15
138. 洪水 13
139. 検査官 7
140. インスピレーション 4
141. 機構 23
142. 楽器 2
143. してはいけないこと 12
144. 間隔(定期的に) 24
145. 発明 15
146. 招待 1
147. しゃれ, 言葉の遊び 9
148. 宝石商店 3
149. 裁判 1
150. 軽さ, のんきさ 17
151. 関係 19
152. 川床 22
153. 住宅 11
154. 法律 5
155. 贅沢, 高級品 3
156. 市(区, 町, 村)役所 9
157. 養老院 18
158. 不幸, 不運 24
159. 災難 1
160. デモ 11
161. 商人
162. 海員, 船乗り, セーラー
163. しるし, マーク
164. 非行, 悪事 1
165. 対策 7
166. 金属 2
167. 職業 2
168. 軍人 13
169. 十億 2
170. 混合 4
171. 家具 10
172. 模範 16
173. あざかり 9
174. 壁 10
175. 神話 9
176. 誕生 1
177. 交渉 23
178. 雪 19
179. 姪(甥) 18
180. 高さ 5
181. 非常識, ナンセンス 21
182. 懐かしむ気持ち 18
183. 食べ物 11
184. ねらい, 目標 10
185. 障害 20
186. 匂い 6
187. 陰 5
188. オムレツ 12
189. きっかけ, チャンス 3
190. 籠, かご 2
191. パニック 2
192. 身分証明書 7
193. コース 1
194. 香水 3
195. めん類 12
196. 祖国 9
197. 芝生 6
198. 運転免許 7
199. 許可 1
200. 国民 9
201. ヘッドライト 7
202. 足 19
203. 石 10
204. 楽しみ 24
205. 植物 6
206. タイヤ 7
207. 論争 21
208. ポンプ 13
209. 門 6
210. 屋根 10
211. 詳しいデータ 1
212. 名 9
213. 新聞雑誌 1
214. プレタポルテ 3
215. 刑務所 17
216. 発達 2
217. 計画 24
218. 清潔さ 16
219. 地方 1
220. 精神科医 18
221. 列 15
222. 褒美 5
223. 再生 4
224. リフレイン 2
225. 視線 17
226. 作法 12
227. 治世 22
228. 王妃, 女王 3
229. 関係 22
230. 休み, 休憩 5
231. 尊敬 5
232. 抵抗, ためらい 23
233. バック.ミラー 7
234. 成功 15
235. 街灯 2
236. 一階 6
237. リューマチ 14
238. 危険 20
239. ロータリー 3
240. 麻疹 17
241. 欄 1
242. 術策, 狡さ 7
243. 木靴 2
244. リュックサック 1
245. 健康 24
246. いわし, サージン 6
247. ソース 12
248. 学者 18
249. ノーハウ 10
250. 礼儀作法 12
251. のこぎり 2
252. 講義 11
253. バケツ 16
254. 地震 3
255. セミナー 11
256. 進入禁止 3
257. ナプキン 12
258. 性 4
259. 署名, サイン 7
260. 略字 23
261. しるし 4
262. 誠実さ, 率直さ 17
263. 場所, サイト 21
264. スローガン 7
265. 兵隊, 軍人 1
266. 頑丈さ 4
267. 境遇 24
268. 心配 2
269. 投機 21
270. スタジアム 9
271. ストレス 14
272. 普通選挙 23
273. 面積 21
274. 象徴, シンボル 9
275. 絵, 絵画 9
276. 料金 14
277. 神殿 18
278. 傾向 4
279. 愛情 19
280. 緊張 20
281. 試み 15
282. 領土 21
283. 織物 3
284. 郵便切手 9
285. 屋根 10
286. 円卓会議, 順番に話す 16
287. 交通 13
288. 条約 8
289. 三角形 3
290. 裁判 1
291. 群 2
292. こと 7
293. 暴君 17
294. 緊急(優先) 16
295. 用品, 道具, 用具 2
296. 有用性 22
297. 前日 1
298. 死者, 犠牲者, 罹災者 16
299. 老化 16

300. ぶどうの木　14
301. 村　2
302. 見学者, 客数　15
303. 速さ　19
304. ショー。ウィンドー　3
305. 近所　6
306. 声　22
307. 鎧戸(よろいど)10
308. 一巻　2
309. 地域　21

形容詞
310. 絶対の, 絶対的な　16
311. 大変心配な　18
312. 異常な　6
313. 貴族階級の　2
314. 横柄な　9
315. 人工の　15
316. 巧妙な　10
317. 低い　10
318. ナウい　16
319. 有名な　1
320. 暖かい, 熱のこもった　18
321. 親しい　22
322. 気違い　18
323. 共用の　19
324. 好奇心の強い　8
325. 不思議な　11
326. のんきな　4
327. 人口密度の高い　21
328. 交通の便の(いい)　21
329. 変った　14
330. 固い　2
331. 難しい　2
332. 我がままな, 利己主義な　24
333. 主な, 重要な　12
334. 狭い　5
335. 明らかな　21
336. 外向的な　20
337. 弱い　2
338. 唖然とした　15
339. 自慢している, 威張っている　18
340. 金持ち　4
341. 心の広い　24
342. 大変　7
343. 焼き　6
344. 普通の　7
345. 幸福な　24
346. 冷淡な, 敵意の　11
347. 湿度の高い　8
348. 著名な　1
349. 無礼な　1
350. 信じられない　13
351. 個人の　21
352. 突飛, 異様, 異常　1
353. 集約　16
354. 見えない　1
355. かしこい　9
356. (意地悪い)危ない　8
357. 中以下の　18
358. ぬれている　8
359. 神経症な　17
360. 大勢の　3
361. 裸の　1
362. 暗い　18
363. 怠け者　11
364. 独特の　1
365. 非常に面白い　10
366. 通常の, 不変の　15
367. 個人的な　24
368. 重苦しい　20
369. 水平, 平ら　10
370. 庶民的な　2
371. 貴重な　20
372. デラックスな　3
373. 深い, (ひどい)24
374. 個人お　3
375. 限られている　8
376. 定期的　13
377. 有名な　6
378. 控え目　20
379. 丈夫, 耐久力のある　4
380. ひどい　5

381. 革命的　9
382. 清潔な, 健康な10
383. 汚れている　4
384. 野はらの　17
385. センセーショナルな1
386. まじめな, 真剣な　1
387. 世話好きの　11
388. スノッブ, 気どりや　6
389. 社会の　24
390. 自発的　11
391. 余計な　20
392. 厳しい　12
393. 一時的の　6
394. 恥ずかしがり家　8
395. 寛大な　20
396. 勝利した　19
397. いかれた　9
398. 漠然とした　1
399. 自惚れの強い　9
400. 極度に重要な　18
401. 生きている　19

動詞
402. 放棄する　6
403. 触れる　12
404. 終わる　1
405. 。。。と一緒に。。。行く, する　9
406. 一致する　21
407. 非難する　2
408. 適応する　20
409. 取り入れる　4
410. 弱める　24
411. 取り乱す　15
412. 動揺する　9
413. 攻撃する　8
414. 気づく1
415. 属する　23
416. 支えられる　19
417. 抜く　18
418. 逮捕する　1
419. 水をまく　5
420. 着く1
421. 進む　3
422. 散歩する　14
423. 得する　14
424. 塞せぐ　2
425. 変わる, 動く　23
426. 日曜大工をする　6
427. 燃える, 燃やす　2
428. 野営する, とどまる　18
429. 気を悪くさせる, 不愉感を与える, ショックを与える　4
430. 挙げる　3
431. 当てにする　22
432. 結論を引き出す, 終える　3
433. 刑を宣告する　6
434. 運転する　7
435. 。。。確かに。。。4
436. 混同する　2
437. 征服する　18
438. 捧げる, 献じる　2
439. 。。。と思う, 判断する　6
440. 建造する, つくる, 建築する　16
441. 。。。で満足する　2
442. 寝る　5
443. 生み出す　24
444. 破る, 破れる　4
445. ほどく, ほころびる　4
446. 守る　2
447. 身を守る　9
448. 気持ち悪い　6
449. 批判する, 告発する　4
450. 。。。による　8
451. 破壊する, こわす　22
452. 減る, 減らす　3
453. 争う　5
454. 配る　16
455. 分裂する　23
456. 眠れる　18
457. 交換する　5
458. 節約する, 大事に使う　5
459. 選ぶ　23
460. 離れる　20

461. キスをする　11
462. 用いる, 使用する, つかう　17
463. 退屈する　14
464. 仲がいい　20
465. 列挙する　2
466. 侵略する　22
467. 羨ましい, 羨む　14
468. 花が開いたようになる　20
469. 何かをしようとする　6
470. 。。。と思う　6
471. 直面する　20
472. 。。。の側だ　9
473. 怒る　11
474. 確信している　8
475. 同義語だ　3
476. 立退く　13
477. 避ける　9
478. 言及する, について話す　9
479. よく調べる　5
480. 存在する　19
481. 対象になる　1
482. 製造する　2
483. 花を開く　17
484. 家族をもつ　24
485. 吸う, ふかす　5
486. 駐車する　6
487. 甘やかす　20
488. 大きくなる　20
489. よじ登る　15
490. 叱る　20
491. 憎む　9
492. 想像する19
493. 知らせる　10
494. くどく言う　5
495. 着想を得る　4
496. 尋ねる, 質問する　24
497. 一人きりになる　22
498. 捨てる　16
499. 連絡する　22
500. 自分に誓う　14
501. 釈放する　1
502. 保つ　20
503. 。。。の長さ, の面積。。。だ　3
504. し始める　14
505. 航行する　13
506. 否定する　6
507. 催す, 準備する　15
508. おびえる　7
509. 共にする　17
510. 。。。から。。。に移る　3
511. 。。。とみなされる　17
512. 我慢する, 待つ　5
513. 気に入る, 好かれる　18
514. 植える　5
515. 汚染する　16
516. 訴追する, 追う　1
517. 正確に定める, 明確にする　9
518. 優先的にする　6
519. 守る　5
520. 反対する　16
521. 証明する　17
522. 来る, 出る, 出て来る　16
523. 起こす　3
524. 離れる　9
525. ぶうぶう言う　19
526. 安心させる　21
527. しくじる　7
528. 受ける　7
529. あたためる　17
530. 再生する, 再び利用する　5
531. 縮小する　24
532. 拒む, 断る　9
533. 反対する　21
534. 拒絶する　9
535. 連絡する, 結ぶ　23
536. 返済する　7
537. 代わりになる　22
538. 一杯にする, 入れる　5
539. 修復する　3
540. 問い合わせる　6
541. 修理する　2
542. 非難する　5
543. 似ている　1

544. 耐える　13
545. 解決する　21
546. 成功する　5
547. 。。。危険がある　13
548. 走る　（車で）7
549. 助ける, 救う　9
550. 使う　22
551. 気にする　11
552. 引き起こす　23
553. 支持する　21
554. 被る, 受ける　17
555. 十分, 足りる　9
556. 自殺する　18
557. 克服する　20
558. 驚かす　1
559. 注意する　13
560. 恥らう　9
561. お相手をする　19
562. 終える　24
563. 見付ける　24
564. 評価する　17
565. 確認する　5

不変化語
566. 。。。の所為で　6
567. 言葉半ば　17
568. 家まで　16
569. するため　1
570. 半分, 中途半端, 半ば, ほとんど　19
571. うんざりするほど　19
572. 。。。を通して　19
573. の中心　16
574. 反対に, 逆に　16
575. の期間中　23
576. を越えて, の向こうに, 以上に　19
577. 最初は　20
578. につれて, 。。。に沿って　4
579. に応じて, 。。。ば。。。ほど, 。。。に応じて　9
580. 次第で, のまま　11
581. 。。。せずに。。。する　15
582. のかわりに。。。する　6
583. 。。。の危険をおかして　16
584. のまわりに　1
585. 言い換えれば　22
586. もちろん　9
587. 要するに　2
588. ひどく　19
589. ないように　8
590. 最初から　11
591. 後ろ　7
592. これからは, 今後は　10
593. 控えめに　12
594. 一夜のうちに　13
595. に関して　21
596. およそ, 約　16
597. わざと　6
598. 。。。がないので　6
599. 非常に　3
600. やさしく　18
601. 残念　14
602. はっきりと　17
603. 暗記, そらで　18
604. 時々　9
605. 至る所で　15
606. 。。。なのに, それでも　15
607. 。。。しさえすれば, 。。。ばいいが15
608. やはり, それでも　11
609. に関しては　2
610. 絶えず, しょっちゅう　23
611. 先例のない　19
612. 。。。の言うところによれば　24
613. でなければ　16
614. と言う名前で　15
615. 違反すれば。。。受ける　6
616. と言う口実で　6
617. でさえ　22

N° d'éditeur : 10168807 - Mars 2010
Imprimé en Italie par Bona - Torino